まえがき

1．本書は，平成20年12月に告示された小学校学習指導要領「音楽」の趣旨と内容をふまえて，小学校教員養成大学における「音楽科教育法」のテキストとして編集した。
2．また，小学校教諭の現職教育，および音楽教育に関する研究会・講習会等のテキストとしても利用できるように配慮した。
3．本書は，Ⅰ，音楽科教育法概説，Ⅱ，実践指導，Ⅲ，音楽理論と音楽史，Ⅳ，実技練習，Ⅴ，共通教材と鑑賞教材解説，Ⅵ，資料の構成とした。
　Ⅰ．「音楽科教育法概説」では，音楽教育の基本的な考え方，各領域の指導内容，指導法，評価等，小学校教諭に必要な事項を詳述した。
　Ⅱ．「実践指導」では，歌唱，器楽，鑑賞，音楽づくりについて，指導上のポイント，留意点等について詳述した。
　Ⅲ．「音楽理論と音楽史」では，音楽科の指導力を高めるために，また，一般教養として，最小限必要な事項に限って詳述した。
　Ⅳ．「実技練習」では，音楽科の指導をより効果的にするために，最も基本となるもののみにとどめた。
　Ⅴ．「共通教材と鑑賞教材解説」には，歌唱共通教材初級用楽譜と原曲楽譜，鑑賞曲の選択の参考となる教材の解説を収録した。
　Ⅵ．「資料」には，小学校の音楽教育史，幼稚園教育要領，中学校学習指導要領を収録した。
4．用語・人名等は，「文部省編　教育用音楽用語」に示されたもののほかは，一般的な表記を用いた。
5．各ページの右側にノート欄を設け，学習の便をはかった。
6．教員養成大学はもとより，現職教育者も本書を活用することによって，いっそう研究が深まることを期待するものである。

小学校教員養成課程用

新・音楽科教育法

畠澤 郎　代表編著

上越教育大学名誉教授	大山　美和子
元横浜国立大学教授	小原　光一
総合初等教育研究所	梶井　貢男
元洗足学園短期大学教授	神原　陸子
椙山女学園大学准教授	小杉　裕治
金澤大学教授	篠原　秀夫
元東京都練馬区立光が丘第六小学校校長	嶋　英樹
文教大学教授	島崎　篤朗
元東京都台東区立大正小学校校長	鈴木　春郎
富山大学名誉教授	中村　義生
元鹿児島大学教授	畠澤　弥
北海道教育大学教授	尾藤　旭
宇都宮大学名誉教授	星
千葉大学教授	本多　佐保美

朝日出版社

も　く　じ

I　音楽科教育法概説

1　音楽と教育 ……………………………………………………………………… 6
(1) 社会生活と音楽 ……………………… 6　(2) 学校における音楽教育 ……………… 7
小学校学習指導要領「音　　楽」 ……………………………………………… 8～11

2　小学校の音楽教育 …………………………………………………………… 12
1　音楽科の目標 ……………………………………………………………………… 12
〔1〕教科の目標 ……………………… 12　〔2〕各学年の目標 ……………………… 14
〔3〕指導内容 ……………………… 16
　　A　表　現 …………… 16　B　鑑　賞 …………… 21　〔共通事項〕 …………… 29

3　指導計画の作成と内容の取扱い ……………………………………………… 31
1　指導計画作成上の配慮事項 ……………… 31　2　内容の取扱いと指導上の配慮事項 …… 32

4　学習指導の計画 ……………………………………………………………… 35
(1) 指導計画作成の基本的な考え方 ……… 35　(2) 年間指導計画作成の手順 …………… 36
(3) 学習指導案の作成 …………………… 40　(4) 学習指導案例 ……………………… 42
(5) 題材の評価基準及指導計画 ………… 45

5　音楽学習の評価 ……………………………………………………………… 50
(1) 評価の意義 ………………………… 50　(2) 評価の観点 ………………………… 51
(3) 評価の方法 ………………………… 52

6　生活科・総合的な学習の意義と音楽教育 …………………………………… 54
1　生活科・総合的な学習の時間のねらい ……………………………………… 54
(1) 生活科の教科目標 …………………… 54　(2) 総合的な学習の時間のねらい ……… 54
2　生活科・総合的な学習の時間の内容 ………………………………………… 55
(1) 生活科の指導内容 …………………… 55　(2) 総合的な学習の時間で取上げる内容 … 55
(3) 総合的な学習のスクールカリキュラムの例 … 56　(4) 生活科・総合的な学習に期待するもの … 57
3　生活科・総合的な学習と音楽教育との関連 ………………………………… 57
(1) 生活科・総合的な学習の時間で音楽教育を生かす …………………………… 57
(2) 音楽教育から総合的な学習を創る …… 58　(3) 具体的な単元展開の例 ……………… 59

7　幼稚園・保育所から小学校への音楽教育 …………………………………… 60
1　幼稚園・保育所と小学校との関係 …… 60　2　幼稚園の教育内容 ………………… 61
3　保育と関わる音楽の状況 …………… 61
4　幼稚園教育要領・保育指針の「表現」としての音楽活動 ……………………… 62
(1) 領域「表現」のねらい ……………… 62　(2) 領域「表現」活動の内容 …………… 63
(3) 教育課程と指導計画 ………………… 64　(4) 評価と反省 ………………………… 65

II　実　践　指　導

1　歌　唱　指　導 ……………………………………………………………… 68
(1) 指導のポイント …………………… 68　(2) 留意点（具体的な指導のアイディア）… 70
(3) 教材の研究（その1） ……………… 71　(4) 教材の研究（その2） ……………… 74

2　合　唱　の　指　導 ………………………………………………………… 75
(1) 発声と発音 ………………………… 75　(2) 歌詞及び曲想の把握と表現の工夫 …… 76
(3) 合　唱　法 ………………………… 78　(4) 合唱指導の内容と留意点 …………… 79

3 器楽指導 …………………………………………………………………81
- (1) 授業で扱う楽器について…………81
- (2) 指導の留意点……………………81
- (3) 教材研究………………………82

4 楽器の奏法と指導法 …………………………………………………………87
- 1 打楽器………………………83
- 2 旋律楽器……………………87
- 3 和楽器………………………91

合奏の楽器編成と編曲……………………………………………………96
- 1 合奏の楽器編成……………96
- 2 楽器編成と編曲の実際……97

5 創作指導 ……………………………………………………………………108
- (1) 低学年の創作指導…………108
- (2) 中学年の創作指導…………110
- (3) 高学年の創作指導…………111

6 音楽づくりの学習活動 ……………………………………………………114
- 1 音楽づくりのいろいろ…………114
- 2 音楽づくりの実例……………117
- 3 音楽づくりの広がり…………132

7 鑑賞指導 ……………………………………………………………………133
- (1) 鑑賞とは……………………133
- (2) 小学校教育における鑑賞指導の意義…133
- (3) 鑑賞指導のポイント…………134
- (4) 小学校学習指導要領での鑑賞扱い…135
- (5) 低学年・中学年・高学年の指導方法…136

Ⅲ 音楽理論と音楽史

1 楽典 …………………………………………………………………………140
- (1) 譜表と音名…………………140
- (2) 音符と休符…………………142
- (3) 拍子とリズム………………142
- (4) 音程…………………………144
- (5) 音階と調……………………146
- (6) 和音…………………………148
- (7) 楽曲の形成…………………149
- (8) 記号と用語…………………150

2 音楽史 ………………………………………………………………………153

西洋音楽史……………………………………………………………153
- (1) 古代…………………………153
- (2) 中世…………………………154
- (3) ルネッサンス時代…………155
- (4) バロック時代………………157
- (5) 古典派時代…………………160
- (6) ロマン派時代………………162
- (7) 20世紀………………………165

日本音楽史……………………………………………………………167
- (1) 原始時代から古代初頭まで…167
- (2) 古代前期……………………167
- (3) 古代後期……………………167
- (4) 中世前期……………………168
- (5) 中世後期……………………168
- (6) 近世初頭……………………169
- (7) 近世…………………………169
- (8) 近代前期……………………170
- (9) 近代後期……………………171
- (10) 第二次世界大戦以後………171

Ⅳ 実技練習

1 発声法 ………………………………………………………………………174
2 ソルフェージュ ……………………………………………………………178
3 やさしい伴奏法 ……………………………………………………………182
- (1) 簡易伴奏法の種類……………………182
- (2) 古簡易伴奏法の実際…………………182
  - ① 主要三和音伴奏法…………………182
  - ② アレンジ伴奏法……………………184
  - ③ コードネーム伴奏法………………186

4 指揮法 ………………………………………………………………………188

V 教　材

1　小学校「歌　唱」共通教材

1年	う　　　　み…………194	2年	春 が き た……………198
	日 の ま る…………194		夕やけこやけ…………198
	かたつむり…………196		かくれんぼ……………200
	ひらいたひらいた……196		虫 の こ え……………200
3年	春 の 小 川…………202	4年	さくらさくら…………208
	ふ じ 山…………204		と ん び………………210
	茶 つ み…………206		まきばの朝……………212
	う さ ぎ…………208		も み じ………………214
5年	こいのぼり…………216	6年	越天楽今様……………224
	子 も り 歌…………218		おぼろ月夜……………226
	スキーの歌…………220		ふ る さ と……………228
	冬 げ し き…………222		われは海の子…………230
	君 が 代…………218		

2　「鑑　賞」参考教材解説

低学年	アメリカンパトロール………232	出発(「組曲」冬のかがり火から)……234
	おどる子ねこ…………………232	トルコ行進曲……………………234
	おもちゃの兵隊………………233	パシフィック2・3・1…………235
	かじやのポルカ………………233	
中学生	歌劇「軽騎兵」序曲…………236	白　　鳥…………………………238
	ポロネーズ(管弦楽組曲第2番ロ短調から)…236	ホルン協奏曲第1番　ニ長調　第1楽章…238
	メヌエット　ト長調…………237	ふたつの変奏曲による「さくら」…239
	ノルウェー舞曲　第2番 イ長調…237	
高学年	管弦楽のための木挽歌………240	組曲「道化師」…………………243
	歌曲「荒城の月」「箱根八里」「花」…241	春 の 海…………………………244
	ピアノ五重奏曲「ます」第4楽章…241	世界地図のフーガ………………245
	歌曲「赤とんぼ」「この道」「待ちぼうけ」…242	雨の樹〜3人の打楽器奏者のための…245

3　「器　楽」合奏曲

かっこう………………………101	魔法の鈴…………………………104
月 夜…………………………101	マンボ No.5……………………106
パッヘルベルのカノン………102	

VI 資　料

1　わが国における小学校音楽教育の変遷……………………………248
2　幼稚園教育要領……………………………………………………254
3　中学校学習指導要領「音　楽」………………………………………261

I　音楽科教育法概説

1 音楽と教育

(1) 社会生活と音楽

　音楽は，人間が集団生活を形成した頃から労働など共同体としての社会生活を充実させるために発達させてきたものであり，現代社会においても音楽と切り離した生活は考えることができない。

　音楽の起源には，人間の言葉の抑揚や叫びの組み合わせ説，狩猟などの労働に伴うリズム説，呪術や宗教儀式説，さらには自然現象の模倣説など多くの学説がある。そのうちどれか一つだけを取り上げて音楽の起源とすることはできないが，原始社会から人間が生活を営む中でこれらのすべてが一体となり，労働や祭式などの生活過程における喜怒哀楽の感情を唱え言葉や身振り等によって，表現したのであろう。そして，言葉の抑揚が歌のメロディを生み，身振りが踊りのリズムを生み出し，それらが生活共同体のものとして人々を強力に結びつけていたと推測される。このような初期の段階から社会生活の進展とともに，音楽は歌や器楽・踊り等に分化しながら，それぞれを構成するメロディやリズム等の様式が形成されてきたのである。

　このように，音楽は人間が集団生活における喜びや悲しみの感情を描出する手段として生み出されたものであるが，国や地域の社会現象，また，自然環境等の違いからそれぞれの民族特有の音楽が生まれ，そこに暮らす人々によって伝承されてきた多様な伝統音楽がある一方で，西洋音楽史にみられるような時代変遷を経て芸術の段階にまで高められた音楽がある。さらに，高度経済とともに価値観が多様化する現代社会においては，フォーク，ジャズ，ロック，歌謡曲等の様々なジャンルのポピュラー音楽が生み出されている。

　これら先人達が築いてきた音楽は，それぞれの時代における社会的背景，また，思想等によって内容やその表現方法に違いはあるものの，すべて人間社会における生活感情を描出した歴史的社会の所産であり，人類の文化遺産ということができよう。であるならば，教師は次世代を生きる子ども達に対してこれらを伝え，発展させるための使命を担うことになる。

　しかし，学校現場という限られた時間の中においては，これらの多様な音楽の中から，文化的・教育的価値のあるどんな音楽を取捨選択して教育するかが指導者に求められることになる。これについては，国が定める学校教育の指針としての「学習指導要領・音楽」がその価値判断の基準となる。教育に携わる教師はその目標・内容を熟知するとともに，指導方法を身につけておくことが重要になる。

(2) 学校における音楽教育

わが国の学校音楽は，明治5年の学制頒布とともに「唱歌」の教科が設けられたことに始まる。(248ページ「わが国における小学校音楽教育の変遷」を参照)。その黎明期における教材曲は，我が国の雅楽や俗楽の音律に符号するような5音による欧米の民謡等に詩をつけたものであった。それらの詩の内容は儒教的な精神としての徳育的な意味が強調されたものであり，芸術美を追求する教育であったとは言えない。また，歌詞は難解な文語体のものが多かったことから，子どもたちにとって学校唱歌は堅苦しいものであったと考えられる。

昭和16年には学校制度改革による「国民学校」の発足とともに，唱歌は「芸能科音楽」と科目名が変わった。そして，従来の唱歌に器楽や鑑賞等が加えられて学習領域が広げられたが，戦時体制強化の中，徳性の涵養や聴覚訓練など，音楽は軍国主義の国策の手段として利用され，芸術としての本来の教育とは程遠いものであった。

第二次世界大戦後の教育は，民主的・平和国家建設をめざす憲法の理念のもと，学校教育は六三制の新体系と学習指導要領による教育に転換された。それに伴って，芸能科音楽は「音楽科」と教科名が改められた。

そして現代の学校教育は，憲法に掲げる理想を実現するために設定された教育基本法，学校教育法等の規定に基づいた「学習指導要領」を基準として行われている。

学習指導要領に示される目標・内容は，時代や社会背景の変化に則して，およそ10年ごとに改訂されてきた。今回の改訂にあたっては，平成20年1月の中央教育審議会答申を踏まえて，以下の基本的な考え方が示された。

① 「生きる力」という理念の共有
② 基礎的・基本的な知識・技能の習得
③ 思考力・判断力・表現力等の育成
④ 確かな学力を確立するために必要な授業時数の確保
⑤ 学習意欲の向上や学習習慣の確立
⑥ 豊かな心や健やかな体の育成のための指導の充実

これらをうけて学習指導要領は改訂された。このうち，音楽の指導と深く関わるのは特に②，③，⑤，⑥等が考えられる。

音楽の学習指導においては，子ども達の心身の成長・発達過程とその実態を踏まえ，音楽を表現したり，鑑賞したりする喜びを味わわせながら，それを基にした音楽的な成長を目論むのである。

次に，小学校学習指導要領（音楽）の一覧をあげる。

小学校学習指導要領「音楽」

第1　目標　表現及び鑑賞の活動を通して，音楽を愛好する心情と音楽に対する感性を育

第2　各学年の目標及び内容

	第1学年及び第2学年	第3学年
1 目標	(1) 楽しく音楽にかかわり，音楽に対する興味・関心をもち，音楽経験を生かして生活を明るく潤いのあるものにする態度と習慣を育てる。 (2) 基礎的な表現の能力を育て，音楽表現の楽しさに気付くようにする。 (3) 様々な音楽に親しむようにし，基礎的な鑑賞の能力を育て，音楽を味わって聴くようにする。	(1) 進んで音楽にかかわり，音楽活を明るく潤いのあるものにす (2) 基礎的な表現の能力を伸ばし (3) 様々な音楽に親しむようにし，って聴くようにする。
2 内容　A 表現	(1) 歌唱の活動を通して，次の事項を指導する。 　ア　範唱を聴いて歌ったり，階名で模唱したり暗唱したりすること。 　イ　歌詞の表す情景や気持ちを想像したり，楽曲の気分を感じ取ったりし，思いをもって歌うこと。 　ウ　自分の歌声及び発音に気を付けて歌うこと。 　エ　互いの歌声や伴奏を聴いて，声を合わせて歌うこと。 (2) 器楽の活動を通して，次の事項を指導する。 　ア　範奏を聴いたり，リズム譜などを見たりして演奏すること。 　イ　楽曲の気分を感じ取り，思いをもって演奏すること。 　ウ　身近な楽器に親しみ，音色に気を付けて簡単なリズムや旋律を演奏すること。 　エ　互いの楽器の音や伴奏を聴いて，音を合わせて演奏すること。 (3) 音楽づくりの活動を通して，次の事項を指導する。 　ア　声や身の回りの音の面白さに気付いて音遊びをすること。 　イ　音を音楽にしていくことを楽しみながら，音楽の仕組みを生かし，思いをもって簡単な音楽をつくること。 (4) 表現教材は次に示すものを取り扱う。 　ア　主となる歌唱教材については，各学年ともウの共通教材を含めて，斉唱及び輪唱で歌う楽曲 　イ　主となる器楽教材については，既習の歌唱教材を含めて，主旋律に簡単なリズム伴奏や低声部などを加えた楽曲 　ウ　共通教材 　　〔第1学年〕 　　　「うみ」　　　　　（文部省唱歌）林　柳波作詞　井上武士作曲 　　　「かたつむり」　　（文部省唱歌） 　　　「日のまる」　　　（文部省唱歌）高野辰之作詞　岡野貞一作曲 　　　「ひらいたひらいた」（わらべうた） 　　〔第2学年〕 　　　「かくれんぼ」　　（文部省唱歌）林　柳波作詞　下総皖一作曲 　　　「春がきた」　　　（文部省唱歌）高野辰之作詞　岡野貞一作曲 　　　「虫のこえ」　　　（文部省唱歌） 　　　「夕やけこやけ」　中村雨紅作詞　草川　信作曲	(1) 歌唱の活動を通して，次の事 　ア　範唱を聴いたり，ハ長調の 　イ　歌詞の内容，曲想にふさわ 　　こと。 　ウ　呼吸及び発音の仕方に気を 　エ　互いの歌声や副次的な旋律 (2) 器楽の活動を通して，次の事 　ア　範奏を聴いたり，ハ長調の 　イ　曲想にふさわしい表現を工 　ウ　音色に気を付けて旋律楽器 　エ　互いの楽器の音や副次的な 　　こと。 (3) 音楽づくりの活動を通して， 　ア　いろいろな音の響きやその 　　に表現すること。 　イ　音を音楽に構成する過程を 　　いや意図をもって音楽をつく (4) 表現教材は次に示すものを取 　ア　主となる歌唱教材について 　　び簡単な合唱で歌う楽曲 　イ　主となる器楽教材について 　　奏にした楽曲 　ウ　共通教材 　　〔第3学年〕 　　　「うさぎ」　　　（日本 　　　「茶つみ」　　　（文部 　　　「春の小川」　　（文部 　　　「ふじ山」　　　（文部 　　〔第4学年〕 　　　「さくらさくら」（日本 　　　「とんび」　　　葛原し 　　　「まきばの朝」　（文部 　　　「もみじ」　　　（文部

平成 20 年 3 月
文部科学省告示

とともに，音楽活動の基礎的な能力を培い，豊かな情操を養う。

及び第 4 学年	第 5 学年及び第 6 学年
への意欲を高め，音楽経験を生かして生 変と習慣を育てる。 楽表現の楽しさを感じ取るようにする。 礎的な鑑賞の能力を伸ばし，音楽を味わ	(1) 創造的に音楽にかかわり，音楽活動への意欲を高め，音楽経験を生かして生活を明るく潤いのあるものにする態度と習慣を育てる。 (2) 基礎的な表現の能力を高め，音楽表現の喜びを味わうようにする。 (3) 様々な音楽に親しむようにし，基礎的な鑑賞の能力を高め，音楽を味わって聴くようにする。
指導する。 を見たりして歌うこと。 表現を工夫し，思いや意図をもって歌う ，自然で無理のない歌い方で歌うこと。 奏を聴いて，声を合わせて歌うこと。	(1) 歌唱の活動を通して，次の事項を指導する。 　ア　範唱を聴いたり，ハ長調及びイ短調の楽譜を見たりして歌うこと。 　イ　歌詞の内容，曲想を生かした表現を工夫し，思いや意図をもって歌うこと。 　ウ　呼吸及び発音の仕方を工夫して，自然で無理のない，響きのある歌い方で歌うこと。 　エ　各声部の歌声や全体の響き，伴奏を聴いて，声を合わせて歌うこと。
指導する。 を見たりして演奏すること。 ，思いや意図をもって演奏すること。 打楽器を演奏すること。 伴奏を聴いて，音を合わせて演奏する	(2) 器楽の活動を通して，次の事項を指導する。 　ア　範奏を聴いたり，ハ長調及びイ短調の楽譜を見たりして演奏すること。 　イ　曲想を生かした表現を工夫し，思いや意図をもって演奏すること。 　ウ　楽器の特徴を生かして旋律楽器及び打楽器を演奏すること。 　エ　各声部の楽器の音や全体の響き，伴奏を聴いて，音を合わせて演奏すること。
事項を指導する。 せを楽しみ，様々な発想をもって即興的 にしながら，音楽の仕組みを生かし，思 と。	(3) 音楽づくりの活動を通して，次の事項を指導する。 　ア　いろいろな音楽表現を生かし，様々な発想をもって即興的に表現すること。 　イ　音を音楽に構成する過程を大切にしながら，音楽の仕組みを生かし，見通しをもって音楽をつくること。
う。 学年ともウの共通教材を含めて，斉唱及 習の歌唱教材を含めて，簡単な重奏や合 ） 歌） 歌）高野辰之作詞　岡野貞一作曲 歌）巌谷小波作詞 ） 作詞　梁田　貞作曲 歌）船橋栄吉作曲 歌）高野辰之作詞　岡野貞一作曲	(4) 表現教材は次に示すものを取り扱う。 　ア　主となる歌唱教材については，各学年ともウの共通教材の中の3曲を含めて，斉唱及び合唱で歌う楽曲 　イ　主となる器楽教材については，楽器の演奏効果を考慮し，簡単な重奏や合奏にした楽曲 　ウ　共通教材 　　〔第 5 学年〕 　　　「こいのぼり」　　　（文部省唱歌） 　　　「子もり歌」　　　　（日本古謡） 　　　「スキーの歌」　　　（文部省唱歌）林　柳波作詞　橋本国彦作曲 　　　「冬げしき」　　　　（文部省唱歌） 　　〔第 6 学年〕 　　　「越天楽今様（歌詞は第 2 節まで）」（日本古謡）慈鎮和尚作歌 　　　「おぼろ月夜」　　　（文部省唱歌）高野辰之作詞　岡野貞一作曲 　　　「ふるさと」　　　　（文部省唱歌）高野辰之作詞　岡野貞一作曲 　　　「われは海の子（歌詞は第 3 節まで）」（文部省唱歌）

	第１学年及び第２学年	第３学年
２ 内容　Ｂ 鑑賞	(1) 鑑賞の活動を通して，次の事項を指導する。 　ア　楽曲の気分を感じ取って聴くこと。 　イ　音楽を形づくっている要素のかかわり合いを感じ取って聴くこと。 　ウ　楽曲を聴いて想像したことや感じ取ったことを言葉で表すなどして，楽曲や演奏の楽しさに気付くこと。 (2) 鑑賞教材は次に示すものを取り扱う。 　ア　我が国及び諸外国のわらべうたや遊びうた，行進曲や踊りの音楽など身体反応の快さを感じ取りやすい音楽，日常の生活に関連して情景を思い浮かべやすい楽曲 　イ　音楽を形づくっている要素の働きを感じ取りやすく，親しみやすい楽曲 　ウ　楽器の音色や人の声の特徴を感じ取りやすく親しみやすい，いろいろな演奏形態による楽曲	(1) 鑑賞の活動を通して，次の 　ア　曲想とその変化を感じ取っ 　イ　音楽を形づくっている要素を付けて聴くこと。 　ウ　楽曲を聴いて想像したこと曲の特徴や演奏のよさに気付 (2) 鑑賞教材は次に示すものを 　ア　和楽器の音楽を含めた我がなど生活とのかかわりを感じまれている音楽など，いろい 　イ　音楽を形づくっている要素すい楽曲 　ウ　楽器や人の声による演奏表唱，重唱を含めたいろいろな
〔共通事項〕	(1)「Ａ表現」及び「Ｂ鑑賞」の指導を通して，次の事項を指導する。 　ア　音楽を形づくっている要素のうち次の(ｱ)及び(ｲ)を聴き取り，それらの働きが生み出すよさや面白さ，美しさを感じ取ること。 　　(ｱ) 音色，リズム，速度，旋律，強弱，拍の流れやフレーズなどの音楽を特徴付けている要素 　　(ｲ) 反復，問いと答えなどの音楽の仕組み 　イ　身近な音符，休符，記号や音楽にかかわる用語について，音楽活動を通して理解すること。	(1)「Ａ表現」及び「Ｂ鑑賞」の指 　ア　音楽を形づくっている要素きが生み出すよさや面白さ， 　　(ｱ) 音色，リズム，速度，旋フレーズなどの音楽を特徴 　　(ｲ) 反復，問いと答え，変化 　イ　音符，休符，記号や音楽に解すること。

第３　指導計画の作成と内容の取扱い

1　指導計画の作成に当たっては，次の事項に配慮するものとする。
　(1) 第２の各学年の内容の〔共通事項〕は表現及び鑑賞に関する能力を育成する上で共通に必要となるものであり，表及び鑑賞の各活動において十分な指導が行われるよう工夫すること。
　(2) 第２の第５学年及び第６学年の内容の「Ａ表現」の指導に当たっては，学校や児童の実態等に応じて，合唱や合奏重唱や重奏などの表現形態を選んで学習できるようにすること。
　(3) 国歌「君が代」は，いずれの学年においても歌えるように指導すること。
　(4) 低学年においては，生活科などとの関連を積極的に図り，指導の効果を高めるようにすること。特に第１学年においては，幼稚園教育における表現に関する内容などとの関連を考慮すること。
　(5) 第１章総則の第１の２及び第３章道徳の第１に示す道徳教育の目標に基づき，道徳の時間などとの関連を考慮しながら，第３章道徳の第２に示す内容について，音楽科の特質に応じて適切な指導をすること。
2　第２の内容の取扱いについては，次の事項に配慮するものとする。
　(1) 各学年の「Ａ表現」及び「Ｂ鑑賞」の指導に当たっては，音楽との一体感を味わい，想像力を働かせて音楽とかかることができるよう，指導のねらいに即して体を動かす活動を取り入れること。
　(2) 和音及び和声の指導については，合唱や合奏の活動を通して和音のもつ表情を感じ取ることができるようにすること。また，長調及び短調の楽曲においては，Ⅰ，Ⅳ，Ⅴ及びV₇などの和音を中心に指導すること。
　(3) 歌唱の指導については，次のとおり取り扱うこと。
　　ア　相対的な音程感覚を育てるために，適宜，移動ド唱法を用いること。
　　イ　歌唱教材については，共通教材のほか，長い間親しまれてきた唱歌，それぞれの地方に伝承されているわらべうや民謡など日本のうたを含めて取り上げるようにすること。
　　ウ　変声以前から自分の声の特徴に関心をもたせるとともに，変声期の児童に対して適切に配慮すること。
　(4) 各学年の「Ａ表現」の (2) の楽器については，次のとおり取り扱うこと。
　　ア　各学年で取り上げる打楽器は，木琴，鉄琴，和楽器，諸外国に伝わる様々な楽器を含めて，演奏の効果，学校や

小学校学習指導要領「音　楽」

及び第４学年	第５学年及び第６学年
指導する。 くこと。 かわり合いを感じ取り，楽曲の構造に気 じ取ったことを言葉で表すなどして，楽 と。	(1) 鑑賞の活動を通して，次の事項を指導する。 　ア　曲想とその変化などの特徴を感じ取って聴くこと。 　イ　音楽を形づくっている要素のかかわり合いを感じ取り，楽曲の構造を理解して聴くこと。 　ウ　楽曲を聴いて想像したことや感じ取ったことを言葉で表すなどして，楽曲の特徴や演奏のよさを理解すること。
扱う。 音楽，郷土の音楽，諸外国に伝わる民謡 やすい音楽，劇の音楽，人々に長く親し 種類の楽曲 きを感じ取りやすく，聴く楽しさを得や 違いを感じ取りやすい，独奏，重奏，独 形態による楽曲	(2) 鑑賞教材は次に示すものを取り扱う。 　ア　和楽器の音楽を含めた我が国の音楽や諸外国の音楽など文化とのかかわりを感じ取りやすい音楽，人々に長く親しまれている音楽など，いろいろな種類の楽曲 　イ　音楽を形づくっている要素の働きを感じ取りやすく，聴く喜びを深めやすい楽曲 　ウ　楽器の音や人の声が重なり合う響きを味わうことができる，合奏，合唱を含めたいろいろな演奏形態による楽曲
通して，次の事項を指導する。 ち次の(ア)及び(イ)を聴き取り，それらの働 さを感じ取ること。 弱，音の重なり，音階や調，拍の流れや ている要素 の音楽の仕組み わる用語について，音楽活動を通して理	(1)　「Ａ表現」及び「Ｂ鑑賞」の指導を通して，次の事項を指導する。 　ア　音楽を形づくっている要素のうち次の(ア)及び(イ)を聴き取り，それらの働きが生み出すよさや面白さ，美しさを感じ取ること。 　　(ア)　音色，リズム，速度，旋律，強弱，音の重なりや和声の響き，音階や調，拍の流れやフレーズなどの音楽を特徴付けている要素 　　(イ)　反復，問いと答え，変化，音楽の縦と横の関係などの音楽の仕組み 　イ　音符，休符，記号や音楽にかかわる用語について，音楽活動を通して理解すること。

　　　童の実態を考慮して選択すること。
　イ　第１学年及び第２学年で取り上げる身近な楽器は，様々な打楽器，オルガン，ハーモニカなどの中から学校や児童の実態を考慮して選択すること。
　ウ　第３学年及び第４学年で取り上げる旋律楽器は，既習の楽器を含めて，リコーダーや鍵盤楽器などの中から学校や児童の実態を考慮して選択すること。
　エ　第５学年及び第６学年で取り上げる旋律楽器は，既習の楽器を含めて，電子楽器，和楽器，諸外国に伝わる楽器などの中から学校や児童の実態を考慮して選択すること。
(5)　音楽づくりの指導については，次のとおり取り扱うこと。
　ア　音遊びや即興的な表現では，リズムや旋律を模倣したり，身近なものから多様な音を探したりして，音楽づくりのための様々な発想ができるように指導すること。
　イ　つくった音楽の記譜の仕方について，必要に応じて指導すること。
　ウ　拍節的でないリズム，我が国の音楽に使われている音階や調性にとらわれない音階などを児童の実態に応じて取り上げるようにすること。
(6)　各学年の〔共通事項〕のイの「音符，休符，記号や音楽にかかわる用語」については，児童の学習状況を考慮して，次に示すものを取り扱うこと。

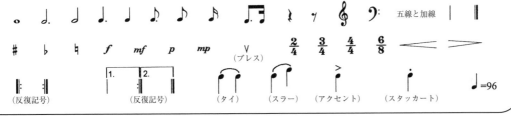

2　小学校の音楽教育

　学校における音楽科教育は他教科と同様に，指導目標の設定とその達成に向けた計画に基づいて指導実践をするとともに，その結果を次の指導に活かすための分析を通して進められるが，その前提となるのが学習指導要領であり，各教科の目標や内容が示されている。

　ここでは，前項にあげた小学校学習指導要領「音楽」の目標・内容の構成や趣旨等について解説する。

Ⅰ．音楽科の目標

［1］教科の目標

　音楽の教科目標は，次のように示されている。

> 　表現及び鑑賞の活動を通して，音楽を愛好する心情と音楽に対する感性を育てるとともに，音楽活動の基礎的な能力を培い，豊かな情操を養う。

　公教育としての小学校音楽の目的は，専門的な指導を行うことではなく，児童が様々な音楽に触れながら美的感性や情操を養い，究極的には豊かな人格の形成に寄与することにある。したがって，音楽学習の特性である表現や鑑賞等の活動において，児童は音楽を直接体験する中で，その楽しさや美しさを味わうとともに，音楽するための基礎的な能力を身につけながら，自らの思いや願いを実現させていくのである。

　以下，目標の各部分について概説しよう。

(1)「表現及び鑑賞の活動を通して」について

　表現と鑑賞は音楽科の二つの領域である。音楽の学習は，歌を歌ったり，楽器を演奏したり，音楽をつくったりなどの「表現」活動と，音楽を聴く「鑑賞」の活動によって進められる。児童は，これらの活動を通して多様な音楽を幅広く体験することになるが，歌唱や器楽，音楽づくり等の学習においては，よりよい表現をするために聴く活動があり，鑑賞の学習においても表現に結びつくような聴く活動がある。つまり，学習は表現と鑑賞の活動が相互にかかわり合いながら展開されることを述べたものである。

　「活動を通して」とは，表現学習が機械的な技能訓練になったり，単なる知識の理解になったりすることがないように，また，児童の感性を働かせながら聴いた音楽に惹かれるような鑑賞学習等，楽しい音楽活動の過程のあり方を示唆したものである。

(2)「音楽を愛好する心情」について

　音楽を愛好する心情とは、楽曲の演奏や鑑賞に接した際に心が動かされるような刹那的な感情のことではなく、そのような感動体験を積み重ねることを通して、日常生活の中で音楽に触れる喜びを心に抱くとともに、生涯にわたって愛好心をもって音楽に取り組むことができることである。

　このような心を育てていくためには、児童が興味や関心をもって楽しく音楽にかかわり、音楽活動をする喜びを得るようにすることが大切である。楽しい活動の積み重ねこそが児童の音楽学習への意欲や取り組む態度を継続させていくのである。

(3)「音楽に対する感性を育てる」について

　感性とは、外界からの刺激に応じた感覚器官の感受能力のことであり、「音楽に対する感性」は、音楽的感受性ということができよう。すなわち、リズム、旋律、和声、強弱などの音楽の諸要素に関する刺激や音楽の様々な特性に対して感覚的に反応することである。

　音楽的感受性は音楽活動の根底に関わるものであり、これを育てることは芸術としての音楽美を追求していく上でも重要となる。

　感性は、美しいものに対する働きのみならず、真理を求める心や崇高なものに対しても働きがある。学校教育は、知性と豊かな心との調和のとれた人間の育成をめざすことであり、ここに音楽における感性教育の意味がある。

(4)「音楽活動の基礎的な能力を培う」について

　音楽活動の能力とは、音楽の諸活動に欠かせない知識や技能のことである。具体的には、歌唱や器楽等の活動において、児童が自分で描いた思いを伝えるための表現技能や、鑑賞活動において、音楽が醸し出す諸要素に気づきながら主体的に聴くことができる知識や感受力を指している。

　これら諸能力については、児童が音楽に楽しく関わる中で経験的に身につけていけるような学習展開を計画する必要があるが、人間は、生来的に音楽を聴いたり表現したりしようとする潜在的な能力をもっている。学習指導においては、これらの潜在能力に働きかけ、可能性を引き出しながら育てるとともに、それらを伸ばしていくことが重要となる。このような学習活動を重ねることを通して、生涯にわたって音楽を愛好できる素地としての諸能力を児童は身につけていくのである。

(5)「豊かな情操を養う」について

　情操とは，永続的・恒常的な価値傾向をもつ感情のことである。美しいものや優れたものに接した時に心を打たれる感動とか情緒などの刹那的感情とは区別されるが，このような感情体験を重ねることによってその価値観による感情が固定的になり，より高度な価値をもとめる精神的な面での恒常的価値をもつ感情としての情操が養われていくのである。つまり，一時的な感情が情操にまで高められていくためには，その感情体験が繰り返されることが必要となるのである。

　情操は，価値の対象によって知的・道徳的・美的・宗教的などに分けられるが，音楽科で養われるのは直接的には美的情操である。しかし，学校教育の終極的な目的は，知性と感性の調和のとれた心豊かな人間を育成することである。「豊かな情操」とは，すべての情操がバランスよく発達していることを指したものであり，ここに音楽科教育の重要な意味がある。

　以上，教科の目標の各部分について述べたが，これらをまとめると，音楽科がめざすのは，表現と鑑賞の具体的な音楽活動を通しながら，心情や感性を育てる側面と技能や知識等の音楽的能力を伸ばす側面とが互いにかかわりあう展開の中で，児童に豊かな情操を養うことを示している。

［2］各学年の目標

　各学年の目標は，前述した教科の目標の実現にむけた具体的な指導目標を学年の発達段階に即して示したもので，音楽は2学年ごとにまとめて設定されている。これは，児童の発達段階に即しながらも，学校や児童の実態等に応じて，2学年間を見通した弾力的な指導計画のもとに，効果的な指導ができるようにしたものである。

　学年目標は，低学年（第1学年・第2学年），中学年（第3学年・第4学年），高学年（第5学年・第6学年）とも3項目で，それぞれ次のような観点に基づいて示されている。

(1) 音楽活動に対する興味・関心，意欲を高め，音楽を生活に生かそうとする態度，習慣を育てること。
(2) 基礎的な表現の能力を育てること。
(3) 基礎的な鑑賞の能力を育てること。

　次に各学年の観点について述べる。

(1) 音楽活動に対する興味・関心，意欲を高め，音楽を生活に生かそうとする態度，習慣を育てること。

> 低学年
>   楽しく音楽にかかわり，音楽に対する興味・関心をもち，音楽経験を生かして生活を明るく潤いのあるものにする態度と習慣を育てる。
> 中学年
>   進んで音楽にかかわり，音楽活動への意欲を高め，音楽経験を生かして生活を明るく潤いのあるものにする態度と習慣を育てる。
> 高学年
>   創造的に音楽にかかわり，音楽活動への意欲を高め，音楽経験を生かして生活を明るく潤いのあるものにする態度と習慣を育てる。

(1)の目標は，音楽活動の基礎となるものである。児童は，日常生活の中で様々な音楽に触れ，音楽に合わせて口ずさんだり，身体で反応したりするなど，音楽は生活と密接に結びついているといえよう。このような実態をふまえながら，様々な音楽への興味や関心を広げていくことが大切である。低学年の「楽しく」音楽にかかわる学習体験が素地となり，中学年の「進んで」という主体的な取り組みや高学年の「創造的に」音楽にかかわる意欲を高めることにつながっていくのである。また，このような学習活動を繰り返すことを通して，明るく潤いのある生活を築いていくことが期待されているのである。

(2) 基礎的な表現の能力を育てること。

> 低学年
>   基礎的な表現の能力を育て，音楽表現の楽しさに気付くようにする。
> 中学年
>   基礎的な表現の能力を伸ばし，音楽表現の楽しさを感じ取るようにする。
> 高学年
>   基礎的な表現の能力を高め，音楽表現の喜びを味わうようにする。

(2)の目標は，教科目標の「音楽活動の基礎的な能力を培う」に関して，歌唱，器楽，音楽づくり等，音楽を表現する力について示したものである。

表現の能力は，音楽の諸要素に対する感受性とともに個々の表現欲求によって獲得されるものであり，児童の実態をふまえた内発的動機づけによって育まれていく。すなわち，低学年における楽しい学習が，中学年で伸ばし，さらには高学年の高めることにつながるのであり，適時的な指導とそのあり方が重要となる。

(3)　基礎的な鑑賞の能力を育てる。

> 低学年
> 　　様々な音楽に親しむようにし，基礎的な鑑賞の能力を育て，音楽を味わって聴くようにする。
> 中学年
> 　　様々な音楽に親しむようにし，基礎的な鑑賞の能力を伸ばし，音楽を味わって聴くようにする。
> 高学年
> 　　様々な音楽に親しむようにし，基礎的な鑑賞の能力を高め，音楽を味わって聴くようにする。

(3)の目標は，教科目標の「音楽活動の基礎的な能力を培う」に関して，鑑賞の能力について示したものである。

鑑賞の能力とは，音楽を特徴づけている様々な要素を聴き分けたり，楽曲全体の構成や曲想を感じ取ったりする聴取力のことである。この能力を育むためには，様々な音楽に親しむ活動の中で，表現活動との関連を図りながら，それぞれの発達段階に応じた指導を総合的に展開していくことが大切になる。

[3]　指導内容

音楽科の指導内容は，低学年，中学年，高学年とも「A表現」，「B鑑賞」と，[共通事項]によって構成されている。

A　表　現

表現の内容は，(1)歌唱の活動に関して，(2)器楽の活動に関して，(3)音楽づくりに関して，(4)表現教材に関して，の4項目による構成で，低・中・高学年の発達段階に即した指導事項を示したものである。

(1)　歌唱に関する指導事項

アの事項は，音楽を聴いたり楽譜を見たりして歌うことができる能力について示したものである。「範唱を聴いて歌う」ということは，児童が新しい楽曲に出会う時に，まず耳で聴いて覚えることを大切にしようとするものである。すなわち，指導者の範唱を聴いて

歌ったり，階名の模唱や暗唱をしたり，また，CDなどを聴いて歌ったりする活動を通しながら，歌唱活動をするための歌い方の基礎や，音楽が醸し出す諸要素を感覚的にとらえる能力を育んでいこうとするものである。模唱の活動は全学年にわたるが，中・高学年では，その発達段階に即しながら，楽譜を見て自らの力で歌えるような視唱力を身につけさせることもねらいとしている。ここで留意する点は，学習が視唱や知的理解に偏りすぎないようにすること。そして，児童の実態をふまえながら，主体的に歌唱活動に取り組めるような指導展開を工夫することが望まれる。

　イの事項は，歌唱活動における曲想表現の工夫について示したものである。児童が歌唱活動において，歌詞の表す情景や気分をとらえながら，自ら想像した思いや意図する歌い方を工夫して表現することをねらいとしている。これは，アの事項の"範唱を聴いて歌う"ことや，［共通事項］の"音楽を特徴付けている要素"とも関連している。すなわち，範唱や音楽を聴く中で，強弱や速度，拍の流れやフレーズなどの諸要素を感じ取る能力が表現に大きく関わってくるのである。ここで留意する点は，これらの要素にこだわりすぎないことである。とりわけ低学年の指導においては，深入りせずに，歌詞の表す情景を児童の想像の世界へ導きながら，のびのびと表現させるように心がけたい。

　ウの事項は，発声や発音など，歌い方の能力について示したものである。歌は発音と呼吸のし方に支えられた発声によって表現されるが，児童の声は個々それぞれであり，生まれつきの美声の児童や嗄声（かれ声）の児童も見られることから，一人ひとりの声の様子を踏まえて指導に取り組むようにすることが大切になる。一般に低学年児童の歌い方は"どなり声"になりがちであることから，このような場合には，一度小さな声で歌わせたり，中くらいの大きさの声で歌わせたりしながら，ていねいな歌い方に気付かせるようにする。また，高学年では変声期を迎える児童が見られることから，このような児童には無理な発声をさせずに，自分なりに自然に歌える発声を工夫して歌わせるような配慮をするとともに，自信をもって歌えるような指導を心がける必要がある。

　エの事項は，斉唱や合唱など，仲間と歌い合わせる能力について示したものである。ア，イ，ウの事項が個々人の歌い方について示しているのに対して，この事項では互いに聴き合いながら歌い合わせるための意欲や態度を育てることを示している。
　低学年児童は，自己顕示欲が旺盛で，声をはりあげた歌い方にな

りがちであることから，指導にあたっては，伴奏や周りの声を聴きながら音程やリズムをそろえて共に合わせようとする態度を養うことが大切になる。

中学年では，低学年で育まれた基礎的な能力を生かすとともに，合唱活動において，互いに歌う主旋律と副次的な旋律を聴きあったり，伴奏の響きを聴いたりしながら，音程に気をつけた声の出し方を工夫することをねらいとしている。合唱の学習では，全員で歌いあう活動に加え，グループに分けて聴き合う活動を取り入れることによって，声を合わせることの大切さに気付かせるようにする。

高学年では，各声部間の響き合いや伴奏の響きを聴いて合唱することをねらいとしている。全体の響きや強さのバランスを工夫した合唱づくりには，録音したり，それを範唱CDと聴き比べたりする活動を通しながら進めることも大切になる。

(2) 器楽に関する指導事項

アの事項は，音楽を聴いたり楽譜を見たりして楽器を演奏することができる能力について示したものである。CDや指導者による範奏を聴くことは，児童が初めて学習する器楽曲に出会ったときに，その楽曲の雰囲気をとらえたり，楽器の奏法を知ったりすることができる。また，歌唱の場合と同様に，音楽が醸し出している諸要素に気付かせるためにも大切な活動といえよう。視奏に関する低学年のリズム譜，中学年のハ長調の楽譜に加えて高学年のイ短調については，それぞれ学習する教材曲の内容と，「第3　指導計画の作成と内容の取扱い」の2の(6)に示された事項から適宜選択して計画的に指導することが望ましい。この際の留意点としては，知識面に偏らないようにし，あくまでも教材曲の演奏（練習）過程で用語やその意味をとらえさせながら，楽しい学習活動ができるような指導展開を心がける必要がある。

イの事項は，器楽学習における曲想表現の工夫について示したものである。器楽の学習においては，その音楽が醸し出す雰囲気や気分等を特徴付けている諸要素に対する感受力が児童に備わっていなければならない。すなわち，児童がイメージする表現のための旋律の演奏のし方や音色に加え，強さや速さなどを工夫する能力が大きく関わっている。学習する楽曲の曲想表現については，ともすれば，指導者が楽器の奏法や強弱・速度等を指示してしまいがちになるが，児童それぞれの思いや意図によって主体的創造的な学習活動ができるようにすることが大切となる。これらの要素に対する感受力育成のためには，アの範奏を聴く活動や鑑賞の活動とも関連させた学習活動とともに，【共通事項】に示された音色，速度，強弱，拍

の流れやフレーズなどの要素とも関連させた指導をすることが重要となる。

　ウの事項は，器楽の表現学習に必要な基礎的な奏法技能について示したものである。ここで取り上げる低学年の身近な楽器とは，様々な打楽器，すなわち，木琴，鉄琴，カスタネット，タンバリン，トライアングル，鈴，ウッドブロック等，また旋律楽器のオルガンやハーモニカ，鍵盤ハーモニカ等である。また，中学年では，これらに加えた鍵盤楽器や個人持ちのソプラノリコーダー等である。高学年では，これらに和太鼓や箏などの和楽器や電子楽器，諸外国に伝わる楽器等が加わるが，学校や児童の実態に即して選択して扱うことになる。低学年の指導事項の"楽器に親しむ"ことは，器楽学習の第一歩であり，楽しく取り組む中で音色に気を付けた奏法を工夫させるようにする。この学習体験が，中学年のリコーダーなどの旋律楽器についても活かされるとともに，その後の高学年における"楽器の特徴を生かす"学習につながっていくのである。
　器楽の学習で配慮することは，どんなに小さな簡易楽器であっても，丁寧に扱うように指導することである。そして，それぞれの楽器が素晴らしい音色であることや，演奏に欠かすことできないものであることを，実際に具体的な扱い方を示しながら奏法を身に付けさせていくことが大切になる。

　エの事項は，楽器の音を合わせて演奏する能力について示したものである。斉奏や合奏の活動では，自分の演奏楽器のみならず，他の楽器の音を聴いて，それに合わせながら演奏することが重要となる。そのためには，それぞれの児童が表現しようとする音楽の思いや意図について話し合う活動が必要となる。すなわち，児童全体が同じ思いで演奏に取り組まなければ，まとまりのある音楽にすることができないのである。この活動が，低・中学年の"互いの楽器の音"や，高学年の"各声部の楽器の音や全体の響き"を聴き合いながら，合わせる能力を育んでいくのである。
　斉奏や合奏に加え，一人1パートを分担する重奏等のアンサンブル活動を体験することによって，この能力をさらに伸長させることができよう。アンサンブル学習は，自が分担するパートの役割の重要さとともに，他のパートの音と調和させながら演奏しようとする意識を高めることができるのである。

(3)　音楽づくりに関する事項
　アの事項は，児童が様々な音とかかわりながら，それぞれの創造性を働かせて，音遊びをしたり，即興的な表現をしたりする能力に

ついて示したものである。音楽づくりは，児童のこれまでの音楽活動の体験によって培われてきた感性や能力によって発想されるものであり，低学年から学習体験を積み重ねていくことが大切になる。

　低学年では，まず，身の回りにある音を見つけて楽器で真似たり，人や物の名前を音で表現したりする音遊びの活動を楽しむことをねらいとしている。また，中学年では，様々な音やその響きに気付きながら，音を選んだり，組み合わせを工夫したりして，自分なりに描く情景や音楽を即興的に表現できることをねらいとしている。そして，高学年では，低・中学年で体験してきた活動や，いろいろな音楽表現を通して得たことをもとに，さらに豊かな発想による音楽を即興的に表現できることをねらいとしたものである。

　この事項に関しては，イに示す能力を育みながら，意欲をもって楽しく取り組めるような活動展開を心がけたい。

　イの事項は，音楽づくりの能力について示したものであるが，各学年ともアの事項と一体的な扱いを通して能力の育成を図っていく必要がある。

　低学年では，音遊びを発展させ，音楽の仕組みに気付いて簡単な音楽をつくることを示している。すなわち，指導者の打つリズムを模倣して打ったり，リズム問答をしたり，また，人や物の名前を楽器の音で表現したりしながら，徐々にフレーズ感を身に付けていくのである。

　中学年では，音の響きやその組み合わせの活動をする中で，音楽を構成する要素をとらえるとともに，その仕組みを生かして音楽をつくることを示している。例えば，音の組合せによる旋律やリズムのパターンを工夫したり，それを変化させることによる面白さに気付いたりしながら，自分で思い描く音楽をまとまりのあるものにする工夫ができる能力を身につけていく。

　高学年では，いろいろな音楽体験から得られた表現方法を生かしながら，自分で意図した音楽づくりができる能力について示している。すなわち，低・中学年までの経験を発展させるとともに，音楽の構成やその仕組みを生かしながら，変化と統一を工夫した旋律をつくったり，副次的な旋律を工夫したりすることができる能力を身につけていく。このようにして工夫した音楽作品を仲間とともにアンサンブルを楽しめるような活動にまで発展させることによって，音楽づくりに取り組む意欲がさらに増していくことになる。

　音楽づくりの学習で留意する点は，児童が創作活動に取り組もうとする意欲や過程を大切にし，作品についての記譜学習に偏ったり，作品のよしあしを評価したりする指導に陥らないように心がけることである。

(4) 表現教材に関する事項

　アの事項は、各学年の歌唱学習で扱う教材について示している。低学年では共通教材4曲を含めた"斉唱及び輪唱曲"、中学年では共通教材4曲を含めた"斉唱及び簡単な合唱曲"、また、高学年では共通教材から3曲を含めた"斉曲及び合唱曲"であるが、共通教材の他は斉唱、輪唱、合唱の具体的な教材名が示されていない。これらについては、学校や教師の裁量に委ねられることになるが、各学年の児童が無理なく歌える音域で、しかも興味や関心をもって楽しく表現できる内容の楽曲を選択することが大切になる。

　また、これらの教材曲については歌唱の学習のみならず、イの事項に関した器楽曲に編曲するなどして器楽学習でも活用したい。つまり、歌唱に加えて楽器でも演奏することによって、その楽曲に対する児童の愛着心をさらに深めることにつながる。

　イの事項は、器楽の学習で取り上げる教材を示したものであり、アの事項で取り上げられた各学年の歌唱教材を含めて、重奏や合奏等の器楽曲が対象となる。教材は、低学年の"主旋律にリズム伴奏や低声部を加えた楽曲"や、中・高学年の"重奏や合奏にした楽曲"等をふまえるとともに、児童の実態にふさわしい楽曲を取り上げるようにする。

　器楽における重奏や合奏の学習では、音の重なり合いやそれによる響きを感じ取りながら音を合わせることが重要であり、これらの活動を通す中で、Ⅰ・Ⅳ・Ⅴ等の音の重なりによる響き合いや旋律を支える低音の響きを聴き取る能力を育むことが大切になる。すなわち、選択した教材は、これらの能力育成に適したものか、また、児童が楽しく活動できる内容の楽曲であるかどうかについて教材分析を進める必要がある。

　ウの事項は、各学年の歌唱学習で取り扱う共通教材を示したもので、第1学年から第6学年までそれぞれ4曲ずつ挙げている。これらの教材は、これまでわが国において歌い継がれてきた文部省唱歌や、わらべうた、日本古謡等であり、児童に伝えたい楽曲として取り上げられたものである。また、各学年とも1曲は日本音階による楽曲が示されている。

B　鑑　賞

　鑑賞とは、芸術作品を理解して味わうこと、すなわち、その作品の価値を個人的に認めて享受する行為である。音楽の鑑賞においては、演奏表現を通した楽曲を聴く中で、自分なりにその価値を認め

て味わうことといえよう。

　学校における鑑賞学習では，音楽の諸要素を感じ取りながら聴く活動の中で，曲想表現のし方に気付いたり，楽曲全体の醸し出す演奏の雰囲気をとらえたりしながら聴取能力を育んでいくことが求められる。そのためには，児童が鑑賞する楽曲に対しての関心やあこがれの気持ちを持ちながら，身に付けた音楽的な感受力や価値判断力を働かせ，創造的に鑑賞活動ができるような学習展開を工夫することが大切になる。

　学習指導要領に示された鑑賞の内容は，（1）鑑賞の能力に関して，（2）鑑賞教材に関して，の2項目による構成で，それぞれ低・中・高学年の発達段階に即した指導事項を示してある。

（1）　鑑賞の能力に関する指導事項
　アの事項は，音楽の曲想やその特徴，また，その変化をとらえて聴く能力について示したものである。

　低学年では，まず，聴く活動を通して音楽に親しみをもてるようにすることをねらいとしている。児童は，聴こえてくる音楽に合わせて主な旋律を口ずさんだり，身体反応によって音楽全体の流れをとらえたりしながら，楽曲の気分を感じ取る能力を育んでいく。これらの活動を通して，音楽を特徴づけているリズムや旋律等に気付かせるとともに，興味や関心をもって楽しく取り組めるような指導展開を工夫することが大切になる。

　中学年では，音楽を表現する曲想やその変化によって雰囲気を感じ取って聴くことをねらいとしている。中学年では，知的な発達とともに物事を分析的に見る能力が芽生えてくる時期である。鑑賞では，主要な楽器の音色に気付いたり，音楽の諸要素による曲想やその変化に気付いたりしながら，音楽全体の雰囲気を感じ取る活動を大切にしたい。

　高学年では，低・中学年から培ってきた能力をさらに伸長させることをねらいとしている。すなわち，音楽を特徴付けている要素や構成をとらえるとともに，楽曲全体が醸し出す美しさを味わって聴くことができる能力を育むのである。そのためには，様々な音楽を鑑賞したり，一つの楽曲を比較鑑賞したりしながら，曲想やその変化による演奏の表現方法の違いに気付くような学習展開をすることが重要となる。

　イの事項は，音楽を構成する要素を感じ取る能力について示したもので，各学年ともアの事項と関連させて育んでいくものであるが，児童の心身の発達や，それによる各学年に見られる音楽的特質をふまえた指導が大切になる。

低学年児童は，精神的には未分化で自己中心的であるが，感覚面が急速に発達する。この時期の音楽的特質としては，一般的にリズムに対する感覚が鋭敏であり，また，リズミカルな音楽を好む傾向がある。鑑賞指導では，音楽に合わせて主な旋律を口ずさんだり，特徴的なリズムパターンを手や身体全体で表現したりする活動を通しながら，フレーズのまとまりに気付かせる。また，人間の声による演奏にも関心をもたせながら，楽曲全体の気分を感じ取って楽しく聴かせるようにする。

　中学年は，心身ともに急速に発達して自主性や社会性も芽生え，グループ活動をすることにも関心をもち始める様子が見られる。この時期の音楽的特徴は，旋律やそれを奏でる楽器に強い関心を示す傾向があることから，主な旋律を演奏する楽器に合わせた模擬演奏を通して楽器の形状や音色の特徴をとらえたり，旋律の反復や変化等による構成の仕組みやその面白さに気付いたりさせるとともに，大人の声や子どもの声による演奏にもふれさせながら，楽曲全体の雰囲気をとらえて想像的に聴かせるようにする。

　高学年の心身の発達傾向は，知的な理解力が増すとともに，客観的なものの見方や考え方ができるようになることである。この時期における音楽的な特質は，楽曲に対する個人的な嗜好とともに，その演奏によって醸し出される曲想表現に関わる楽器の音色やその組み合わせ，強弱によるダイナミックス等の諸要素について，客観的に分析できる能力が身についてくる。このようなことを踏まえて，鑑賞の指導では，音楽を形づくる変化と統一による構成美や，それを表現する楽器の演奏や人声の美しさを感じ取らせるようにする。人声による演奏では，男女による声の違いやそれぞれの声種の特徴について，また，独唱，重唱，合唱等の鑑賞を通して，形態による演奏の違いについてもとらえさせるようにする。

　この事項に関する低・中・高学年の鑑賞指導の留意点は，音楽の諸要素について分析的に聴き取らせることではなく，あくまでも楽しく鑑賞する中でこれらの能力を身につけさせるようにすることが重要である。

　ウの事項は，聴いた音楽について自分なりに感じ取ったことを仲間同士で話し合うことを通しながら，自分で気付かなかった音楽の要素やその働きをとらえるとともに，それらによる音楽の美しさに気付くようにすることをねらいとしている。つまり，鑑賞した音楽について，その思いを自分なりの言葉で話し合いながら，音楽を表現する諸要素に対する意識をさらに深めていく能力について示したものである。

　この事項に関する指導では，「楽曲を聴いて想像したことや感じ

取ったことを言葉で表すなどの活動」を通して，低学年の"楽曲の演奏や楽しさ"，また，中・高学年の"楽曲の特徴や演奏のよさ"に気付いたり，理解したりしながら，鑑賞する能力を伸長させていくことを示している。これについては，ア，イに示された事項と関連させながら指導を進めていくことになるが，留意すべき点は，鑑賞する楽曲の演奏は，音楽の諸要素がかかわって表現されるものであり，国語的な言葉や文章によって表現できないものであることを念頭に置いて指導を進める配慮が必要となることである。

(2) 鑑賞教材に関する事項

アの事項は，鑑賞学習で取り上げる教材について，児童が様々な種類の音楽に親しめるように，発達に応じた楽曲選択の観点を示したものである。ここでは，諸外国に伝わる音楽とともに，特に我が国や郷土の伝統音楽を全学年にわたって取り上げ，低学年から高学年まで継続的に親しんでいくように示されている。

低学年では，我が国や諸外国の身近に感じとることができる「わらべうたや遊び歌」，「行進曲や踊りの音楽」など，リズミカルに身体反応をしたり，情景を想像したりしやすい音楽を観点として挙げている。

中学年では，郷土の音楽を含めた我が国の音楽の特徴がとらえやすい和楽器や声による音楽，すなわち，箏曲や和太鼓による音楽や祭り囃子など生活と結びついた地域の音楽等である。加えて，オペラやミュージカルなどの劇の音楽や，人々に歌い継がれ，親しまれてきた音楽も取り上げることを示している。

高学年では，中学年で挙げられた観点に加え，諸外国の文化とかかわる音楽を取り上げること。すなわち，我が国に伝わる雅楽や歌舞伎，文楽等の音楽を通して文化やその伝統について理解を深めるとともに，諸外国で多くの人々に親しまれながら伝えられている音楽に対しても興味や関心をもたせることを観点として示したものである。

鑑賞で取り上げる教材曲については，多様な音楽からこれらの観点をもとに選択することになるが，次のイ，ウに示す事項をふまえて選曲作業を進める必要がある。

イの事項は，「音楽を形づくっている要素を感じ取る」ことができる教材を選択する観点で，全学年にわたって示している。

低学年では，親しみやすいリズムや旋律が現れたり，反復したりする面白さを感じ取ることができる楽曲，また，速度や強弱の違いが明確な楽曲など，音楽を特徴付けている要素や仕組みがとらえやすい声や楽器による音楽を選択したい。

中学年では,音楽を特徴付けている要素の働きや構成に気付いて,楽しく聴くことができる音楽を取り上げる。すなわち,声や様々な楽器の音色の特徴をとらえるとともに,旋律の反復や変化等による構成を感じ取ることができる楽曲であり,二部や三部形式の声楽曲,また,器楽曲ではロンド形式や複合三部形式の楽曲等,形式が明確な音楽を選択したい。

　高学年では,要素の働きが生み出す音楽の素晴らしさを感じ取りながら,聴く喜びを味わうことができる教材選択の観点を示している。すなわち,旋律の反復・変化や重なり等による響きを感じ取ったり,要素と曲想とのかかわりや楽曲の構造を理解したりしながら,聴く喜びを深めるような音楽を取り上げることを示している。

　ここで示された事項については,それぞれアやウ及び【共通事項】と直結した観点であり,これらの事項をふまえて教材を選択することになる。

　ウの事項は,選択する教材の「演奏形態」の観点を示したものである。選択にあたっては,ア及びイの事項と関連させながら取り組むことが必要となる。

　低学年では,一つ一つの楽器の音色や人の声の特徴をとらえるとともに,いろいろな演奏の形に興味や関心をもって聴くことができる教材を選択することについて示している。指導では,視聴覚教材を活用し,演奏の様子を視聴しながら形態の違いによる音楽の面白さをとらえさせたい。

　中学年では,いろいろな形態による演奏にふれることを通して,演奏表現の違いを感じ取ったり,楽器や人の声の特徴をとらえたりしながら,演奏に対するあこがれをもって聴くことができるような教材を選択する。具体的には,管楽器,弦楽器,打楽器による独奏曲や重奏曲,合奏曲等に加えて,人声による独唱や重唱曲等の楽曲である。

　高学年では,吹奏楽や管弦楽,協奏曲,室内楽等の演奏を聴く活動を通して,楽器の音色や多様な組み合わせによる演奏形態や響きの美しさを感じ取れるような教材を選択する。また,ソプラノ,アルト,テノール,バスの人声の特徴を知るとともに,これらによる独唱や重唱曲,合唱曲を取り上げて,声による表現の味わいや,組み合わせによる響きの美しさを感じ取ることができるような楽曲を選択する。

　鑑賞教材の選択にあたっては,児童が親しみやすい音楽で,興味や関心をもちながら聴き方を広げていけるような楽曲を取り上げることが大切になる。つまり,音楽を聴くことはもっとも主体的な活動であり,鑑賞によって育まれた感受力は,表現学習に生かされる

とともに，愛好心をもちながら生涯にわたった音楽活動につながることになるのである。

【小学校学習指導要領（音楽）で示してきた鑑賞教材】

第1学年
　「アメリカン・パトロール」　F.W.ミーチャム作曲
　「おどる子ねこ」　L.アンダソン作曲
　「おもちゃの兵隊」　L.イエッセル作曲
　「ガボット」　F.J.ゴセック作曲
　「森のかじや」　T.ミヒャエリス作曲

第2学年
　「おどる人形」　E.ポルディーニ作曲
　「かじやのポルカ」　J.シュトラウス作曲
　「かっこうワルツ」　J.E.ヨナッソン作曲
　「出発」（組曲「冬のかがり火」から）　S.S.プロコフィエフ作曲
　「トルコ行進曲」　L.v.ベートーベン作曲
　「メヌエット」（歌劇（アルチーナ」から）　G.F.ヘンデル作曲
　「ユーモレスク」　A.ドボルザーク作曲

第3学年
　「おもちゃのシンフォニー」　J.ハイドン作曲
　「金婚式」　G.マリー作曲
　「金と銀」　F.レハール作曲
　歌劇「軽騎兵」序曲　F.v.スッペ作曲
　「メヌエット」（組曲「アルルの女」より）　G.ビゼー作曲
　「メヌエット」ト長調　L.v.ベートーベン作曲
　「ポロネーズ」（管弦楽組曲第2番から）　J.S.バッハ作曲

第4学年
　「ガボット」　J.P.ラモー作曲
　「軍隊行進曲」　F.シューベルト作曲
　「スケーターズワルツ」　E.ワルトトイフェル作曲
　「ノルウェー舞曲」第2番イ長調　E.H.グリーグ作曲
　「白鳥」　C.サンサーンス作曲
　「ホルン協奏曲」　第1番ニ長調第1楽章　W.A.モーツァルト作曲

第5学年
　歌劇「ウィリアム・テル」序曲　G.ロッシーニ作曲
　「管弦楽の木挽歌」　小山清茂作曲
　組曲「くるみ割り人形」　P.I.チャイコフスキー作曲
　「荒城の月」,「箱根八里」,「花」のうち1曲　滝廉太郎作曲
　「タンホイザー行進曲（合唱の部分を含む）」　R.ワーグナー作曲

ピアノ五重奏曲「ます」第4楽章　F.シューベルト作曲
第6学年
　　「赤とんぼ」「この道」「待ちぼうけ」のうち1曲　山田耕筰作曲
　　「第9交響曲」から合唱の部分　L.v.ベートーベン作曲
　　組曲「道化師」　D.カバレフスキー作曲
　　「春の海」　宮城道雄作曲
　　組曲「ペール・ギュント」　E.H.グリーグ作曲
　　「流浪の民」　R.シューマン作曲
　　「六段」　八橋検校作曲

【鑑賞教材の参考例】

低学年
　　「ミッキーマウスマーチ」（ジミードット作曲）
　　「かえるのルンバ」（ウーゴブランコ作曲）
　　「ドレミのうた」（リチャード・ロジャース作曲）
　　「口笛吹きと子犬」（プライヤー作曲）
　　「子犬のワルツ」（ショパン作曲）
　　「小象の行進」（ヘンリー・マンシーニ作曲）
　　「熊蜂の飛行」（リムスキー・コルサコフ作曲）
　　「おもちゃのシンフォニー」（レオポルト・モーツァルト作曲）
　　「シンコペーテッド・クロック」（アンダソン作曲）
　　「そりすべり」（アンダソン作曲）
　　「鉛の兵隊」（ピエルネ作曲）
　　「トランペット吹きの休日」（アンダソン作曲）
　　「クラリネットポルカ」（ポーランド民謡）
　　「かごめかごめ」,「ずいずいずっころばし」,「花いちもんめ」
　　　　　　　　　　　　　　　　　　　　（わらべうた）
　　「ロンドン橋」（イギリス）

中学年
　　「トランペット吹きの子守歌」（アンダソン作曲）
　　「茶色の小びん」（ヨセフ・ウィンナー作曲）
　　「聖者の行進」（アメリカ民謡）
　　ミシシッピ組曲から「ハックルベリーフィン」（グローフェ作曲）
　　「タイスの瞑想曲」（マスネ作曲）
　　「愛のあいさつ」（エルガー作曲）
　　組曲「展覧会の絵」より「殻をつけたひな鳥の踊り」
　　　　　　　　　　　　　　　（ムソルグスキー作曲）
　　「チゴイネルワイゼン」（サラサーテ作曲）

「禁じられた遊び」(スペイン民謡)
「ピーターと狼」(プロコフィエフ作曲)
「ピチカートポルカ」(ヨゼフ・シュトラウス作曲)
舞踊組曲「ガイーヌ」から「つるぎの舞」
　　　　　　　　　　　　　　(ハチャトゥリャン作曲)
「ハンガリー舞曲」(ブラームス作曲)
「ラデツキー行進曲」,(ヨハン・シュトラウスⅠ世作曲)
「旧友」(タイケ作曲)
(郷土の音楽)「ソーラン節」(北海道),「青森地方の子守歌」(青森県),「こきりこ節」(富山県),「五木の子守歌」(熊本県)等

高学年
「美しきロスマリン」(クライスラー作曲)
「威風堂々」第1番(エルガー作曲)
「美中の美」,「雷神」(スーザ作曲)
「春の祭典」(ストランヴィンスキー作曲)
「アイネ　クライネ　ナハトムジーク」第3楽章
　　　　　　　　　　　　　　(モーツァルト作曲)
「弦楽セレナード」(チャイコフスキー作曲)
交響曲第9番ホ短調「新世界より」(ドボルザーク作曲)
バレエ組曲「白鳥の湖」(チャイコフスキー作曲)
交響詩「フィンランディア」(シベリウス作曲)
歌劇「カバレリアルスチカーナ」間奏曲(マスカーニ作曲)
歌劇「カルメン」序曲(ビゼー作曲)
歌劇「ポギーとベス」より「サマータイム」(ガーシュイン作曲)
ミュージカル「サウンド・オブ・ミュージック」より
　　　　　「エーデルワイス」「アレルヤ」(ロジャース作曲)
組曲「惑星」より「火星」,「木星」(ホルスト作曲)
「越天楽」(雅楽)
(郷土の音楽)「江差追分」(北海道),「花笠おどり」(山形県)
　「八木節」(群馬県),「てぃんさぐぬ花」(沖縄県)等

【共通事項】

　【共通事項】は，音楽の表現と鑑賞の学習において，各活動を通す中で，互いに関連をもたせて指導する内容について示したものである。事項はア，イの二つに分けて示している。

> ア　音楽を形づくっている要素のうち，次の（ア）及び（イ）を聴き取り，それらの働きが生み出すよさや面白さ，美しさを感じ取ること。

　この事項では，（ア）には音楽を特徴づけている要素，また，（イ）には音楽の仕組みに関した内容が，学年ごとに示されている。
　（ア）の音楽の要素とは，音色，リズム，旋律，速度，旋律，強弱，音の重なりや和声の響き，音階や調，拍の流れやフレーズ等であり，これらの要素を感じ取ることが，（イ）の音楽を構成する反復，問いと答え，変化，音楽の縦と横の関係など，音楽の仕組みをとらえて表現したり，鑑賞したりする能力として働くのである。
　低学年の（ア）で取り扱う要素は，音色，リズム，速度，旋律，強弱，拍の流れ，フレーズなどである。「音色」とは，声や楽器の様々な音の表情である。「強弱」とは，音色とかかわりながら力強い音，優しい音など，音の質感によって表わされる。「拍の流れ」とは，一定の時間的間隔をもって刻まれる拍のことを指すが，その間隔に微妙な伸び縮みが生じるのが音楽である。「フレーズ」とは，音楽の流れの区切りのことで，旋律を一息で歌うときにまとまる長さである。
　（イ）は，反復，問いと答えの仕組みについてである。「反復」にはリズムや旋律の繰り返しが連続したり，音楽の流れの中で合間をおいて繰り返されたりするものや，A－B－A（三部形式）のようにAが再現される音楽もある。「問いと答え」とは，あるリズムや旋律のフレーズに対して，それに呼応する関係にあるものを指す。
　この事項に関する指導にあたっては，音楽を特徴付けている要素や仕組みがとらえやすい教材を選択するとともに，それらの働きによる音楽のまとまりのよさを感じ取って，楽しく活動できる指導を心がけたい。
　中学年の（ア）で取り扱う要素は，低学年の内容に加えて，音の重なり，音階や調である。「音の重なり」とは，高さの違う複数の音が同時に鳴り響くことである。ここでは，音の重なりによる響きのよさや美しさを感じ取ることをねらいとしている。「音階」とは，音楽で用いられる基本的な音を高さの順に1オクターブ並べたものであり，中学年で取り扱うのは，ハ音を主音とする音階によるハ長調である。

（イ）では，低学年の反復，問いと答えに加えて，変化である。「変化」とは，音楽を特徴付けている要素が，時間の流れとともに音楽へのかかわり合いが変わっていくことである。

この事項に関する指導にあたっては，低学年と同様に音楽を特徴付けている要素とともに，変化の仕組みがとらえやすい教材を選択する必要がある。

高学年の（ア）では，中学年の要素のうち，音階と調では，イ短調についても取り扱い，さらに，和声の響きが要素として加えられている。「和声の響き」とは，楽曲を構成する調の中における音の重なりから生まれる和音の流れによる響きのことである。

（イ）では，低・中学年までの反復，問いと答え，変化に加えて，音楽の縦と横の関係などの仕組みが示されている。「音楽の縦と横」とは，縦を音の重なり方，横を音楽の時間的な流れとして，その織りなす関係を構造的にとらえることを示したものである。すなわち，音楽は諸要素がかかわり合う音と全体を構成する仕組みによって形づくられることを示したものである。

指導にあたっては，音楽を特徴付けている要素や音楽の仕組みがとらえやすい楽曲を選択するとともに，表現や鑑賞のすべての活動を通しながら，それらの働きが生み出す音楽のよさや面白さ，美しさなどを感じ取ることができるように，児童の実態に即して指導を工夫する必要がある。

> イ　音符，休符，記号や音楽にかかわる用語について，音楽活動を通して理解すること。

この事項は，「第3 指導計画の作成と内容の取扱い」2（6）に示された音符，休符，記号や音楽にかかわる用語を，音楽活動を通しながら理解することを示したものである。

低学年では，身近な音符，休符，記号と示してあるが，いずれの学年においても，これらを単独に取り上げて指導するのではなく，表現や鑑賞のすべての活動の中で，児童の学習状況を考慮するとともに，教材の学習内容とかかわりをもたせながら，その働きの意味することや名称を理解させることが大切となる。すなわち，音楽のよさや美しさは，楽曲を特徴付ける諸要素の組み合わせと全体を構成する仕組みの妙によって醸し出されるものであり，それらを総合的に感じ取って味わうことができる能力を育んでいくことこそが重要となる。

3 指導計画の作成と内容の取扱い

　音楽の学習は「表現」と「鑑賞」の2領域によって進められるが，ここでは，具体的な指導のための指導計画の作成や，内容の取扱いに関しての配慮事項が示されている。

1 指導計画作成上の配慮事項

　（1）の事項は，各領域の指導項目と【共通事項】で示しているア，イとの関連を図り，年間を通して継続的に取り扱うように工夫することを挙げている。すなわち，アの「音楽を特徴付けている要素」と，イで示した「音符，休符，記号や音楽にかかわる用語」について，児童の実態に応じて，6年間を通して理解できるようにすることが大切である。

　（2）の事項は，高学年の内容「A表現」の指導において，学校や児童の実態に応じた表現形態を選んで学習できるようにすることを示している。高学年児童は，音楽的な嗜好が強まったり，表現活動に対して自分の思いや願いを強く抱くようになったりする。このようなことから，児童の実態を考慮して歌唱や器楽の表現形態を選択できるようにするとともに，多様な教材を複数用意して弾力的な指導ができるようにすることが大切となる。

　（3）の事項は，国歌「君が代」の指導の趣旨を明確に示したもので，いずれの学年においても歌えるように指導することを示している。指導に当たっては，低学年では，上級生の歌うのを聴いたり，楽器等の演奏を通したりして，親しみをもちながら，みんなと一緒に歌えるようにすること。また，中学年では，楽譜を見て覚えて歌えるようにすること。そして，高学年では，国歌の意味を理解するとともに，歌詞や旋律を正確に歌えるようにすることが大切である。

　（4）の事項は，低学年児童の発達的傾向を考慮して，生活科など他教科や幼稚園教育の表現に関する内容などとの関連を図ることについて示している。低学年児童は，体験を通して感じたことや考えたことを基にしながら自分なりに学んでいくような特性が見られる。このようなことから，音楽の表現活動においては，生活科などの他教科等の学習内容と関連付け，歌詞の表す情景を感じ取ったり，季節や地域の行事にかかわる活動と関連した表現を工夫したりしながら，楽しく活動に取り組ませたい。

（5）の事項は，道徳の時間などとの関連を考慮しながら，音楽科の特質に応じて適切な指導をすることについて示している。これは，学習指導要領の第1章総則の第1の2に示された内容を受けたもので，学習活動やそれに臨む態度への配慮とともに，音楽科がめざす目標に向けて適切な指導をすることについて示したものである。すなわち，音楽を愛好する心情や音楽に対する感性は，美しいものや崇高なものを尊重する心につながるものであり，また，音楽による豊かな情操は，道徳性の基盤を養うものでもある。

2　内容の取扱いと指導上の配慮事項

　（1）の事項は，表現及び鑑賞の指導に当たって，体を動かす活動を取り入れることについて示したものである。体のあらゆる感覚を駆使して音楽全体を感じ取ることを通して，児童に音楽学習の基礎的な能力を培っていくのである。すなわち，音楽に合わせて歩いたり，動作をしたりするなどの体を動かす活動をすることによって，音楽との一体感を味わいながら感受力や想像力を育むことを示したものである。

　指導に当たっては，体を動かすこと自体をねらいとするのではなく，音楽を感じ取るための体験的な活動であることに留意する必要がある。

　（2）の事項は，和音や和声の取扱いについて示したものである。これらの取扱いについては，理論的な指導に偏らないように，あくまでも児童の音楽的な感覚を大切にしながら，合唱や合奏，音楽づくりなどの具体的な活動を通して指導することが大切である。

　「和音」については，表現学習の中で音を重ねる工夫を通して，その響きや表情の違いをとらえたり，旋律に合う和音を見つけたりする活動が考えられる。また，「和声」については，和音の連結による響きを感じ取ったり，合唱や合奏の学習における音楽の流れの中での響きの変化をとらえたりする活動が考えられる。

　（3）の事項は，歌唱の指導の取扱いについて，次のア，イ，ウが示されている。

　アは，相対的な音程感覚を育てるために，適宜，移動ド唱法を用いることを示したものである。「相対的な音程感覚を育てる」とは，音程の間隔を相対的に感じ取る力を育てることであり，各長調では主音をドとし，各短調では主音をラとした階名唱のことである。

　イは，歌唱教材として，唱歌，わらべうたや民謡などの日本のうたを選択する観点を示したものである。歌唱教材については，各学

年の「A表現」の（4）において，共通教材も含めて示しているが，各学校の児童の実態に合う教材を幅広い視野から選ぶようにする。

　ウは，変声期前後の児童に対する指導の配慮について示したものである。児童の中には，学年進行と身体の成長に伴って，変声期を迎える者が見られる。指導に当たっては，その時期と変化には個人差があることを知らせるとともに，安心して歌えるように歌唱の活動に取り組ませることが大切である。

　（4）の事項は，それぞれの学年で取り上げる楽器の選択について，次のア，イ，ウ，エが示されている。

　アは，打楽器の選択について示したものである。打楽器には，木質，金属質，皮質など，発音体による様々な種類，また，旋律や和音奏が可能な木琴や鉄琴等がある。それらの中から，学校や児童の実態を考慮しながら，教材曲の演奏効果が期待される楽器を選択するようにする。さらに，和太鼓などの和楽器や諸外国に伝わる様々な打楽器についても，各学年の全体計画の見通しのもとに取り扱うように心がけたい。

　イは，第1学年及び第2学年で取り上げる楽器選択について示したものである。ここでは，低学年児童が興味や関心を深めながら取り組むことができる身近な打楽器に加え，視覚的に音を確かめることができる各種のオルガンや鍵盤ハーモニカなど，児童にとって扱いやすい身近な楽器を選ぶようにする。

　ウは，第3学年及び第4学年で取り上げる楽器の選択について示したものである。ここでは，低学年で扱ってきた楽器に加えて，運指やタンギングなどを工夫して音をつくることができるリコーダー，また，主旋律や和音・低音など，幅広く活用ができる鍵盤楽器を学校や児童の実態に応じて選ぶようにする。

　エは，第5学年及び第6学年で取り上げる楽器の選択について示したものである。ここでは，低・中学年で扱ってきた楽器に加えて，各種の電子楽器，管楽器，弦楽器等，また，諸外国に伝わる様々な楽器の中から，学校や児童の実態に応じて選ぶようにする。

　各学年の取り扱う楽器の学習においては，訓練的な奏法技能に偏った指導にならないように，児童が興味や関心をもって主体的に取り組む活動を大切にするように心がけたい。

　（5）の事項は，音楽づくりの指導の取扱いについて，次のア，イ，ウが示されている。

　アは，音遊びや即興的な表現の取扱いについて示したものである。低学年の音遊びでは，音楽的な約束事に基づいた音の表現を仲間と楽しみながら，音楽づくりの面白さや様々な可能性を探っていくよ

うにする。中・高学年では，いろいろな音の響きや組み合わせを工夫しながら，即興的な表現に発展させるようにする。即興的な表現は，その場で直観的に音やその組み合わせを判断して表すものであるが，グループによる表現では，お互いに表現についての約束事を話し合って取り組ませるようにする。

　イは，記譜指導の取扱いについて示したものである。記譜は，つくった音楽を必要に応じて視覚的にとらえたり，その音楽を再現したりする手がかりとなるものであるが，児童の実態や活動の内容によっては，絵譜やグラフィックスによるものなどを工夫させるようにすることも必要となろう。

　ウは，多様な音楽から手掛かりを得て音楽づくりをすることについて示したものである。「拍節的でないリズム」とは，日本民謡や現代音楽の作品などに見られるような一定した拍や拍子感がないリズムのことである。また，「我が国の音楽に使われている音階」とは，わらべうたや民謡に見られる5音による音楽などである。「調性にとらわれない音階」とは，長調や短調以外の音階のことで，諸外国の様々な音階や半音音階などである。

　音楽づくりでは，児童が様々な音楽と出合うことを通して得られたことを基に，リズムや音階，また，音楽の仕組みを生かした構成を工夫するのであり，この学習活動は音楽の楽しみ方を広げることにつながるものである。

　（6）の事項は，取り扱う音符，休符，記号や音楽にかかわる用語を示したものである。ここに示された37の諸記号等の指導に当たっては，単にその名称や意味を知ることだけではなく，表現及び鑑賞の様々な活動の中で，その意味や働きを理解したり，用いたりすることができるようにすることが重要である。また，これらの学習については，特に配当学年が示されていないが，取り扱う教材や内容との関連で必要と考えられる時点で取り上げるとともに，6年間を通して繰り返し指導していくことが大切である。

4 学習指導の計画

1 指導計画の作成

(1) 指導計画作成の基本的な考え方

　指導計画は，各学校の教育課程を編成する中で作成される。教育課程とは，カリキュラム（curriculum）を広義に解釈した用語で，学校の教育目標を実現するために，各教科，道徳，特別活動等のすべての教育活動について，それらの内容を学年ごとに授業時数との関連において総合的，組織的に編成した教育計画である。それを具体的に示すのが学習の指導計画である。

　指導計画は，教科の目標と各学年の目標の達成をめざすための指導目標，指導内容やその順序，時間配当等について定めるものである。これには年間の計画，学期ごとの計画，月や週ごとの計画，単位時間の計画等があるが，様式については特に定められてはいない。

　これらの計画の中で，年間指導計画は，その年度における学年の指導の全容を確認するものとして，また，他の計画を立案するための基盤ともなる重要なものである。

　このように，年間指導計画は，各学年の年間における指導の全容を示すものであるが，計画に当たっては，児童の発達段階をふまえて6年間を見通した計画（Pプラン），実施（Dドゥ），評価（Cチェック）とともに，対策（Aアクション）を念頭において進める必要がある。

　次に，音楽科の年間指導計画の作成における配慮事項をあげる。

ア　学校の教育目標との関連

　　学校の教育目標とは，学校をとりまく社会環境や地域住民の願い，また，「知識」・「情意」・「意志」・「体力」等の全人的な人間形成という視点によって定められた学校独自の目標である。
　　これについては，教育課程の編成全体に関わることであるが，音楽科は教科の特質として，特に情意面に視点を当てて計画を進めることになる。

イ　学習指導要領との関連

　　学習指導要領に示された教科や学年の目標，内容，共通事項，及び指導計画作成と内容の取扱い等との関連を検討するとともに，各学年の発達段階をふまえて，学校の創意工夫を生かした計画にする。

ウ　学校や児童，地域の実態との関連

学校の音楽教室の施設や備品としての楽器類，児童が生活する地域の音楽文化や家庭の音楽的環境等とともに，児童の音楽に対する興味や関心，また，音楽ジャンルに対する嗜好等についてもその実態を把握しておくことも必要であろう。

(2) 年間指導計画作成の手順

学年目標の設定

学習指導要領には，第1学年及び第2学年，第3学年及び第4学年，第5学年及び第6学年の2学年ごとに (1)，(2)，(3) の学年目標が示されている。これを基に，自校の児童の実態から，音楽科で期待する児童像や学校の特色を加味した低・中・高学年それぞれの目標を設定する。

題材の配列

題材には，音楽的なまとまりや生活経験的なまとまりを視点として構成する「主題による題材」と，楽曲そのものを視点として構成する「楽曲による題材」がある。最近では，主題による題材構成が一般的であるが，いずれの構成においても，児童が学習に取り組む中で音楽活動の楽しさや音楽的な美しさなどを味わい，感動体験ができるような題材を構成する。題材名は，児童から見ても学習内容が分かりやすいように工夫する。

題材の指導時数

音楽科の年間の標準授業時数は，第1学年が68時間，第2学年が70時間，第3・4学年が60時間，第5・6学年が50時間である。これらの標準時数から，学年ごとの学期別の時数や月別の時数を割り出して，各題材の指導に充てるための必要な時数を検討して設定する。

題材の指導目標

題材の目標は，それぞれの題材の指導全体を通したねらいである。目標には，情意面，音楽的感覚面，技能面，知識・理解面等があるが，この題材によって，どんな学習活動が展開されるかが分かるようにすることが大切である。また，目標の設定に当たっては，題材の指導内容が学習指導要領の内容や共通事項，評価計画等をふまえたものかどうかを検討することが重要になる。特に，評価については「絶対評価」が進められていることから，充分に検討する必要がある。

教材の選定と配列

教材は，題材の指導目標を達成するための最も具体的な楽曲である。実際の授業では，教材曲の学習を通して種々の音楽能力を培っていくのであり，授業を構築する上で重要な要素となるのであるが，題材の目標を達成するための教材数は，目標に応じて単数の場合と教材群として複数の教材を組み合わせる場合とがある。

教材選択は，採択教科書のみに頼るのではなく，他の教科書や歌集，器楽曲集，また，児童の実態に即した編曲等，多様なジャンルに目を広げながら新教材を開発するように心がけて取り組みたい。教材開発に当たっては，目新しさだけにとらわれることなく，あくまでも題材の目標に照らして行うことが大切である。

指導内容

指導内容は，題材の目標達成のための学習内容と，学習指導要領で示された表現や鑑賞の内容との関連を分かりやすく表にまとめる。この関連について，学年における年間の全容を一目で確認できるようにする表記の仕方としては，題材と指導要領の内容をマトリックスの形による表によって示すのが一般的である。表の作成は，縦軸の欄に題材名，横軸の欄に学習指導要領の各内容事項を記号等で記入し，その交わるところに◎印や○印で示すようにする。この表では，題材と内容とが特に大きく関わる場合は◎印，関わり方が少ない場合には○印，また，関わりがほとんどない場合には無印とする。

表の作成に当たっては，年間の題材全体が一部の内容に偏らないよう，［共通事項］との関連も検討して，年間を通してすべての内容に関わるようにする。また，作成後には，全容を見直して欠落がないかどうかについて確認する必要がある。

題材の評価規準

題材の目標の実現状況については，ア「音楽への関心・意欲・態度」，イ「音楽的な感受や表現の工夫」，ウ「表現の技能」，エ「鑑賞の能力」の4観点で判断する。評価規準は，題材の目標分析や学習内容の検討を通しながら，学習状況に関して4つの観点別に設定する。

題材の評価は，内容のまとまりごとに評価規準を作成して行うことになるため，題材ごとに「歌唱」，「器楽」，「創作」，「鑑賞」の評価規準を年間の計画に明示しておく必要がある。これについては，歌唱，器楽，創作，鑑賞のそれぞれの欄に◎印や○印などによる軽重を示しておくようにする。

これらの項目によってまとめた年間の計画例を次に示す。

年間指導計画と評価規準一覧の例（第3学年）

● 音楽科年間指導計画

平 成 ○ ○ 年 度

第3学年　題材一覧　　　　　　　　　　　　　　　　〔総時間数60時間〕

音楽科の目標　表現及び鑑賞の活動を通して，音楽を愛好する心情と音楽に対する感性を育てるとともに，音楽活動の基礎的な能力を培い，豊かな情操を養う。

中学年の目標
(1) 進んで音楽にかかわり，音楽活動への意欲を高め，音楽経験を生かして生活を明るく潤いのあるものにする態度と習慣を育てる。
(2) 基礎的な表現の能力を伸ばし，音楽表現の楽しさを感じ取るようにする。
(3) 様々な音楽に親しむようにし，基礎的な鑑賞の能力を伸ばし，音楽を味わって聴くようにする。

		題材名（時数）	学習事項	教材名	〔共通事項〕ア	イ
一学期	4月	1．がくふと友だちになろう。（6時間）	●ト音記号の書き方 ●音名と階名 ●ハ長調の音階 ●階名唱と歌詞内容をとらえた歌い方の工夫	●ドレミのうた ●春の小川 ●どじょっこ ふなっこ	調と音階 リズム 旋律	𝄞, V 五線と線間 2/4, 4/4
	5月	2．リコーダーに親しもう。（5時間）	●構え方と口びるのあて方 ●舌の使い方と呼吸のし方 ●左手の5音による曲 ●気持ちを揃えた演奏	●たこたこあがれ ●ゆかいなまきば ●さよなら ●かっこう	音色 拍の流れ	スラー スタッカート

● 平成○○年度　音楽科題材の目標及び題材の評価規準一覧（第3学年）

	題材名	教材名	題材の目標	題材 ア．音楽への関心・意欲・態度
一学期	1．がくふと友だちになろう	●ドレミのうた ●春の小川 ●どじょっこ ふなっこ	●歌詞内容をとらえて歌うとともに楽譜を理解しながら，楽しく階名視唱や歌詞唱をすることができる。	●意欲的にハ長調の旋律視唱の練習に取り組んだり，友だちと協力して歌唱表現の工夫をしたりしようとしている。
	2．リコーダーに親しもう	●たこたこあがれ ●ゆかいなまきば ●さよなら ●かっこう	●リコーダーの基本的な奏法を身につけるとともに，左手の5音による簡易な楽曲を楽しんで演奏できる。	●ソプラノリコーダーに興味や関心をもち，構え方や演奏のし方を理解しながら，意欲的に器楽や鑑賞活動をしようとしている。

学習指導の計画

A 表現 (1)				A 表現 (2)				A 表現 (3)		B 鑑賞 (1)			教材 A表現(4)			教材 B鑑賞(2)			他領域との関連	
ア	イ	ウ	エ	ア	イ	ウ	エ	ア	イ	ア	イ	ウ	ア	イ	ウ	ア	イ	ウ		
歌唱を聴いたり，曲想にふさわしい…	歌詞の内容，曲想にふさわしい…	呼吸及び発音の仕方に…	互いの歌声や副次的な…	範奏を聴いたり，ハ長調の…	曲想にふさわしい表現を…	音色に気を付けて旋律楽器を…	互いの楽器の音や副次的…	いろいろな音の響きや…	音を音楽に構成する過程…	曲想とその変化を感じ取って…	楽器や人の声による演奏表現…	音楽を形づくっている要素の…	主となる歌唱教材について…	主となる器楽教材について…	歌唱共通教材	和楽器の音楽を含めた…	音楽を形づくっている要素…	楽器や人の声による演奏…	a 行事 b 集会 c 総合的な時間 d 他教科	
◎	○	○								○			○	○				○	b 学年集会	
	○				○	◎	○			○				○				○		

	イ．音楽的感受や 表現の工夫	ウ．表現の技能	エ．鑑賞の能力	内容のまとまり			
				歌唱	器楽	創作	鑑賞
	●友だちの歌う声の響きを感じ取りながら，曲想をとらえた歌い方を工夫しようとしている。	●伴奏の響きや音楽の流れにのって，ハ長調の読譜に慣れながら，正しい音程で視唱している。	●範唱やCD等を通して，発声・発音のし方による響き合いの違いに気づくとともに，曲の気分を感じ取って聴いている。	◎			○
	●息の強さによる音色の違いに気づき，旋律の特徴を生かした音の出し方を工夫しながら，友だちと合わせるよさを感じ取っている。	●ソプラノリコーダーの正しい扱い方や，タンギング，息の使い方など，楽器の基本的な演奏技能を身につけている。	●リコーダーの種類による音色の違いや特徴に気づいたり，演奏の響きのよさを感じ取ったりして聴いている。	○	◎		○

(3) 学習指導案の作成

学習指導案は，実際の授業に臨むための最も具体的な指導計画であり，その学年における指導の全容を示す年間指導計画を基に立案する。その形式については特に定まったものがなく，学校や教師の考え方によって様々な形が見られる。いずれにしても，授業の意図やその学習展開を明確に示すことが大切であり，一般的には次に基本的事項によって構成される。

指導案は，まず，指導対象の学年・組と教科名をタイトルとし，次に日時，場所，指導者名を明記する。（完成時には押印をする）

① 題材名
題材は，指導する学年の年間指導計画に位置づけられたものである。したがって，年間指導計画にあるものをそのまま転記する。

② 題材設定の意図
題材は，その学年における学習の系統性，発展性を検討して年間指導計画に位置付けられたものである。ここには，既習事項や学習指導要領の内容との関連とともに，題材の学習を通した児童の成長や期待する事柄について，学校や児童の実態をふまえて記述する。

③ 指導目標
題材の指導目標は，「情意面」（興味・関心，取り組む態度等），「音楽的感覚面」（曲想表現の工夫等），「技能面」（歌唱や器楽等），「知識・理解面」（楽譜の諸記号等や鑑賞）等に関して，学習指導要領の内容や共通事項，評価規準との関連を検討したものが年間の題材一覧とともに設定されている。それをそのまま転記する。

④ 教材及び教材選択の観点
教材は，題材のねらいを達成するため，最も適切な楽曲として年間指導計画に位置付けられたものである。一般に，主たる楽曲の他に副教材として複数の楽曲が設定される。
教材選択の観点は，題材のねらい達成のための教材として，どのような点がふさわしいか，その選択理由を記述する。単なる楽曲構成の解説や分析ではなく，学校や児童の実態を考慮した指導効果について述べる。

⑤ 題材の評価規準及び指導計画

(1) 題材の評価規準，及び学習活動における具体の評価規準を4つの評価の観点ごとに設定して表に示す。

(2) 題材の指導全体の時数，各時間の目標・活動内容等を記述するとともに，本時の位置を示す。長時間にわたる指導では，内容のまとまりごとに区切り，第1次（〇時間），第2次（〇時間）のように表記するとともに，本時の位置を明示する。

(1)，(2)については，次のページ以降の学習指導案例を参照すること。

⑥ 本時の学習

(1)には，本時の授業で達成すべき目標（ねらい）を設定する。ここで設定する目標は，年間指導計画で示した題材の指導目標を具体化したものであり，題材の指導計画に各時間の目標が設定されている。（学習指導案例の指導計画では，各次（時間）の中心目標のみを挙げてあるが，学習の展開には本時でねらいとするすべての目標を示す。）

(2)の展開は，本時における児童の学習活動，教師の指導上の留意点，具体の評価規準と評価方法を示す。

学習展開の形式は特に定められてはいないが，45分間の授業過程を児童の学習活動と教師の指導や評価・方法等について，その流れが分かるように具体的な記述を工夫する必要がある。

過程の欄の「**導入**」は，本時の学習内容に取り組むきっかけとなる場面であり，児童の興味や関心をもたせるための工夫が大切になる。「気づく」，「予想する」，「課題把握」等で表記されることもある。「**展開**」は，学習活動の中心的な部分で，教師の指導姿勢が最も現れる場面である。児童が意欲的に活動できる内容やその順序，また，児童の活動を促す教師の指導事項や発問等について，授業の流れの中での児童の動きを想定しながら記述する。「工夫する」，「発展」，「課題追求」などで表すこともある。「**整理**」は，本時の締めくくる部分である。児童が本時で学習した内容について，どの程度身に付けたかどうかを確認したり，次の授業の内容を伝えたりする場面である。「まとめ」，「終末」等で表記することもある。

以上，学習指導案の作成について述べたが，学習指導案は，題材の指導の全容と本時の位置づけ，また，児童の立場で展開を工夫することが大切になる。

(4) 学習指導案例

[低学年の例]

第1学年○組　音楽科学習指導案

　　　　　　　　　　　　　　　　　　　日　時　平成　年　月　日　第○校時
　　　　　　　　　　　　　　　　　　　場　所　○○○小学校　音楽室
　　　　　　　　　　　　　　　　　　　指導者　○　○　○　○　　印

1　題　　材　「リズムにのってあそぼう」
2　題材設定の意図
　　リズムは，音楽の要素として最も基本的なものである。本題材では，歌のリズムに合わせて手や簡易な打楽器で打ったり，リズムに合うことばを見つけたりする活動を楽しみながら，徐々にフレーズ感を身につけさせることをねらいとしている。打楽器の演奏では，強さや音色に気付いて打ち方を工夫しようとする取り組みや，楽器を大切に扱う態度を育てたい。
3　指導目標
　　友だちと楽しく歌う活動を通して，拍の流れやフレーズのまとまりを感じ取ってリズムに合うことばを見つけたり，身体表現をしたり，また，歌に合わせた楽器演奏をしたりして，音楽の面白さを味わえるようにする。
4　教材及び教材選択の観点
　(1)「ぶん　ぶん　ぶん」　村野四郎　作詞・ボヘミア民謡
　(2)「おおきな　たいこ」　小林純一　作詞・中田喜直作曲
　　教材曲「ぶん　ぶん　ぶん」は，児童が既に知っている半知教材であり，旋律は5音のみのa-b-aによる小三部形式である。リズムはタン（♩）とタタ（♪♪）の組み合わせによる小品である。この教材は，aとbの対照をとらえて強弱表現を工夫して歌ったり，|♩♩|♩♩♩|と|♪♪♪♪|♩♩|のリズムによる友達や動物の名前を見つけて呼んだりして，リズムフレーズを感じ取る学習に適した楽曲である。
　　教材曲「おおきな　たいこ」は，8小節によるa-bの一部形式の小品であり，歌詞内容から自然に強弱表現の工夫ができる楽曲である。強弱の歌い方を工夫したり，大太鼓や小太鼓の他に打楽器を選んだりしながら，扱い方とともに，打ち方を工夫する学習に適した教材である。
5　題材の評価規準及び指導計画
　(1) 評価規準

	ア　音楽への関心・意欲・態度	イ　音楽的な感受や表現の工夫	ウ　表現の技能	エ　鑑賞の能力
題材の評価規準	・活動の面白さに気付いて楽しく表現している。	・リズムに合う言葉を見つけたり，楽器の打ち方を工夫したりしている。	・リズムフレーズの流れにのって，言葉や打楽器で表現している。	・友達の表現のよさを感じ取って聴いている。

学習活動における具体の評価規準	① 歌を楽しく歌っている。 ② 意欲的に楽器演奏に取り組んでいる。	① リズムに合う言葉を見つけている。 ② 表現にふさわしい音色の楽器を見つけている。	① リズムパターンを正しくとらえている。 ② 楽器の扱い方に慣れて，強弱の表現をしている。	① 友達の工夫したことばのよさに気付いて聴いている。 ② 打楽器の打ち方に気をつけて聴いている。

(2) 指導計画（3時間扱い）

時　　　間	第1時（本時）	第2時	第3時
各時の中心目標	・リズムに合うことばを見つけて表現することができる	・打楽器の奏法を知って演奏することができる。	・強弱表現を工夫して楽しく演奏することができる。
教　　　材	ぶん　ぶん　ぶん ―――――――――――――――――――――→ 　　　　　　　　　　　　おおきな　たいこ ―――――――――→		
主な学習活動	・歌詞唱　・歌とリズム ・リズムパターンとことば探し	・範唱による歌詞唱 ・打楽器選びと打ち方の工夫	・歌詞暗唱 ・歌に合わせた打楽器の演奏
具体の評価規準	ア－①，イ－①，ウ－①	ア－②，イ－②，ウ－②	ウ－①，エ－①，②

6　本時の学習（第1時）

(1) 目標　・歌詞内容をとらえて楽しく歌うことができる。
　　　　　・リズムパターンに合うことばを見つけて表現することができる。

(2) 学習の展開

過　程	学習活動	指導上の留意点	具体の評価規準
導　入 展　開	1　「ぶん　ぶん　ぶん」の歌詞唱 2　歌に合わせた手拍子の表現 3　リズムフレーズに合うことば探し 4　強弱を工夫した斉唱	・ことばをはっきりと発音させる。 ・伴奏をよく聴いて歌わせる ・第2フレーズの強さを考えて，強弱表現を工夫させる。 ・|♩♩|♩♩|と|♪♪♪♪|♩♩|のリズムフレーズに着目させる。 ・伴奏に合わせて斉唱しながら打たせる。 ・友達や動物，すきな果物などから見つけさせる。 ・一人ずつ見つけたことばで表現させる。 ・気持ちをそろえて歌わせる。	ア－①（観察） イ－①（観察） ウ－①（表現）
整　理	5　次時の予告を聞く	・楽器を使って演奏することを伝える。	

［中学年の例］

第3学年○組　音楽科学習指導案

日　時　平成　年　月　日　第○校時
場　所　○○○小学校　音楽室
指導者　○　○　○　○　　㊞

1　題　　材　「リコーダーに親しもう」

2　題材設定の意図

　　リコーダーは，個人持ちの楽器として一生涯にわたって楽しめる楽器であるが，導入期における楽器の取り扱い方や基本的な奏法をしっかりと身につけておくことが重要になる。ここでは，はじめて手にしたソプラノリコーダーについて，正しい構え方やタンギング，息の使い方等に慣れさせるとともに，左手による教材曲の練習を通しながら，楽しく活動に取り組ませたい。

　　指導に当たっては，正しい奏法を身につけようとする気持ちを大切にし，自分の楽器に愛着心を抱かせるとともに，常に丁寧に扱う習慣を身につけるように心がけさせたい。

3　指導目標

　　リコーダーの基本的な奏法を身につけるとともに，左手の5音による簡易な楽曲を楽しんで演奏できるようにする。

4　教材及び教材選択の観点

　　(1)「たこたこあがれ」　　わらべ歌
　　(2)「ゆかいなまきば」　　小林幹治　作詞・アメリカ民謡
　　(3)「さよなら」　　　　　勝　承夫　作詞・ドイツ民謡
　　(4)「かっこう」　　　　　小林純一　作詞・ドイツ民謡

　　教材曲「たこたこあがれ」は2音のみのわらべ歌である。リコーダーの［シとラ］や［ラとソ］等の音で表現できる教材であり，児童の実態に応じていろいろな高さの音による運指の練習に活用できる教材曲である。

　　「ゆかいなまきば」は，ユニークな歌詞内容とリズミカルな曲想の歌唱曲で，児童が好んで歌う楽曲である。第1，第2，第4フレーズの区切りでは，リコーダーの［シ・ラ・ソ］の運指の練習に活用できる。歌唱とリコーダーのグループに分かれ，交替しながら3音の練習に取り組ませることができる教材曲である。

　　「さよなら」は，5音による3拍子12小節のドイツ民謡で，リコーダーの左手による［ソ～高いレ］の運指の練習に適した教材曲であり，編曲によって左手のみの2重奏が可能な楽曲である。

　　「かっこう」は，「さよなら」と同様に5音による3拍子12小節のドイツ民謡であるが，［シ］の替え指（0・2・3）の練習にも活用できる教材曲である。

　　　　以上，ここでは教材曲として4曲挙げたが，他に，「メリーさんのひつじ」（外国曲），「ぶん　ぶん　ぶん」（ボヘミア民謡）などもリコーダーの左手による5音の教材である。児童が選択して楽しく取り組めるように，多くの教材を用意したい。

5 題材の評価規準及び指導計画

(1) 評価規準

	ア 音楽への関心・意欲・態度	イ 音楽的な感受や表現の工夫	ウ 表現の技能	エ 鑑賞の能力
題材の評価規準	・ソプラノリコーダーに関心をもち，構え方や演奏のし方を理解しながら，意欲的に器楽や鑑賞活動をしようとしている。	・息の強さによる音色の違いに気づき，旋律の特徴を生かした音の出し方を工夫しながら，友達と合わせるよさを感じ取っている。	・ソプラノリコーダーの正しい扱い方やタンギング，息の使い方など，楽器の基本的な演奏技能を身につけている。	・リコーダーの種類による音色の違いや特徴に気づいたり，演奏の響きのよさを感じ取ったりして聴いている。
学習活動における具体の評価規準	① いろいろな種類のリコーダーに興味を示している。 ② リコーダーを丁寧に扱っている。 ③ 友達と楽しく活動している。	① 吹き方に気をつけて音色を工夫しようとしている。 ② 運指の工夫をしながら，友達と合わせようとしている。	① 舌を正しく使ったタンギングができている。 ② 息の吹き込み方に気をつけて，強さのバランスをとって演奏している。	① リコーダーによるアンサンブル曲や範奏のCDの表現にあこがれをもって聴いている。 ② 友達の演奏のよさを感じ取って聴いている。

(2) 指導計画（5時間扱い）

時　間	第1次（2時間）	第2次（2時間・本時1/2）	第3次（1時間）
各次の中心目標	・シ，ラ，ソの音になれてふしをふくことができる。	・運指に気をつけて楽しく演奏することができる。	・選んだ曲を音色に気をつけて演奏することができる。
教　材	・たこたこあがれ　　　　→ ・ゆかいなまきば　　　　→	・さよなら　　　　　　　　　　　　　　　→ ・かっこう　　　　　　　　　　　　　→	
主な学習活動	・いろいろな種類のリコーダーによる演奏の鑑賞 ・タンギングの練習 ・息の使い方とロングトーンの練習 ・シとラ，ラとソの練習 ・歌と合わせた演奏	・歌と合わせた演奏 ・ソから高いレまでの音 ・5音による二部合奏 ・シの替え指の練習 ・二重奏の練習	・選んだ曲の練習と発表 ・友達の演奏の鑑賞 ・演奏についての話し合い
具体の評価規準	ア－①，②，イ－①，エ－①	ア－②，③，イ－①，②，ウ－①，②，エ－③	ア－②，③，ウ－①，②，エ－②

6 本時の学習（第3時）

(1) 目標　・運指に気をつけて演奏することができる。
　　　　　・お互いのパートの音を聴き合いながら，重奏や合奏を楽しむことができる。

(2) 学習の展開

過程	学習活動	指導上の留意点	具体の評価規準
導入	1 「ゆかいなまきば」の歌詞唱	・歌詞内容をとらえて，楽しく歌わせる。 ・伴奏の響きをよく聴かせる。	
	2 リコーダーで「シ・ラ・ソ」の復習	・吹き方の強さやタンギングに気をつけさせる。	アー②（観察）
	3 歌とリコーダーを合わせた演奏	・グループに分け，歌と楽器を交互に演奏させる。	ウー①,②（観察）
	4 「たこたこあがれ」の復習	・「シとラ」，「ラとソ」，「レとド」の音で吹かせる。 ・運指や息の使い方に気を付けさせる。	
展開	5 「さよなら」の主旋律練習	・リコーダーで範奏を示し，フレーズごとに模奏させる。 ・タンギングに気をつけさせる。 ・ゆっくりとしたテンポで進め，5〜8小節の運指に慣れさせる。（繰り返し練習させる。） ・通して演奏させる。 ・列ごとに演奏させながら，互いに聴き合わせる。（机間指導をして個別にチェックする。）	イー①,②（観察） ウー①（チェックリスト）
	6 副旋律の練習	・リズムに合わせて階名唱をさせる。 ・タンギングや息の強さに気をつけながら，フレーズごとにリコーダーで吹かせる。 ・通して演奏させる。	
	7 二部合奏の練習	・グループに分け，交替しながら合奏させる。 ・強さのバランスに気をつけさせる。	
	8 二重奏の練習	・友達と組んで練習させる。 ・うまくできた2人組の演奏を聴き合わせる。	アー③（観察） エー②（演奏）
整理	9 二部合奏	・全体でパートを分担して演奏させる。	

［高学年の例］

第5学年○組　音楽科学習指導案

　　　　　　　　　日　時　平成　年　月　日　第○校時
　　　　　　　　　場　所　○○○小学校　音楽室
　　　　　　　　　指導者　○　○　○　○　　印

1　題　　材　「和声のひびきを感じ取って演奏しよう」
2　題材設定の意図

　声による合唱や楽器の音色を合わせた合奏は，音の重なりによる響きが豊かで，児童が最も興味や関心をもって積極的に取り組む活動である。特に，この時期の児童は心身の成長とともに，表現力が増して創造的に音楽表現を工夫しようとする意欲も高まってくる。このような児童の気持ちをくみ取りながら，ここでは，まず，音楽を構成する旋律と和音の流れをとらえさせるとともに，音の重なりによる響き合いを感じ取った歌唱表現の工夫をさせる。そして，主旋律に合う和音の構成を基に副旋律やオブリガートのパートをつくったり，低音やリズムのパートを工夫したりしながら，合奏の形にする編曲する楽しさを味わわせたい。

　指導に当たっては，和音構成についての知識・理解的な学習や技能偏重の活動に陥らないように配慮するとともに，児童の主体性や創造性を尊重して，友だちと協力しながら合唱・奏をつくりあげていく喜びを分かち合う気持ちや態度を育みたい。

3　指導目標

　旋律と和声のかかわりをとらえて響きを感じ取った歌唱表現とともに，副次的な旋律や低音，リズム等を工夫して合奏を楽しむことができるようにする。

4　教材及び教材選択の観点

　(1)「静かにねむれ」　　武井君子　作詞・フォスター作曲
　(2)「こきょうの人々」　勝　承夫　作詞・フォスター作曲
　(3)「家路」　　　　　　峯　陽　　作詞・ドボルザーク作曲

　教材曲「静かにねむれ」の原題は「主人は冷たい土の中に」で，ハ長調4／4拍子，a-a'-b-a'の構成による典型的な二部形式の楽曲である。12小節による旋律は和音との関わりがとらえやすく，各小節がおよそ1和音に対応する構成であり，主要三和音のⅠ，Ⅳ，Ⅴの理解に適している。また，和音を基にして副次的な旋律をつくったり，低音パート等を工夫したりして，アンサンブルや合奏に発展させることができる教材である。

　「こきょうの人々」は，ハ長調4／4拍子，a-a'-b-a'の12小節の構成で，「静かにねむれ」と同様に主要三和音の理解や，アンサンブル・合奏の学習に発展させることができる教材である。

　「家路」は，ドボルザーク作曲，交響曲第9番「新世界より」の第2楽章で知られた旋律であるが，キャンプファイヤー等の課外活動では，「遠き山に日は落ちて」の題名でよく歌われる曲である。この旋律も，(1)，(2)と同様に和音との関わりがとらえやすく，音の重なり合う響きの美しさを感じ取りながら合唱等の表現の工夫学習に適した教材である。

5 題材の評価規準及び指導計画

(1) 評価規準

	ア 音楽への関心・意欲・態度	イ 音楽的な感受や表現の工夫	ウ 表現の技能	エ 鑑賞の能力
題材の評価規準	・旋律の特徴や和音との関わりに興味をもって意欲的に取り組んでいる。	・旋律構成に気付いて副次的旋律を工夫したり，演奏の強弱や速さを工夫したりしている。	・旋律を特徴づけている要素を自分なりに生かして歌ったり，楽器を演奏したりしている。	・音の重なりや和音の響きをとらえるとともに，表現の工夫を感じ取って聴いている。
学習活動における具体の評価規準	① 旋律の流れと和音との関わりの面白さをとらえて活動している。 ② 友達と協力して合唱や合奏に取り組んでいる。	① 和音を基にした副旋律を工夫しようとしている。 ② パートに合う音色の楽器を工夫している。 ③ 合奏全体のバランスを工夫して演奏しようとしている。	① 旋律の特徴を生かした歌い方や楽器を正しく演奏している。 ② パートの役割をとらえて歌や楽器で演奏することができる。 ③ 強さや速さを工夫して演奏している。	① 和音の響きのよさを感じ取って聴いている。 ② 友達がつくりあげた音楽表現のよさや美しさを感じ取って聴いている。

(2) 指導計画（7時間扱い）

時　間	第1次（2時間・本時2/7）	第2次（3時間）	第3次（2時間）
各次の中心目標	・旋律と和音の関わりをとらえ，響きを感じ取りながら演奏することができる。	・各パートにふさわしい楽器の選択や，分担したパートの演奏表現を工夫することができる。	・旋律の特徴を生かした合奏や合唱の工夫をして，自信を持って演奏することができる。
教　材	・静かにねむれ ──────────────────────────────→ 　　　・こきょうの人々 ─────────────────────────→		・家路 ────────→
主な学習活動	・教材曲の範唱CDの鑑賞 ・旋律と和音の関わり ・音の重なりによる響きを感じ取った演奏 ・副次的な旋律や低音の工夫	・主旋律，副旋律，和音，リズム，低音パートの楽器選択 ・分担した楽器，パートの練習 ・和音の響き合いをとらえた演奏の工夫	・和音の響きを感じ取った表現の工夫 ・分担した楽器奏法の工夫 ・パート間の強さのバランスを工夫した演奏 ・合唱・奏のまとめ
具体の評価規準	ア－①，イ－①，ウ－①，②，エ－①	ア－①，イ－①，ウ－①，②	ア－③，イ－③，ウ－②，③，エ－②

6 本時の学習（第2時）

(1) 目標　・和音の響きを感じ取って表現することができる。
　　　　　・副旋律や低音のパートを工夫することができる。

(2) 学習の展開

過程	学習活動	指導上の留意点	具体の評価規準
導入	1　「静かにねむれ」の主旋律演奏	・歌詞内容をとらえて気持ちをこめて歌わせる。 ・音をそろえてリコーダーで演奏させる。 ・伴奏の響きを感じ取らせる。	ウ－①（観察）
展開	2　副旋律の工夫	・旋律の3度下の音を階名で歌わせ，楽譜に記譜させる。 ・和音奏のパートと照らし合わせ，主旋律の$\dot{C}$には同じ$\dot{C}$の音を重ねることに気付かせ，記譜を訂正させる。（2，6，9，14小節の$\dot{C}$の下は$\dot{F}$の音でもよいことを告げる）	ア－①（観察）
	3　音の重なりの確認	・主旋律の音の下3度，5度，6度や同度の音を重ねることによって，副旋律ができることに気付かせる。 ・和音伴奏との響き合いを考えさせる。	イ－①（チェックリスト）
	4　二部に分かれた練習	・上と下のパートを分担し，階名唱で歌い合わせる。 ・パートを交替し，音の重なり合いを確かめさせる。 ・歌詞による二部合唱をさせる。（交替して） ・鍵盤ハーモニカやオルガンでも合わせ，二部の響きを感じ取らせる。	ウ－①（観察） ウ－②（観察）
	5　「こきょうの人々」の歌唱練習	・範唱CDを聴かせ，歌詞内容をとらえて歌わせる。 ・階名模唱や視唱練習をさせる。 ・「静かにねむれ」と同様に副旋律を工夫させ，二部の合唱や合奏ができることに気付かせる。	エ－①（観察）
整理	6　次時の学習について	・「静かにねむれ」，「こきょうの人々」の和音，リズム，低音パートの工夫と，楽器選択について学習することを伝える。	

5 音楽学習の評価

1 評価の意義

音楽学習の評価の基本的なあり方として，次のようなことに留意しなければならない。

(1) 目標に準拠した評価（絶対評価）の重視

　これまでわが国の学校教育においては，集団に依拠した評価（相対評価）が主流であった。相対評価は，個々の子どもたちの，学級や学年など集団の中の相対的な位置はわかっても，どの程度目標を達成しているかが十分に把握することができない。また子どもたちに過度の競争心を植えつける。何よりも大きな問題点は，子どもたちが少人数の場合，相対的な位置づけに偏りが生じて評価結果に信頼性が欠けることである。これに対して絶対評価は，個々の子どもたちが授業の目標に対して，それぞれどのように到達しているか，よい点やこれからの可能性，進歩の状況などを明らかにしようとするものである。これからの評価にあっては，絶対評価を一層重視することになった。

(2) 個人内評価の重視

　子どもたち一人ひとりは，さまざまな特性を持っているが，その特性を比べてみると，ある面は発達しているが，ある面は遅れているなどを見ることができる。そうした面を見出して今後の指導や学習に役立てようとするのが「個人内評価」である。小学校児童の指導要録は，特に子どもたち個々の良い点や可能性，進歩の状況などを積極的に評価することを求めている。個人内評価は外部との差異ではなく，あくまでもその子ども個人の特性を内的な差異に注目して把握し，その後の成長に役立てようとするものである。集団の基準を示して評価したり，学年の平均点などによって評価するものではない。

(3) 指導と評価の一体化

　教育評価の流れを見てみると，大きな方向性の転換が見られる。それは大まかにいえば，客観性追及から，教育性追及に向かう転換である。これまでの評価は，知識や技能などの数量的にとらえやすいものを基に，子どもを相対的に評価し，序列化や優劣の判定をする評定を中心とするものであった。それに対して，指導と評価は一体であり，形成的評価に代表されるように，評価が指導計画や学習指導の改善に活用されたり，何よりも子ども自身のために生かされるような評価が求められている。つまり，子どもの学習を評価すれば終わりなのではなく，子どもの評価が低いのは指導のあり方に工夫が必要だと考え

て，授業方法などを改善していこうとすることである。
　「指導と評価の一体化」で重要な事は，学習の結果，子どもがどこをどのように学習すればよいのかが，具体的に示されることである。

2　評価の観点

　音楽科の評価の観点としては，「音楽への関心・意欲・態度」「音楽的な感受や表現の工夫」「表現の技能」「鑑賞の能力」の四つの観点が設定されており，これらの観点ごとに評価規準を作成することになる。その際，これらの観点が個々別々に機能するものではなく，相互に関連し合いながら，最終的には総合的に子どもの学習状況を評価していくものでなくてはならない。

①「音楽への関心・意欲・態度」
　　子どもが音楽に関わり，もっと知りたい，聴きたい，演奏したいなど，音楽に対する興味・関心，音楽を愛好する心情，学習に対する意欲や態度，主体性や協調性といった，情意面の目標に関わる観点である。
　　音楽への一般的な関心・無関心を指すのではなく，現在授業として計画し展開されている内容への関心・意欲・態度である。

②「音楽的な感受や表現の工夫」
　　この観点は，「音楽的な感受」と「表現の工夫」の二つの能力からなる。「音楽的な感受」は，音色，リズム，旋律，和声を含む音と音との関わり合い，形式などや速度，強弱の働きを知覚し，音楽の持つ曲想や美しさを感じ取る能力である。「表現の工夫」は，「音楽的な感受」で知覚したり感じ取ったものを生かした表現や鑑賞の工夫する能力である。

③「表現の技能」
　　「表現の技能」は，曲に対する自分の解釈やイメージを音を通して適切に表現していくために，身体や楽器を道具として適切に使いこなす能力である。
　　発音や発声，楽器の奏法，アンサンブル，読譜や記譜などの能力であり，これらの能力が伸長しているかを評価する観点である。

④「鑑賞の能力」
　　「鑑賞の能力」は，音楽を感受する能力を基に，音楽に対する自分の解釈や味わい方を他の人と共有するために，音楽に関する知識，音楽用語，語彙を使い，批評する能力である。
　　音楽に関する知識には，楽曲の背景や文化との関わり，時代的特徴，地域的特徴などが含まれる。

具体的な評価規準は，この「評価の観点及びその趣旨」と「学年別の評価の観点の趣旨」を参考にしながら，学習指導要領に示す各学年の目標及び内容を十分に考慮しながら作成することが大切になる。

3　評価の方法

音楽科で行われる評価方法には，観察法，実技テスト，筆記テスト，学習カードやワークシート，演奏の発表，作品法，ポートフォリオ法などがある。

それぞれの評価方法は，把握できる学力の質や中身が異なっているだけでなく，評価の実施場面や時期とも深いかかわりがある。

それぞれの評価方法と，それによって把握できる学力の内容を十分に理解しておかなければならない。これらの評価方法をさまざまに活用し，子どもの学力の全体像を総合的に把握できるよう，学習と評価の計画を工夫することが大切である。

(1) 観察法

教師が子どもの学習活動を観察するという行為による評価方法である。

子どもの学習状況を把握し，同時に次の指導には何が必要であるかを判断することができる。学習活動の流れを妨げることなく実施できるが，子ども一人ひとりの細かな記録を残すことは難しい。

できるだけ長期にわたって，多くの場面で子どもの学習活動を観察することが大切である。子どもの特徴が現れやすい典型的な場面での観察を重視することも必要である。

観察の対象となる子どもの活動には，音楽を聴きながら行う身体反応，歌唱や器楽の演奏，即興的な表現活動，話し合いやグループ活動への取り組み方，学習カードやワークシートへの記述など，多様なものがあり，音楽的な感受や表現の技能を観察法で評価することができる。

また学習態度を観察することにより，興味・関心，主体性や協調性など，情意面の実態を評価することができる。

観察したことを可能な限り，記録に残すことが大切である。チェックリストのようなものがあれば理想であるが，簡単なメモでも有効である。

(2) 実技テスト

子どもに歌唱や器楽の演奏をさせることによって，その技能や表現力を評価する方法である。

この評価方法の場合，評価者の主観に流されやすいので，評価の観点や基準を明確にし，客観性や信頼性を高めるよう工夫が必要で

ある。

(3) 筆記テスト

紙面に記述させ，評価する方法である。

この評価方法の場合，音符や記号の知識，楽曲の背景，記譜の能力などの評価に適している。

知識や理解の実態を最も客観的に評価できる方法であるが，表現の技能や音楽的な感受など，音楽科の目標の中心ともいえる観点の評価には適さないものである。

(4) 学習カード

学習カードは，授業での具体的な目標などが書かれたもので，子どもにその時間の成果や反省を記述させるものである。

学習の進度や取り組みの状況を子ども自らが評価したり，相互評価したりすることで，授業を振り返り，学習の成果と今後の課題を自覚することになる。学習の状況，学習に対する意欲や態度が評価できる。ワークシートや相互評価表なども同じように使われる。

例えば評価項目として，「正しい音程で演奏できたか」「協力して取り組むことができたか」などのような項目に対して，◎ ○ △ × で記入したり，10点満点で何点と記入したりする。

(5) 演奏の発表

個人やグループで行う子どもの演奏活動の成果をクラス全体で発表し，その内容から子どもの学習の取り組みの実態を評価するものである。また，活動の過程での中間発表は，その後の活動の課題が明確になり，表現や創作の内容を深めることにつながる。

(6) 作品法

子どもの創作作品などを評価する方法である。

子どもの創造性や創意工夫の実態を評価することができる。なお創作などの創造的な音楽活動では，でき上がった作品と共に活動過程での努力や創意工夫に大切な意味がある。作品の出来栄えだけが評価の対象とならないよう留意しなければならない。

(7) ポートフォリオ法

「ポートフォリオ」とは「書類ばさみ」の意味であり，さまざまな評価法によって収集された資料を蓄積しておき，子ども個人の学習の足跡を総合的にとらえて評価する方法である。

保存される資料が多すぎると，重要な事項を見逃すことにもなる。何でも残すのではなく，個人の内面における重要な変化を示すものを残し，厳選するという構えでポートフォリオを作ることが大切である。

6 生活科・「総合的な学習」の意義と音楽教育

　生活科は，平成4年から第1・2学年に年間102時間，105時間が，「総合的な学習の時間」は，平成14年から，第3・4学年で105時間，第5・6学年で110時間が位置付けられている。ともに新しい教育課程の中核をなす学習として注目されてきている。

1　生活科・「総合的な学習の時間」のねらい

(1)　生活科の教科目標

　生活科はあくまでも教科である。学習指導要領では，その目標を次のように定めている。（平成10年12月14日告示）

> 　具体的な活動や体験を通して，自分と身近な人々，社会及び自然とのかかわりに関心をもち，自分自身の生活について考えさせるとともに，その過程において生活上必要な習慣や技能を身に付けさせ，自立への基礎を養う。

すなわち生活科では，
① 　具体的な活動や体験を重視する。
② 　自分とのかかわりで人々，社会や自然をとらえる。
③ 　自分自身への気付きを大切にする。
④ 　生活上必要な習慣や技能を身に付ける。
という4つのポイントを押えることによって，究極的には「自立の基礎を養う」ことを教科目標としている。

(2)　「総合的な学習の時間」のねらい

　この学習のねらいについては，学習指導要領の「総則」における「総合的な学習の時間」に次のように述べられている。

> 2　総合的な学習の時間においては，次のようなねらいをもって指導を行うものとする。
> (1) 自ら問題を見付け，自ら学び，自ら考え，主体的に判断し，よりよく問題解決する資質や能力を育てること。
> (2) 学び方やものの考え方を身に付け，問題の解決や探究活動に主体的，創造的に取り組む態度を育て，自己の生き方を考えることができるようにすること。

　しかも，上記のねらいは小・中学校ともに共通である。つまり，小・中学校の各学年の指導を通して，このねらいを達成すればよいことになる。したがって，各学校においては，総括的・大綱的に示されたこのねらいを基に，自校としての基本的な考え方や目標を定

めていく必要がある。すなわちスクールカリキュラム（＝スクールスタンダード）の設定が必要になるわけである。

また，「総合的な学習の時間」は教科の学習ではない。教科，道徳，特別活動のすべての領域にまたがるものである。教科等の学習で身に付けた知識や技能を相互に関連づけたり，深めたりすることによって，「知の総合化」を図ることを大きなねらいとしている。

2　生活科・「総合的な学習の時間」の内容

(1) 生活科の指導内容

生活科では，自分を軸として，(1)自分と人や社会とのかかわり，(2)自分と自然とのかかわり，(3)自分自身　の3つの基本的な視点が土台にある。さらに，10の具体的な視点（ア．健康で安全な生活　イ．身近な人々との接し方　ウ．公共の意識とマナー　エ．生活と消費　オ．情報と交流　カ．身近な自然との触れ合い　キ．時間と季節　ク．遊びの工夫　ケ．成長の喜び　コ．基本的な生活習慣や生活技能）をも考慮して内容を構成していくことが肝要である。

これらの基本的な視点と具体的な視点とを踏まえて，2学年で取り扱うべき内容として，次の8つの項目が示されている。

① 学校の施設のようす及び先生など，学校生活を支えている人々や友達のこと。
② 家庭生活を支えている家族のことや自分でできること。
③ 自分たちの生活は地域の人々やさまざまな場所とかかわっていること。
④ 公共物や公共施設はみんなのものであることや，それを支えている人がいること。
⑤ 四季の変化や季節によって生活の様子が変わること。
⑥ 遊びを工夫し，みんなで遊びを楽しむこと。
⑦ 動物を飼ったり，植物を育てたりすること。
⑧ 自分が大きくなったこと。自分でできるようになったこと。

各学校においては，上記の8項目の内容を構成し，地域や児童の実態にふさわしい年間指導計画を作成して指導に当たることになる。

(2)「総合的な学習の時間」で取り上げる内容

「総合的な学習の時間」の内容の取扱いについては，学習指導要領の第5章において次のように述べられているだけである。

> 各学校においては，第1の目標を踏まえ，特色に応じた課題などについて，各学校の総合的な学習の時間の内容を定める。

言い替えれば，①国際理解，情報，環境，福祉・健康などの現代的な課題，②児童の興味・関心に基づく課題，③地域や学校の特色に応じた課題等，それぞれの学校が創意工夫を生かして内容を選択し，年間指導計画を作成していけばよいのである。①の現代的な課題の4つも，あくまでも例示であって，これにこだわりすぎる必要はないのである。

要は各学校が学校教育目標に照らし，地域や児童の実態を踏まえて，取り上げる内容を選択していくことになる。その際に前節で言及したように，6年生までに身に付けさせたいねらいは示されている。そこで大切なことは，各学校では4年間を通して，このねらいが意図的・計画的に達成できるように，①総合的な学習の時間のねらい　②総合的な学習でめざす子ども像（評価の観点）　③各学年（第3学年～第6学年）で身に付けたい内容を設定することである。いわゆる「総合的な学習の時間」のスクールカリキュラム（学校としての基準＝スクールスタンダード）と呼ばれるものである。これを基にして，各学年の年間指導計画が作成されていくことになる。

(3)「総合的な学習」のスクールカリキュラムの例

ここではA校の事例を通して，総合的な学習の年間計画づくりの基本構想をみていくことにする。A校周辺は都市再開発により，かつての下町情緒あふれた町がビル街に変わり，地域性が薄れつつある所である。転勤等による入居者が多く，都心にしては珍しい児童数が増加している地域である。このような実態をふまえ，A校では地域から発想し，地域の中で素材を見つけ，地域で活動し，地域にかえす総合的な学習を創り出してきている。

```
┌─────── A校の教育目標 ───────┐
│  ◎思いやりのある子    ●自ら学ぶ子  │
│  ●進んで働く子       ●元気な子    │
└──────────────────────────────┘
              ↓
┌─── A校の総合的な学習の時間のねらい ───┐
│ ○自分の住む地域への愛着心，誇りをもたせる │
│ ○子どもたちに欠けがちな思いやりの心を育てる │
│ ○未知のものや新しいことへのチャレンジ精神をもたせる │
└──────────────────────────────┘
              ↓
┌── A校の総合的な学習でめざす子ども像（評価の観点）──┐
│ ●新しいこと，やりたいことへの探究の目をもつ子ども（関心・意欲） │
│ ●自分の力で問題解決する子ども（問題解決力） │
│ ●積極的に人とかかわろうとする子ども（かかわりの力） │
│ ●自分の思いや考えを自分らしく表現する子ども（表現力） │
└──────────────────────────────┘
              ↓
```

各学年で取り上げる内容（年間単元一覧）

	1 学 期	2 学 期		3 学 期
第3学年	月島・晴海の自然たんけんたい (35)〔環境〕	もんじゃのまち月島 (20)〔地域・交流〕	くらべてみよう自然のちがい (20)〔環境〕	
		花でかざろう月島・晴海 (30)〔環境・交流〕		
第4学年	月島・晴海・佃島ナイススポットたんけんたい(30)〔地域・環境〕	月島・晴海の名人・宝物さがし(25)〔地域・交流〕	生きる知恵を見つめて (15)〔福祉・交流〕	クローズアップ月島・晴海・佃島 (20)〔地域・交流〕
	世界の子どもたちはなかよし (15)〔国際交流〕			
第5学年	チャレンジ！「マイ健康生活!!」(30)〔健康・自己理解〕	幼稚園の先生にチャレンジ (45)〔交流・他者理解〕		私たちの地域PR大作戦 (35)〔地域・情報〕
第6学年	今，私ができること in A校 (30)〔自己理解・ボランティア〕	こんにちは，こんにちは 世界の国から(40)〔国際理解〕		今，私ができること in月島・晴海 (40)〔環境・ボランティア・自己理解〕

　このように，A校では地域密着型の総合的な学習によって，子どもに地域への愛着心と誇りをもたせるとともに，環境・福祉・国際理解などの今日的な課題にも迫ろうと意図している。

（4）生活科・「総合的な学習」に期待するもの

　生活科と総合的な学習の時間には次のような共通点が見出される。
①子どもの思い・願いを重視して学習過程が構成されていく。
②子どもが人や物,自然や社会等に直接的に働きかける学習である。
③子ども自らが問題を解決する資質・能力を育てようとする。
④子どもの主体的・創造的な学び方,自己の生き方を大切にする。
⑤自分や友達のよさに気付き，学びへの意欲と自信が身に付く。
　このように生活科や総合的な学習の時間では，まさに「生きる力」そのものの育成をねらいとしている。また，教室だけの座学ではなく，地域の人々ともかかわり，自ら見学・調査・探究する活動を多く取り入れ，学習の活性化を期待しているものである。これらの学習を通して，不登校や学級崩壊などを積極的に食い止めることに本質的な意義がある。

3　生活科・「総合的な学習」と音楽教育との関連

（1）生活科・「総合的な学習」の時間で音楽教育を生かす

　生活科や総合的な学習の時間においては，人とかかわりをもち，人と交流する学習場面が相当に多い。人と人とが出会い，心を通わ

せるために歌をうたったり，曲を演奏したりすることを積極的に取り入れていく必要がある，少人数の子どもの挨拶やお礼の言葉だけよりも，全員で歌ったり，奏でたりすることの方が相手に強い印象や感動を与えることが大きいものである。このように音楽教育と生活科や総合的な学習の時間は大きな関連性があり，その相乗効果によって，よりよい活動を創出できることになる。音楽での学習をそのまま学校生活の中で生かすことに繋がるものである。

例えば，以下のような単元で音楽の学習を活用することができる。

〈生活科〉
　○1年生……「お年寄りとなかよく」（歓迎会）
　　　　　　「昔遊びを教わろう」（お礼の会）
　　　　　　「楽しかった！」（発表会）
　○2年生……「1年生を案内しよう」（歓迎会）
　　　　　　「1年生と遊ぼう」「やさいパーティー」（開会式）
　　　　　　「大きくなった2年生」（発表）

〈総合的な学習〉
　○「外国のお客様をむかえて」（歓迎会）
　○「福祉施設を訪問して」「○○学校との交流」（交流会）
　○「学んだことを歌や音楽にしよう」「私たちのオペレッタづくり」（創作）
　○「お世話になった地域の人，名人を招いて」（交流会，お礼）

(2) 音楽教育から「総合的な学習」を創る

もともと音楽という営みは，創造的なもの，総合的なものである。したがって，それらの特性をより積極的に生かして，総合的な学習の単元や内容を創り上げていくことが可能である。その意味において，音楽教育を専門とする立場からの「総合的な学習の時間」へのアプローチが極めて重要であるといえる。その方向としては，

① 音楽科の学習の中に「総合的な学習」の内容を取り込む，
② 学年と協力して，「総合的な学習」の活動計画に音楽科の内容を組み入れる。

の2通りがある。年間授業時数が削減されたことを考慮すると，②のやり方が望ましいであろう。そのためには，音楽科という教科の殻に閉じこもることなく，子どもが音楽に親しみ，愛する心を育てる，子どもの豊かな感性を育てるという広い視野から，カリキュラムづくりを担任と共に創出していく姿勢が肝要となる。

例えば，いかに記するような視点から総合的な学習を生み出していくことが可能となろう。

① 生活の中にある音をさまざまに表現したり，歴史の上に登場する楽器を調べたりすることによって，人間と音楽との関わり

を学んでいく。
② 地域に伝わる伝統文化・芸能を掘り起こすことで，地域の文化に対する理解を深めるとともに，地域に生きる人から学び取る。
③ 外国の歌や楽器，踊り等を学ぶことにより，異文化への関心を深めるとともに，日本の音楽のもつよさや特性に気付かせる。
④ 教科，道徳，特別活動，さらには総合学習等で学んだことをもとに，自分たちの思い出やメッセージを音楽やオペレッタ等に創作する。

(3) 具体的な単元展開の例

前述の4つのタイプにしたがって，単元のねらいや主な学習活動例を示してみることにする。

〔生活の中から音さがし〕
◎「自然の音から学ぼう」……自然の音に耳を傾け，音そのものがもつ豊かな表情に気付くなど，音に対する感性を養う。
● 身体の中の音を聴こう→学校の周りで自然の音を聴こう→聴いた音を表現しよう（サウンドスケッチ，リズムアンサンブル）

〔地域に伝わる伝統文化・芸能を学ぼう〕
◎「地域に残るおはやし（太鼓・民謡・踊り）を残そう」……身近な地域に伝わる伝統芸能を，身体を通して学び取る。
● ○○ばやし（太鼓・民謡・踊り）を聞こう（見よう）→由来，特色を調べよう→自分たちも教わろう→発表会を開こう。

〔外国の歌や楽器，踊りを体験しよう〕
◎「音楽は世界を結ぶ」……諸外国の歌・楽器・踊りなどを見聞きすることにより，興味をもち，実際に体験してみる。
● ブラジル（あくまでも例）の歌・楽器・踊りをビデオで見よう→自分たちも練習しよう→ブラジルの人を招き，見てもらおう。
◎「外国人学校と音楽交流会を開こう」……外国の子どもたちと，音楽やゲームなどの定期的な交流を通して，相互の理解に努める。
● お互に顔合わせをしよう→外国の音楽・ゲームを見聞きしよう。→外国の音楽を練習しよう→練習した音楽を発表し合おう。

〔ミュージカルやオペレッタを創ろう〕
◎「ゴミ問題をオペレッタにしよう」……ゴミ対策について調べたことを，オペレッタにして問題点を他学年に訴える。
● ゴミ対策について調べよう→ゴミと人間の立場から，ゴミ問題について台本づくりをしよう→音楽劇にして発表会を開こう。
◎「6年間（1年間）の取り組みをミュージカルにしよう」……6年間（1年間）学年や学級で取り組んだことをメッセージしよう。
● 6年間（1年間）をふり返ろう→取り組んできたことを台本にしよう→ミュージカルに仕上げよう→学習発表会をしよう。

7 幼稚園・保育所から
　　　小学校への音楽教育

　平成20年に幼稚園教育要領・保育所保育指針及び小学校学習指導要領が改訂された。

　幼稚園・保育所においては，"環境を通して遊びを中心とした総合的な保育活動"を，小学校においては"新しい学力観に基づく個性の重視"が求められ，"自己教育力の育成""個性の尊重""基礎・基本の徹底"などが強調された。

　平成10年に幼稚園教育要領・小学校学習指導要領が改訂された。（保育所保育指針は翌年に改訂）

　幼稚園教育要領は，平成元年の内容をそのまま今日まで継続されたが，小学校学習指導要領においては，"特色ある学校づくり""生きる力"などがキーワードとなり，指導内容がおよそ3割削減され，新たに「総合的な学習の時間」が設けられた。

　このように，時代とともに学校の教育課程が大きく変化する今日において，教師たちは従来の教育のやり方では，もはや適当ではないことに気づかされた。特に小学校1・2年での「生活科」においては，その内容や評価などを，これまでと同じような教科として扱うには無理が生じた。そこでそのヒントを，幼稚園教育における自発活動である「遊び」から学んだ教師は多かった。そしてこれをきっかけに，今日では幼稚園と小学校との連携を深め，互いの教師たちがそれぞれの子どもの様子や教育について理解し合うことの重要性が叫ばれている。

　ここでは幼稚園という教育の場と，そこで営まれる音楽活動について述べ，さらに小学校の音楽科教育とどのように関連づけていけばよいかを述べていく。

1．幼稚園・保育所と小学校との関係

　我が国では9割以上の子どもたちが，（家庭）→（幼稚園或いは保育所）→（小学校）という教育機関を通る。学校教育法の第1条（学校の範囲）に示されているように，我が国の学校教育は幼稚園から始まるのである。子どもたちにとっては，これまで築き上げてきた家庭を中心とした生活の場から，さらに保育者や友だちと新たな人間の信頼関係をつくり，広げていく最初の集団生活・学校教育の場が幼稚園なのである。ただし幼稚園は小・中学校のように義務化されていない。

　一方，保育所から小学校に入学する子どもたちも多数いる。保育所は児童福祉法に基づいて，「保育に欠ける乳幼児を保育すること」を目的とする児童福祉施設（監督官庁は厚生労働省）であり，子ど

もは0歳児から預かることも可能となっている。その保育の内容は，保育所保育指針を基準に行われている。3歳児以上の保育内容の基準については，ほぼ幼稚園教育要領に準拠しているといえる。

しかし，同じ幼児を育成する施設でありながら，法制度上，それぞれ目的の異なる施設に区分されている状況は，社会の新たな時代の要請に合わなくなっているのが現状である。今日では，幼稚園と保育所を一体化する試みが各地で始められ，新たな仕組みの模索が始まっている。

2．幼稚園の教育内容

幼稚園教育の目的を達成するために，保育内容の基準として定められているのが幼稚園教育要領である。したがって幼稚園教育要領は，小学校学習指導要領と同じに位置するものである。

幼稚園教育要領に示されている「ねらい」は，「幼稚園修了までに育つことが期待される生きる力となる心情，意欲，態度など」を養うことである。そしてこの「ねらい」を達成するために，教師（保育士）が指導を行う際の活動内容の視点として，次の5つの領域が編成されている。

① 心身の健康に関する領域「健康」
② 人とのかかわりに関する領域「人間関係」
③ 身近な環境との関わりに関する領域「環境」
④ 言葉の獲得に関する領域「言葉」
⑤ 感性と表現に関する領域「表現」

幼児の発達は，生活全体を通じてさまざまな側面がからみ合って，相互に影響し合いながら遂げられていくものであることから，各領域に示されている「ねらい」は，相互に関連をもちながら徐々に達成されていくものであり，「内容」は幼児が環境に関わって展開する具体的な活動を通して，総合的に指導されるものである。

3．保育と関わる音楽の状況

幼稚園教育要領を拠り所にして，保育実践現場ではどのような音楽的な活動（教育）が展開されているのだろうか。

小学校は教科を中心として教育が営まれることから，授業の時間割が明確に組まれている。しかし，幼稚園では一人ひとりの幼児の発達の差が大きいことから，上のクラスに行くまでの年間目標の達成ではなく，幼児が幼稚園を修了するまでの3年間或いは2年間過ごすなかで達成できるように計画されなければならない。したがって，幼稚園の登園時から降園時までの保育時間の割り振りについては，それぞれの幼稚園に委ねられている。

日常的に行われる保育活動の全体は，次のように大別することが

できる。
　①　幼児の主体的な活動を中心に保育を展開させていく
　　　　　　　　　　　　　　　　　　　　　　　　自発活動
　②　教師が主体となって保育を展開させていく　課題活動
　③　生活の基礎・基本を身につけさせる　ねらいの活動

　教師はねらいを達成させるために，それぞれの幼児が主体的に活動している姿や内容を適確に読み取り，上記の方法を巧みに組合わせながら，その活動の内容を展開させていくのである。

　幼稚園では教育の対象となる子どもの年齢が低いことから，音楽教育はもちろんであるが，それ以外にも次にあげるように，教師は多様に音楽を活用しながら，保育全体の効果を上げているのが特徴であり，小学校とは異なるところである。
　①　その日の保育活動をスムーズに流す目的で音楽を使用する。
　　〈例えば〉●物を片づけて次の活動に移る場合など。
　　　　　　　　「おかたづけー　おかたづけー・・・」と教師がうたいながら，或いは曲を流しながら幼児たちを誘い入れる。
　　　　　　●全体で場所を移動する場合など。
　　　　　　　　遊戯室から保育室に移動する場合に曲を流す。
　②　生活の基礎・基本を身につけさせる目的で音楽を使用する。
　　〈例えば〉●挨拶の習慣を身につけさせる場合など。
　　　　　　　　「おべんとうのうた」「きゅうしょくの歌」
　　　　　　　　「さようならのうた」など。
　③　雰囲気づくりを目的に音楽を使用する。
　　〈例えば〉●登園時に子どもたちを気持ちよく迎え入れる目的で，園舎全体にバック音楽を流すなど。

　幼児はこのような音楽的環境のなかで生活の時間を過ごし，音楽と接している。どのような曲を選曲し，保育のなかで効果的に生かしていくかは，それぞれの教師の裁量に任されているのである。

4．教育要領・保育指針の「表現」としての音楽活動

(1) 領域「表現」のねらい

　音楽を含む領域「表現」活動のねらいについては，幼稚園教育要領・保育所保育指針とも，次の3項目が示されている。
　①　いろいろなものの美しさなどに対する豊かな感性をもつ。
　②　感じたことや考えたことを自分なりに表現して楽しむ。
　③　生活の中でイメージを豊かにし，さまざまな表現を楽しむ。
　保育者は，しばしば幼児が音を出して確かめたり，音楽を聞いた

り，歌をうたったり，また曲にあわせて身体を動かしている姿を見かける。幼児は周囲の身近な環境と関わりながら生活し，その中から物事の不思議さや面白さなどを見つけたり，或いは美しさや優しさなどを感じたりして心を動かしている。そしてこのような経験や心の動きを，自分の声や身体を通して表現したり，周囲にある素材となるものを使って表現したりする。

このような姿は，幼児が内面に蓄積したさまざまな事象や情景を思い浮かべ，音や身体を使ってイメージを広げて楽しんでいるものと考えられる。また幼児は音楽的な活動を自分自身で楽しんだり，友達や保育者と一緒に楽しんだりと，繰り返し経験することで，自力で音楽的な感性や表現力をより豊かにし，またこの活動を通して人間関係も広げていくのである。すなわち幼児は音楽を通して，自分の気持ちを他者にも伝えることで，幼稚園においても自分の存在感を自他共に認めながら，より安定した気持ちで園生活を送ることができるようになるのである。

(2) 領域「表現」活動の内容

幼稚園教育要領では，前記の「ねらい」を達成するために，領域「表現」に関わる具体的な指導事項として，8項目が示されている。(p258参照)。この「内容」は，「幼児が環境に関わりながら展開する具体的な活動を通して総合的に指導されるものであることに留意しなければならない。」としている。

活動の内容を計画するにあたっては，幼児期の子どもの発達の特性を生かしながら，それぞれの幼児が十分に力を発揮することができるようにすることが求められている。そのためには保育のねらいが達成されるように，人的・物的の両面から環境構成を考えていくことが重要となる。

幼児が音楽と関わっているようすを見ると，それぞれの幼児がもち合わせている音や音楽への感性・興味・関心を通して，幼児自身が学んでいくものと，幼児期に経験させておきたいと，保育者が判断して与えていくものとがあることに気づく。

幼児が主体的に音楽活動をする場合には，次のような様相が見られる。

① 例えば「いい音がする」，「この歌が好き」，「この曲かけて」・・・という幼児の発話からも見られるように，音や音楽を感覚的に受け止めている場合。
② 例えば，2音を叩き比べながら「音がちがう」，また保育者が持ち出してきた楽器を見て「あ！それ　たいこだよ」・・・という幼児の発話のように，音の違いを理解することができ，そして年齢が上がるにつれて，「高い音・低い音」(旋律や和

声などの理解につながっていくもの。),「強い音・弱い音」(リズムや拍子,曲想などの表現・理解につながっていくもの。)・・・や,周囲の生活音や楽器の音色の識別ができる。
　また,楽器の構造や音の出し方(楽器の奏法や構造の理解につながっていく。)など,知的な好奇心から音や音楽を受け止めている場合。

　このように,幼児が主体的に行なっている活動に対して,保育者は,これらの活動を土台として,さらに音楽の表現を広げるような言葉がけをしたり,その活動に参加したりするなどの援助をしていくことで,幼児はさらに自力で音楽活動を広げながら,音楽的な基礎も身につけているのである。

　さらに,前述の保育者が主体となって行う必要もある。幼児は自ら音を出したり,歌をうたったりする経験を重ねながら,音楽に対する感性を養い,また音楽の基礎的な要素も経験を通して理解していくが,その過程においては,大人の側から見て,必ずしも幼児にとってふさわしい音の出し方や歌ばかりをうたっているわけではない。したがって,それぞれの幼稚園(保育所)では,これまで取り上げている音楽教材を通して,保育者が主体となって音楽的な活動も展開している。そして,曲を演奏するだけではなく,幼児期に必要な音楽経験としてのさまざまな楽器から,その色,形,感触,構造,いろいろな音の出し方と音色の違いや,いろいろな歌曲などを感覚的に,場合によっては,言語化することによって,知識として十分に理解させながら,小学校の音楽学習へスムーズに移行し,子ども達が楽しく音楽活動に引きついでいける力を養う努力をしているのである。

　小学校と異なり,幼稚園は義務教育ではないことから,幼稚園教育要領は小学校学習指導要領に比べて,教材や指導の進め方などは各幼稚園に任されている。このような点は小学校よりも弾力的であり多様化されているといえる。

(3) 教育課程と指導計画

　教育課程は,「幼稚園における教育期間の全体を見通したものであり,幼稚園の教育目標に向って,どのような道筋をたどっていくかを明らかにした全体的な計画」であり,「どの時期にどのようなねらいを目指して,どのような指導を行なったらよいかが全体として明らかになるように,具体的なねらいと内容を組織した」ものである。指導計画はこの教育課程を拠り所として「具体的なねらいや内容,環境の構成,教師の援助などといった指導の内容や方法」について,より具体化したものである。

　この場合には,長期的な見通しをもった年,学期,月,或いは,

発達の時期などの計画と，それと関連したより具体的な幼児の生活に即した，週，日などの指導計画を立てることができる。

しかし「指導計画は一つの仮説であって，実際に展開される生活に応じて，常に改善されるものであるから，そのような実践の積み重ねの中で，教育課程も改善されていく必要がある。」と記されている。すなわち指導を行なっていく際には，指導計画に基づく指導の方向性を明確にもちながらも，幼児の音楽活動のようすに応じて柔軟に行なうものである。

事例 地域の盆踊り大会に参加したことがきっかけになって，A子（4歳）が遊びの中で，盛んに太鼓を打つ動作をしていた。やがて数人の幼児が集って，A子の動作を一緒にやるようになった。このことから保育者は和太鼓を準備したり，簡単な振り付けをつけてリズムに合わせて踊ったりと，援助を行った。幼児達の興味も高まり，やがてクラス全体で盆踊り大会をして楽しんだ（幼稚園教諭の記録から）。

指導計画はあらかじめ考えた仮説であり，幼児の様相に応じて常に変えていくものである。

(4) 評価と反省

保育における評価と反省は，指導過程の全体に対して行なわれるものである。この場合の評価は，幼児の発達理解と，教師の指導の改善という両面からの評価が大切である。

音楽活動の視点から
① 幼児理解の面では，
　　幼児が音や音楽にも興味・関心を向け楽しむことができるように成長したかどうか，
　　幼児の音楽的な発達の理解が適切であったかどうか，
　　などを重視することが大切である。
② 指導の面では，
　　指導計画で設定した具体的なねらいや内容が適切であったかどうか，
　　音楽的な環境の構成が適切であったかどうか，
　　幼児の音楽活動に沿って必要な援助がなされたかどうか，
　　そして，小学校の音楽活動と連携するかどうか，
　　などを重視することが必要となる。

これらの評価や反省を生かして，常に保育者が互いに話し合い，知恵を出し合いながら，園全体で音楽を通した表現活動についても，より改善を図っていくことが求められるのである。

我が国の幼児教育に於いて，音楽活動がどのような考え方のもと

で「ねらい」や「内容」が構成され，実践されているかについて述べた。

　これらを拠り所として，小学校の先生方には，まず自分自身が学習指導要領から離れて，幼児が生き生きと音楽活動をしている姿を見て欲しい。そして，幼稚園教育要領・保育指針，学習指導要領と，それぞれの子ども達の姿を比べながら，幼児→児童→生徒の音楽教育を系統的に構築していくことが重要であり，望まれるのである。

学校教育法
第1条　この法律で，学校とは，幼稚園，小学校，中学校，高等学校，中等教育学校，特別支援学校，大学及び高等専門学校とする。
第22条　（幼稚園の目的）
　　幼稚園は，義務教育及びその後の教育の基礎を培うものとして，幼児を保育し，幼児の健やかな成長のために適当な環境を与えて，その心身の発達を助長することを目的とする。
第23条　（幼稚園の教育の目標）
　　幼稚園における教育は，前条に規定する目的を実現するため，次に掲げる目標を達成するよう行われるものとする。
1　健康，安全で幸福な生活のために必要な基本的な習慣を養い，身体諸機能の調和的発達を図ること。
2　集団生活を通じて，喜んでこれに参加する態度を養うとともに家族や身近な人への信頼感を深め，自主，自律及び協同の精神並びに規範意識の芽生えを養うこと。
3　身近な社会生活，生命及び自然に対する興味を養い，それらに対する正しい理解と態度及び思考力の芽生えを養うこと。
4　日常の会話や，絵本，童話等に親しむことを通じて，言葉の使い方を正しく導くとともに，相手の話を理解しようとする態度を養うこと。
5　音楽，身体による表現，造形等に親しむことを通じて，豊かな感性と表現力の芽生えを養うこと。

Ⅱ 実践指導

1．歌唱指導

　平成20年の学習指導要領改訂で，歌唱指導に関して最も変わった点は次の二つである。

　第一は，「共通事項」が新設されたことである。ここには，例えば，低学年では，「音色，リズム，速度，旋律，強弱，拍の流れやフレーズなどの音楽を特徴付けている要素」を表現及び鑑賞を通して聴き取ることが示されている。中・高学年も同様の視点から，発達段階に沿って要素を加えながら示されている。

　第二は，［共通事項］に関する解説（「小学校学習指導要領解説音楽編」（平成20年6月　文部科学省　p21）に示された「楽曲の構造」というキーワードである。これは，「この曲想を生み出しているのは，音楽を特徴付けている要素や音楽の仕組みのかかわりによってつくられる「楽曲の構造」である。」（同p21）と説明されている。

　以上の二つのことから我々が理解しなければならないことは，歌唱指導の重要なねらいが，音楽を特徴付けている要素を知覚し，その体験を重ねることを通して，「楽曲の構造」（これは「音楽自体」とも考えられよう）に触れることにある，ということである。更に述べれば，歌唱指導は，「楽曲の構造」に対する認知・認識を目指しているとも言える。

　では，なぜ歌唱指導がそのような認知・認識を目指すといえるのか？　感性の構造に秘密があるからである。「音楽に対する感性」は，知覚・感受という認知の「窓」ともいえる働き，そして判断等を含むというように，奥行きの深い働きをもつ。「感性」の働きをこのように示すことができるのは，カントが「純粋理性批判」で述べている，「感性」と「悟性」をつなぐ「構想力」（Einbildungskraft　想像力とも訳された）が存在するからである。（注1）

　以上のことから，歌唱指導は，単に楽しく歌い，要素に気付くことを目指したものではなく，要素に気付くと共に「楽曲の構造」に触れ，その構造の世界像を心に描くことなのである。以下の各項目は，このことを常に念頭に置いて理解されたい。

（1）　指導のポイント（学習指導要領に沿って）

　学習指導要領解説では，各学年を通じて，歌唱の活動を通して次のア，イ，ウ，エの事項を指導することが示された（p15）。そこで指導のポイントについても，これらの事項に区分して述べる。

　　ア　「聴唱・視唱すること」について
　　　　低学年の傾向には「他人の声を注意深く聴かない」「むやみに大きな声で歌う」「自分勝手な速度で歌う」「リズムや音程があいまい」等がある。しっかりと聴唱の能力を育てるために，

階名による模唱，暗唱，リズム唱，リズム打ちに親しみ，音程感，フレーズ感を育てる。

中学年は，音の高さを聴き分ける能力が特に発達し，楽譜に対する関心も高くなり，理解力も向上する。そこで，特にハ長調の視唱に慣れ親しむようにすることが重要となる。

高学年は，範唱を聴いてリズムや旋律を歌うだけでなく，楽曲のよさや演奏の優れているところなどを感じ取る力が身に付く。そこで，要素や表現の仕方について課題意識をもち，豊かな表現を目指した聴唱へと導く。また，ハ長調に加え，イ短調の視唱に慣れ親しませる。

イ　音楽を感じ取って歌唱の表現を工夫すること

低学年は，歌詞の表す情景や場面を想像し楽しみ，登場する人物，動物になりきって歌う。そこで，楽曲を聴いて感じ取ったことを言葉，体で友達と伝え合いながら表現を豊かにしていく。その際，歌詞に合った絵，写真，映像の活用も望まれる。

中学年は，音楽表現の豊かさや美しさにこれまで以上に気付くようになる。そこで，自分の思いや意図が表現できるよう，友達と互いに聴き合って，楽曲のよさを発見したり，体の動きを伴った活動をしたりして工夫する。

高学年は，自分の思いや意図を聴き手に明確に伝わる歌唱ができるようになる。そこで，作詞者，作曲者の意図を探求し，楽曲に対する理解を深め，豊かな表現を求めて，試行錯誤の体験を積み重ねることも大切である。

ウ　楽曲に合った表現をすること

低学年は，自己表現の意欲が強く，声を精一杯出して歌う傾向がある。ていねいな歌い方，きれいな発声，発音（母音，子音，濁音，鼻濁音）ができるよう指導する。

中学年は，高学年の響きのある歌い方への憧れが強くなり，発声や発音に気を付けて歌うことができるようになる。そこで，要素の働きを感じ取って歌い方に生かし，自信をもって歌うことができるようにする。

高学年は，呼吸や発音の仕方も工夫し，響きのある声で歌うことを求めるようになる。そこで，声帯に無理のかからない歌い方で，表現への意欲を大事にしながら，自らの声の特徴を感じ取りながら歌えるよう，指導する。

エ　声を合わせて歌うこと

低学年は，大きな声で自分勝手な歌い方をし，声を合わせて歌うことができない傾向がある。そこで，友達の歌声，伴奏の響きを聴きながら，心を合わせて歌おうとする意欲を育てる。

中学年は，合唱などの歌声を重ねた活動を楽しむことができ

るようになる。そこで，楽曲の一部或いは全体が二部合唱になっている合唱曲等を準備する。

　高学年は，友達と協力して合唱など歌声を重ねた活動に積極的になる。そこで，和声の美しい響きを味わい，豊かな歌唱表現になるよう工夫できるよう指導する。

(2) 留意点（具体的な指導上のアイディア）

ここでは，学校現場で実践されている歌唱指導の現状を踏まえ，更に具体化して，指導上の留意点（アイディア等）を述べる。

① 低　学　年

　体を動かすことが大好きな児童が「楽しく歌う」ことができるよう心がける。そのためには身体表現，遊び，ゲームを取り入れる。例えば「かもつれっしゃ」では，そのまねをして身体表現を行いながら歌い，或いは，遊びやゲームを取り入れてわらべ歌を歌うことなどは効果的である。その際，即興的にオノマトペを楽しく活用しながら身体表現を伴って歌うことも楽しい体験となる。

② 中　学　年

　旋律に対する感覚が鋭敏になることを踏まえ，曲のレパートリーを増やしたり，声に対する憧れをもたせりすることに留意する。レパートリーを増やすことに関しては，簡単な歌曲集（合唱曲も）を活用し，季節や学校行事に合った歌を選択したり，音楽授業以外の場（学級の朝・帰りの会，学校集会等）でも歌ったりして，歌唱の楽しさを多くの場で味わわせる。また，声に対する憧れを持たせることに関しては，身近な友達の美しい声や高学年（先輩）の歌声を通して，高音の美しさに気付かせることが効果的である。

③ 高　学　年

　変声期への配慮，ハーモニーの美しさの体験を得させることに留意する。変声期については，男女差，個人差が大きいこと，成長の過程であること，はずかしがらないこと，等を理解させ，個々に応じたきめこまかな配慮（助言・パートの工夫）を行う。また，ハーモニーの体験に関しては，なによりもクラス全体の雰囲気作りに意を注ぎ（指導上のユーモアがポイント），特に男子も意欲をもって歌えるよう，指揮の工夫が不可欠である（いわゆる「図形指揮」だけでは歌わない）。選曲も，いわゆるハモル楽しさを味わえること，飽きない秘密（「構造の秘密」）をもっていることを重視し，人間味溢れる指導により，音楽室からの帰途の廊下で，余韻の歌声が聴かれるようでありたい。

(3) 教材の研究　その1（ポピュラー音楽の活用も含む）

1) 歌唱指導の教材研究の基本的視点

　歌唱指導における教材とは，学習指導要領に示された各学年の共通教材と，その他斉唱・輪唱・合唱で歌う楽曲である。したがってここに言う教材研究は，歌唱の楽曲の教材性，即ち「この楽曲がもっている教育的価値はなにか。それをどう教えていくか。」等の考察がメインとなる。一方，教材研究においては，児童の音楽経験等の実情についても考察し，歌唱指導をどう行うかという仮説とも言える学習指導案を作成する際の総合的な洞察も欠かせない。このように，歌唱指導の教材研究に当たっては基本的視点として，①楽曲がもつ教材性の発掘，②児童の実態を踏まえた授業作りの洞察，この二つが必要となる。

①　楽曲がもつ教材性の発掘

　各楽曲は，特有の構造をもっており，それによって，例えば「この曲はリズミックだ」「この曲の和音進行は美しい」等のイメージをもたらす。このようなイメージをもたらす楽曲を前にして，指導者は，どのようにしたら教材性を発掘できるのだろうか。

　その答えは，「楽曲の構造」の分析研究である。歌唱の楽曲には歌詞のほかに，音色，リズム，速度，旋律等の要素が存在する。各要素が全体構造の中でどのような働きをしているかを分析しなければならない。つまり，要素の働きの特徴を指導者自身が見出し，目前の児童にとって，どの要素のどんな働きに気付かせることが適切であるかを発掘することなのである。その場合，上にも述べたように，各学年の気付きの特性（例えば低学年はリズムの軽快さ，高学年は旋律の美しさに反応する）にも留意して，「この子たちに，このリズムの楽しさを味わわせたい」と思う面を発掘していく。ここで大切なことは，発掘したとき，指導者の目に子ども達がリズムの楽しさを味わっている場面が浮かんでいることである。この時，実は指導者もそのリズムの楽しさを子ども達の身になって楽しんでいるのである。教材性の発掘とは，このようなリアリティを見据えた作業なのである。このような実感があるから「子ども達が，この曲をどう喜ぶか楽しみだ」という期待が生じるのである。

②　児童の実態を踏まえた授業作りの洞察

　入学前の幼児の段階における音楽経験は，実に多様である。幼稚園，保育所では，音楽は保育内容「表現」として，遊びを通して行われる。そこでは，身体表現，わらべうた，コマ

ーシャルソング，アニメソング等，実に様々な音楽が遊びを通して歌われる。そこには，「移動ド」で歌うという規定がないので，楽譜上はかなり難しい楽曲も（小学校の共通教材も）模唱・暗唱によって歌われている。また，今日のメディアから流れる楽曲に触れることも多いので，複雑なリズムの曲も感覚的に捉えて歌うこともできる。

このような幼児時代の音楽体験の実態を把握し，彼等の感性が鋭敏に働くような適切な楽曲選び，その楽曲の指導の工夫（楽しく歌う，そして要素に気付く）の方法を洞察していく必要がある。

また，小学生は，クラス全体の雰囲気がクラスごとに違うし，年間のなかでも日々変化していく。特に高学年は，思春期の始まりの時期でもあり，その発達的特性（「自分が認められる」ことを求めている等）を踏まえたクラス運営，そして歌唱の活性化に相当神経を注ぐことになる。例えば，一人一人の音楽的興味の実態を掴み，それを認めてあげる機会をいかに設定するか，また，思春期特有の知的好奇心の喚起を，歌唱指導でどう促していくかなど，洞察によって工夫していくことが求められているのである。（注2）

2） 教材研究の具体策

歌唱指導における教材には，共通教材とその他の楽曲があり，「その他の楽曲」の選択も授業活性化の重要な位置を占める。

① 共通教材に対する具体的な教材研究

各学年の共通教材は，すべて永年にわたり我が国で歌い継がれ，親しまれてきた楽曲である。そのため，各楽曲の教材性，即ち教育的価値は周知されている。しかし，その一方で，その価値が当たり前のように捉えられがちのため，児童に強いインパクトで要素に気付かせにくい点もある。ここでは，指導が難しいとされる高学年の場合で述べるが，具体的には次のような手法で教材研究をする。

ア 知的好奇心による活性化

高学年で「ふるさと」を扱う場合，指導者はこの曲の教育的価値が例えば「旋律の美しさ」「和音進行の美しさ」「「ふるさと」のイメージと音楽イメージとの一致」等にあるとすでに気付いている。そのことを，指導の中でどう気付かせ，楽しい学習としていくかが課題となる。そこでヒントとなるのが，児童の知的好奇心への刺激である。

「この曲は不思議。大人も子どもも大好きだ。秘密があるからだ。なんだろう？」と問いかけをすると，児童の頭は，「歌う」ことから離れ「秘密探し」で一杯となる。ここにグ

ループでの協議の場が訪れる。この協議の結果を例えば「ここの和音の変化が秘密だ」と，各グループが発表するとともに，皆は「じゃあ，本当にそうか確かめてみよう」と思う。こうなれば「歌う」意欲が湧き，「歌う」ことが「秘密の確かめ」となるのである。

イ　活動の「仕掛け」を多面的に盛りこむ

　　歌唱指導は，「歌う」ことだけでは退屈してしまう。児童の心理面の動きを洞察しながら，「仕掛け」を盛りこむ必要がある。「ふるさと」を再び例にとると，次のような「仕掛け」が可能である。

　　　ⅰ指導者から児童への「秘密」に関する問いかけ　ⅱ児童の「秘密探し」の協議　ⅲグループ発表・演奏・録音・録画　ⅳ録音・録画映像の鑑賞・感想　ⅴ指導者による講評　ⅵ全員による歌唱（合唱）（※録画の扱いは法に則って行うこと。）

②「その他の楽曲」に対する教材研究

　　「その他の楽曲」は，教科書掲載のものと，それ以外のものとがあるが，これらを，どう選択し，どう扱うか，指導者の判断・力量に負うところが大きい。具体的には次のような手法による教材研究が考えられる。

ア　幼児期における音楽経験の把握

　　幼児期は，日常的にはテレビ等の音楽的刺激が多く，変化に富むリズムによる嬉々とした身体反応等が行われる。また，幼稚園，保育所等でも，例えば「となりのトトロ」「ドレミのうた」「世界中の子どもたち」等の楽しさを多く体験している。では，なぜ楽しいのか？　指導者はこの楽しさの「秘密」を洞察すべきである。その際，現代ならではの楽しい体験を通して培われた幼児期の感性の在りようにも意を注がなければならない。

イ　曲の選択と「構造分析」

　　ここでまず大切なのは，指導者自身がワクワクするような選択である。このワクワク感こそ，「楽曲の構造自体」が発信する本質なのであり，指導者が本質に接しているが故の事態なのである。

　　次に大切なのが，「構造分析」である。ワクワク感をもつ曲には構造上の秘密がある。そこに見られるのが，同形反復進行の旋律，シンコペーション，パッヘルベル「カノン」的な和音進行等である。これらは，学習指導要領が示す音楽用語には含まれないものであるが，児童が感覚的にすでに捉えているものなのである。

ウ　活動の「仕掛け」

ここでは「構造分析」の結果をどう生かして指導していくかが問われる。大切なのが「この仕掛けで指導すると反応が楽しみだ」というワクワク感である。高学年の「となりのトトロ」を例とすると「この曲の特徴であるシンコペーションと身体反応の関係の緊密さに気付かせる」をねらいとした場合，用語の説明は避けてもよいが，双方の緊密さを体験させることは大切である。そこで「各グループによる身体表現（リズム打ち等）」を工夫・発表させることが仕掛けとなる。工夫を楽しむ光景が眼に浮かぶのは仕掛けがあるからである。

(4) 教材の研究　その2（「引き出し」化のすすめ）

　これまで述べた教材研究を経て，学習指導案が作成され，いよいよ授業が実施されることになる。その際，教師の頭の中に存在するのは「暗記された学習指導案」ではない。「仕掛け」自身が頭の中で息づいている，簡略化された学習指導案，即ち「引き出し」なのである。

1)「引き出し」とは（注3）

　　この「引き出し」とは，一般には，「指導上，確実に効果をもたらすことができる戦術」と捉えられるが，その構造は，次のようなものである。まず，例えば「○○発声」のように，教師がその題名を思い浮かべただけで，子どもとの細かなやりとりの全体まで頭の中に体系付けられている。そして，「○○発声」の指導の間，必ず子どもの活動が活性化するよう，既に検証が成されている。このように「引き出し」は，確実に成功するよう，息づく生き物のような構造をもっているのである。

2)「引き出し」化のために

　　この「引き出し」を多くもっている教師は，例えば授業で歌唱指導があっというまに楽しい雰囲気の中で終わるのは，50分の中に数個の「引き出し」が存在するからである。教師が授業に際して「○○発声」「「ふるさと」の魅力の秘密探し」という「引き出し」を念頭に置くだけで，子どもとのコミュニケーションが現出し楽しく授業が進むのである。

　　したがって，このような「引き出し」を一つ一つ自分のものにするために，現場における様々な仮説・検証を重ねて，確実な「引き出し」化を図ることが，現代の歌唱指導には求められているのである。

(注1)　神原陸男著『音楽科の教育理念－音楽科の構造化のための序論－』（東京書籍　1998）
(注2)　日本学校音楽教育実践学会編『思春期の発達的特性と音楽教育』（音楽之友社　2003）
(注3)　西澤昭男・神原陸男他著『音楽教育における不易と流行』（教育芸術社　2002）

2　合唱の指導

　表現活動の中心は，「音楽を感じて歌う」ことにある。したがって，歌唱活動の豊富な体験は，音楽的な感性や能力を高める上に極めて大切なことといわれている。
　とくに，合唱活動は，歌い合う喜びや楽しさを深く味わわせるため，一層の充実を図ることが期待されている活動である。
　合唱は，自分たちの声のみで表現できる演奏形態であり，各声部がその役割に応じた表現をし，全体の中に調和させる活動でもある。したがって，みんなで音楽を創る協調的な態度が基盤となり，指揮者を中心に，伴奏者，そして合唱する者全員がその音楽を考え，表現を工夫することによって，独唱や斉唱では得られない感動的な体験をすることができる。
　小学校における合唱活動は，学習指導要領（音楽）に示されている「歌唱」の指導事項を中心に，その表現力を高めるようにする。

(1) 発声と発音

　発声法については，本書のP174に詳述されているので，この項では，歌唱に求められるよい歌声とは何かを考えてみよう。
　独唱や斉唱では，ハーモニーの問題はないが，合唱では，美しいハーモニーの表現が音楽の要素として重視されるので，ハーモニーに融け合う，ふさわしい歌声のあり方を工夫しなければならない。

①　発声・発音に関する指導事項

　発声・発音に関して，小学校学習指導要領では，次のように示されている。
　　1～2年　　(3)ア，自分の歌声及び発音に気を付けて歌うこと。
　　3～4年　　(3)ア，呼吸及び発音の仕方に気を付けて，自然で無理のない声で歌うこと。
　　5～6年　　(3)ア，呼吸及び発音の仕方を工夫して，豊かな響きのある，自然で無理のない声で歌うこと。
　これは，発声や発音に関して基本的な指導事項である。この内容を理解し，望ましい発声・発音の状態を指導者自らが想定しながら，計画的，継続的な指導をすることによって，合唱それ自体の効果も高まるであろう。

②　豊かな響きと美しい音色

　小学校高学年の歌唱活動において，当面する問題は変声期の指導である。変声期の不安定な条件を克服するためには，自然で無理の

ない声, 即ち力みのない声を目指しながら, 美しい音色を求め, 楽曲にふさわしい多様な発声法を工夫することが大切である。発声に必要な諸感覚の育成を, 日常の会話の中からはじめるのである。

③ 明確な発音とことばの抑揚

リズムや音程が正しく, 強弱の速度の変化も工夫されているのに, 曲が流れない合唱をよく聴くことがある。その多くは, 発音の仕方やことばの扱い方に原因が求められる。

歌詞としてのことばの流れが旋律として流れることなく, ことばから生まれる表情や抑揚感を欠くからである。

日本語の特徴は, 有声音に富み, 非常に明るく, 母音性が豊かである。発音として, 子音の処理が適切であり, 母音の響きにむらがないことが大切である。また, 一語一語の発声のみでなく, ことばとしての語の連結を重視し, ことばの流れを作ることが肝要である。

詞をよく読み, ことばのもつアクセントやリズム, 抑揚を感じ取らせ, 歌詞の内容を理解させるとともに, その表情を把握させたい。

④ 発声練習

望ましい歌声を作るためには, 小学校においても基本的な発声練習が必要である。

発声の基本は, 独唱も合唱も同じであるが, 姿勢, 呼吸, 共鳴, 音色, 音量, 音域, 強弱の変化, ハーモニーとバランス, 唱法など, その目的によって, 練習内容や方法が異なるのは当然なことである。発声に関する多くのメソードがあるので, 目的に適した内容や方法によって, 短時間, 継続的に実施することが望ましい。

(2) 歌詞及び曲想の把握と表現の工夫

豊かな音楽性による表現は, 演奏するもの, 聴くものにとって大きな感動を味わわせてくれる。楽曲分析によって, 楽曲の構成や特徴, その要素, 歌詞の内容を理解しながら, 演奏をまとめなければならない。その要素として, リズム, メロディー, ハーモニーの正しさはもちろんのこと, 速度, 強弱, フレージング, バランス, 演奏法, 曲想と表情, 歌詞の内容などがあり, それらを生かしながら, より音楽的な表現を工夫していくのである。

学習指導要領には, 表現の工夫に関して, 次のように示されている。

　1～2年　　(2)ア, 歌詞の表す情景や気持ちを想像して表現すること。
　3～4年　　(2)ア, 歌詞の内容にふさわしい表現の仕方を工夫す

ること。
5～6年　(2)ア，歌詞の内容や楽曲の構成を理解して，それらを生かした表現の仕方を工夫すること。

① 歌詞及び曲想の把握

歌詞や曲想のとらえ方は，初めは感覚的に，次第に知的理解をともなった表現へと高められていくのである。

表現の工夫では楽曲分析を的確におこない，詩のもつ意味や抑揚，アクセントなどを知るとともに，音符や諸記号で表わされた作曲者の意図を十分に読み取ることが大切である。合唱作品の楽曲構成では，これらの内容が複雑に絡み合いながら表現されるところに，演奏の楽しさや美しさの味わいが生まれる。

② 表現の工夫

前項の内容と密接に関連するが，表現の工夫は，作曲者の意図が楽譜を手がかりとして，演奏者が限りない音楽美の追求をおこなう場面である。

合唱指導では，まず，各声部がリズム，音高を正しく読譜し，曲全体のイメージや曲想を把握しなければならない。これらは，リズム，メロディー，ハーモニーをはじめ，速度，強弱，フレージング，歌詞などによって決定されるので，ここは確かな読譜と楽曲分析が必要である。練習においては，合唱するものの共通理解によって，部分―全体―部分―全体の反復練習をおこない，曲をまとめていくのである。

(a) 速　度

楽曲のイメージは，速度によって随分変わることがある。楽曲には，速度が示されてはいるが，楽曲の途中で速度が変わる場合や⌢, *rit.*, *a tempo* など指示によって速度に変化を生ずることがある。また，演奏に際し，速度に微妙な変化を与え，曲にゆれを作るアゴーギクの問題がある。これらの速度設定は，指揮者の意図によるところが大であるが，基本的には最もオーソドックスな方法を選択すべきであろう。

(b) 強　弱

楽譜に表示されている強弱記号や発想記号をみると，その意味は理解できるのであるが，その表現が可能か否かは発声のテクニック上の問題を含め，それほど容易なものではない。ダイナミックスの表現は絶対的なものではなく，相対的な表現の深さによって，その良否が判断される。ダイナミックスの対比感が豊かであればあるほど，曲想も生きる。

(c) 演奏法

リズムやメロディーの特徴から，そのフレーズをどのような唱法（レガート，マルカート，スタッカート）で歌えばよいかが決定されれば，その表現の可否は歌唱上のテクニックの問題となる。また，同時に適切な表現を望まれるものに，スラー，テヌート，アクセントなどを含むアーティキュレーションの問題がある。

(d) フレージングと全体のまとまり

フレーズは「楽句」と訳され，「音楽的な意味をもつ旋律のまとまり」を意味している。また，「その旋律の区切り方」がフレージングである。

楽曲においては，歌詞やいろいろな要素から生まれるフレーズの特徴，例えば，類似のフレーズ，対照的なフレーズ，曲の頂点を含んだフレーズと，転調しているフレーズ，クレシェンドするフレーズ，強弱の対比感のあるフレーズなどを的確にとらえて指導するのである。楽曲の構成から，これらのフレーズをみた場合，どんな意味をもち，どんな働きをするのかを考え，全体をまとめていくのである。

(3) 合唱法

合唱音楽には，多声音楽から生まれた対位的合唱と，和声音楽から生まれた和声的合唱とがある。もちろん，これら作曲上の手法が一律的なものばかりではなく，両手法が用いられた楽曲構成の作品も多い。それぞれの作品の特徴を把握し，合唱表現に生かすことはいうまでもないことである。合唱作品には，女声合唱，男声合唱，混声合唱などの演奏形態のものがあるが，小学校では，同声合唱の作品を演奏する。

学習指導要領には，合唱法に関して，次の指導事項が示されている。

 1～2年　(2)ウ，互いの歌声や和声の響きを聴いて演奏すること。
 5～6年　(2)イ，拍の流れやフレーズ，音の重なりや和声の響きを感じ取って演奏すること。

① 声部の役割と全体のかかわり

合唱において全体に溶け合う音を作るには，正しいリズムや音高はもちろんのこと，豊かな響きと，美しい音色・音質が必要であり，その上で，アンサンブルの工夫がなされなければならない。この指導の根底には，音をよく聴く耳を養うことが大切である。全体の音

に調和しているか否かを聴取できなければ，その音を歌うことはできない。

　合唱指導では，その基礎として，和音合唱も有効であるが，それにもまして大切なことは，斉唱（ユニゾン）を正しく，美しく歌うことが高度な表現力を育てることになるということを忘れてはならない。

　声部の役割とバランスの問題では，自分の声部が他の声部とどのようなかかわりがあるのかを把握し，楽曲構成を生かしたアンサンブルを作り出すことによって，調和のとれた合唱ができるのである。

②　和声の充実と輪唱

　和声は合唱における重要な要素である。

　小学校では，音の重なりとその響き合いを中心に，ハーモニーの基礎作りを重視した指導が大切である。

　練習では，特に音色・音質の統一に留意し，音の入り方，切り方，音の伸ばし方，音の重なりやハーモニーの色彩感などを，耳を通して継続的に訓練することが肝要である。そして，合唱の基本としての斉唱や輪唱の充実を図ることが望ましい。

③　指揮と伴奏

　豊かな音楽性による指揮と伴奏は，美しい合唱を作るために欠くことのごきない条件である。指導者は指揮の基本と応用を十分身につけなければならない。最近の作品は，ピアノ伴奏も単なる伴奏ではなく，合唱における1パートとしての役割を担ってきているので，そのねらいを理解して演奏するようにしたい。

(4) 合唱指導の内容と留意点

合唱の演奏形態

1～2年　　(5)ア，斉唱及び輪唱で歌う楽曲。
3～4年　　(5)ア，斉唱及び簡単な合唱で歌う楽曲。
5～6年　　(5)ア，斉唱及び合唱で歌う楽曲。

　小学校における合唱の演奏形態には，交互唱，輪唱，同声（部分）二部合唱・（部分）三部合唱がある。

　その教材は次のような構成で作（編）曲されている。
　(a) 副旋律や対旋律を擬音的に扱った教材
　　　合唱の素地を養う扱い。
　(b) 対旋律をオスティナートやカノン風に扱った教材
　　　合唱の導入的な扱い。

(c) 副旋律が反進行し,声部間の音程差が比較的大きい教材
音の重なり,音の響き合いの初歩的な扱い。
(d) 副旋律が並進行している教材——
3度の並進行など,ハーモニーのバランス,音の響き合いの基本的な扱い。
(e) 対旋律をオブリガード風に扱った教材
各声部が独立した旋律としての扱い。
(f) 副旋律や対旋律で作られた教材
合唱表現の応用的な扱い。

小学校の授業で扱う教材は,合唱曲のオリジナルとして作曲された作品が少なく,編曲された合唱教材が多い。そのため,合唱表現としての効果的な教材を精選することが合唱指導のポイントである。さらに,教材研究として,合唱指導における指導事項をはじめ,作詞者,作曲者の意図を理解し,指導実践を展開するのである。

実践の一例として,曲によっては,声部を固定しないで,各声部を練習することによって,各声部の役割を把握すること,各声部の練習の時から合唱の仕上りを予想し,諸要素の表現について工夫するのもよい練習方法である。

いずれにしても,合唱表現力が合唱指導のみで育つものでもなければ,合唱指導が単なる合唱表現力を高めることのみを目的として実施されるものではない。あくまでも,これらの活動は,音楽を感じ,音楽を学び,音楽活動の喜びを味わうための基本であり,結果であることを認識しておかなければならない。

合唱形態と終止形合唱

3　器 楽 指 導

　児童は，音楽表現の活動の中でも特に器楽学習に興味や意欲を持って取り組む。人間の内なる思いを音に託して表現するのが音楽であるが，歌唱は詩と声によるのに対して，楽器による表現は様々な音色や幅広い音域・音量を得ることができ，歌唱とは違った多様な音楽表現が可能である。このことが，子どもに楽器に対するあこがれの気持ちを抱かせるのであろう。

　楽器による学習活動では，歌唱にはない奏法技能が伴うことから，指導に際しては技能の個人差に配慮して，児童の興味や意欲的に取り組もうとする気持ちを失わせないようにすることが大切である。

(1) 授業で扱う楽器について

　器楽学習では，様々な楽器を扱った活動が展開されることになるが，学習指導要領の「第3　指導計画の作成と内容の取扱い」2の(4)イに示された各学年で取り扱う楽器は次のものである。
・低学年では，「様々な打楽器，オルガン，ハーモニカなど」
・中学年では，「既習の楽器を含めて，リコーダーや鍵盤楽器など」
・高学年では，「既習の楽器を含めて，電子楽器，和楽器，諸外国　　　　　　　に伝わる楽器など」

　これらの楽器すべての指導については，限られた授業時数の中では困難であり，また，学校備品の楽器はそれぞれの学校によって異なる。学習で取り上げる楽器については，次項の奏法と指導法を参考にしてその都度扱い方や奏法を学ばせたい。

　授業では，教師の指導とともに児童同士で奏法の工夫をする学び合い活動を通すことによって，さらに大きな学習効果が得られよう。

　学校備品の楽器については，破損した楽器の修理等，教師は常に楽器の整備を心がけることが大切になる。

(2) 指導の留意点

　楽器の指導にあたっては，どんな簡易な楽器でも素晴らしい音色をつくりだせることを教師が見本を示し，奏法とともに丁寧に扱うことを児童に意識づけることが最も重要な指導の留意点である。導入段階での取り扱いがその後の器楽学習に大きく影響する。

　ここでは，全児童が手にする個人持ちの旋律楽器の指導の留意点について述べる。

　個人持ちの楽器は，一般に低学年の鍵盤ハーモニカに加えて中学年からのソプラノリコーダーである。この2つの楽器については，常に自分と一体となった音楽表現をする楽器として愛着の念ととも

に，奏法をしっかりと身につけようとする気持ちを持たせるようにすることが大切である。

鍵盤ハーモニカは，ハーモニカのような吹き吸いの奏法とは違い，息を送り込むことによって奏する楽器であり，息の吹き込み方と舌の使い方（タンギング）と指使いが表現の良しあしに影響する。

・舌と息の使い方

　舌の使い方（タンギング）は，まず，口のみで「トーフー」と言わせてから，楽器のドの位置で「トー」と「フー」の音を出させる。そして，舌を使った「トー」と使わない「フー」の違いに気付かせる。息の使い方では，児童は吹き込み方が強くなりがちである。教師の手本を基に，音色を考えさせながら，一定の強さで吹き込むように息のコントロールのし方を工夫させる。

・指の使い方

　鍵盤の位置と指との関連をとらえさせることが大切になる。図を参考に，黒鍵の並び方と2つ並んだすぐ左の白鍵が「ド」の位置であることを理解させる。そして，右手の親指を1（ド）として順に5（ソ）までの指番号を確かめさせながら，5音による音のあてっこ遊びをさせる。このような活動を通して音と指との関係をとらえさせる。

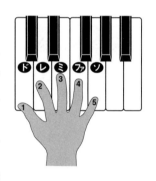

　リコーダーも鍵盤ハーモニカと同様に，舌や息の使い方と指の使い方に慣れることが大切になる。

・舌と息の使い方

　リコーダーは，鍵盤ハーモニカよりも軽いタンギング，息も少ない吹き込みで音が出せることを知らせ，鍵盤ハーモニカと同様に「トーフー」による練習を通してタンギングに慣れさせる。また，息の強さが一定だと，きれいな音色になることに気付かせる。

・指の使い方

　左手頸を楽にした運指に慣れさせることが上達の第一歩である。右手と唇で楽器を保持させ，音を出す前にシ（0 1）の位置を押さえながらラ（0 1 2）の指穴（トーンホール）を中指の腹で軽くたたかせ，ポンポンと音が聴こえるように練習させる。同様にラを押さえてソ（0 1 2 3）の音も聴こえるかどうかを確かめさせる。この練習が左手頸から力を抜くことになり，スムーズな指使いで演奏できるようになる。

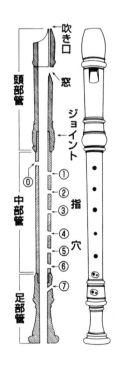

（3）教材研究

　鍵盤ハーモニカやリコーダーは作音楽器であり，息の吹き込み方によって音程や音色が変わってくる。指導にあたっては，5音のみで演奏可能な教材を用意して，できるだけ多くの曲に親しませたい。

　5音のみの教材としては，「かっこう」，「メリーさんのひつじ」，

「ぶんぶんぶん」,「さよなら」等がある。これらをハ長調にすると鍵盤ハーモニカの練習曲になる。ト長調に移調するとリコーダーの練習曲として活用できる。（P.44の中学年学習指導案例を参照）
　教師の教材開発の姿勢が児童の取り組みに大きな影響を与える。

4　楽器の奏法と指導法

1　打　楽　器

(1)　無音程打楽器

ア　カスタネット
　一般的には、ゴムひもを中指（または人差指）に通して保持し、右図のように、もう一方の手の人差指、中指、薬指をそろえて軽く曲げ、指先で軽く打つ。
　指導の際は、乾いた軽快な音が出るよう、音色をよく聴いて奏法を工夫させるようにする。

楽器を、手のひらの中に安定させる。

イ　タンブリン
　持ち方は、親指が鼓面にかかるようにして枠を持つ。枠の穴には指を入れないよう指導する。
　奏法については、音色の効果として鈴の音を求めるのか、あるいは鼓面＋鈴の音を求めるのかによって、また、リズムやアクセント、強弱等、表現したい内容によって工夫しなければならない。
　奏法は次のようにいろいろである。
　○鼓面を手で打つ
　○枠を打つ
　○振るわす（トレモロ）
　○振る（細かいリズムを刻む）
　○鼓面を親指の腹でこする

　表現を工夫する上で大切な観点
　○強弱←……鼓面の打つ位置
　○リズムの歯切れ←……鼓面の傾き

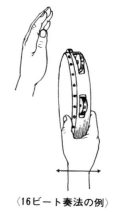
〈16ビート奏法の例〉

〈練　習〉（上図による16ビート奏法）

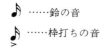
♪……鈴の音
♪……枠打ちの音

ウ トライアングル

図のように人差指で吊り下げる。三角形の打つ辺によって、また、角度によって音色が異なる。

指導の際は、①を一応の基本とするが、いろいろ試させたい。音の澄み具合いの点では②や③の方が勝るようである。

親指と中指、薬指で本体を押さえて打つと、響きの止まった音がする。これはポップス系の8ビート奏法としてよく用いられる。

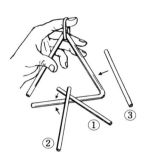

〈8ビート奏法の例〉

♪……ひびかせた音
♪……指でひびきをとめたまま打った音

エ シンバル

(a) 合わせシンバル
(b) スタンドシンバル

それぞれに期待する効果が異なる。
(a)は打ち合わせて音を出す。
(b)はバチで打って音を出す。
小太鼓のバチで打つと打点がはっきりするため、ポップス系のリズムによく用いられる。縁を指ではさんで響きを止めて打つと、トライアングルの8ビート奏法と同じリズム伴奏ができる。

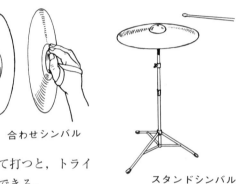

合わせシンバル

スタンドシンバル

オ ウッドブロック

丸型、角型、木魚型がある。図は丸型。高低の音の高さの違いがあるため、単音の楽器に比べて表現の幅が広い。リズム表現の工夫に有効である。

〈練習………ウッドブロック〉

カ 鈴

奏法には、ただ細かく振る場合（トレモロ）と、リズム打ちがある。リズム打ちの場合は、楽器を握った手のくるぶしをもう一方の手で打つようにする。

キ クラベス

下側の手は空洞をつくり、楽器を上に乗せて打つ。木目により音質が違うので要注意。丸型と角型とがある。

楽器の奏法と指導法

ク　マラカス

振り回さず，手首のスナップを効かせて，歯切れのよいリズムを出すようにする。

ケ　大太鼓

鼓面の中心部よりやや外側を打つ。斜めに打つと柔らかめ，垂直に打つと硬めの音になる。非常に強い音を必要とするときは中心部を打つ。

指導の際は，バチを大きく振り回さず，手首のスナップを効かせて短く打つことに留意させる。

余韻を止めるには，反対側の面を手の平で軽く押さえる。

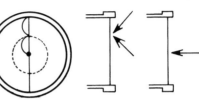

コ　小太鼓

スタンドの高さは，身長に合わせて適切に調節する。

ヘッド（皮）の張り具合いは，響き線をはずして打った音が「スカーン」とぬけた感じの高い音を目安とする。

左右のバチ（スティック）は，手元から12～13cmの部分を持ち，約90°に開くように構える。右手は上から握る。左手は下からささげ，薬指と小指との上におき，親指で押さえる。腕や手首は柔らかく保ち，スナップを効かせてはずませて打つ。

上達のコツとして，左右の打つ順番のR，Lの記号を守ること，脱力して比較的強音で打って練習することである。

構え方

<練　習>

（注）　R…右　L…左　LR…RLと代えてもよい。
　　　左右どちらからはじめてもよい。

小太鼓の響き線

バチの持ち方に二通りある。左右の持ち方の違う図のような方法と，両手とも図の右手の持ち方をする方法である。小学生の場合，最近は，他の打楽器の奏法への関連・発展から，後者の方法が多くとられているようである。このときは，楽器を水平にセットする。

大太鼓・小太鼓は，表皮・裏皮ともどの箇所も平均に皮を張る様にネジ（ドラムロッド）を図のような順序で対角線に締める。

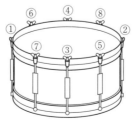

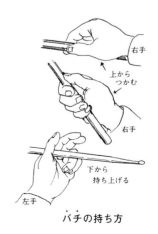
バチの持ち方

(2) 有音程打楽器

ア 木　琴（シロフォン）

両手にバチ（マレット）を持って演奏するが，技巧的な曲の演奏では，片手に2本ずつ持つこともある。レガートの音は，マンドリンのようにトレモロで奏する。音色は軽快で明るい。

バチの持ち方は，親指の先と人差指の第一関節でバチのほぼ中央部を持ち，他の3指は軽くそろえる。バチの端を持ってはいけない。両足を少し開き，左右に動きやすいような姿勢で演奏する。

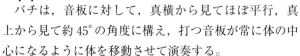

バチは，音板に対して，真横から見てほぼ平行，真上から見て約45°の角度に構え，打つ音板が常に体の中心になるように体を移動させて演奏する。

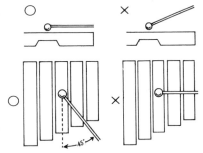

上達のコツ
- よく脱力してスナップを効かせて打つ。
- 左右の手の合理的な順番に気をつける。
- いくつかの典型的なリズムで，左右の手の使い方のパターンを身につける。

指導に当たっては，上図の良くない例を注意することはもちろん，バチの球の硬さによって音色が違うことに着目させ，バチを自分で選ぶ等の工夫をさせるようにしたい。

イ　マリンバ

木琴の一種。音板の下に共鳴管を備えるため余韻が長い。小学校の器楽合奏では，シロフォンよりマリンバを多用したい。鍵盤ハーモニカやリコーダーなどの楽器と響きが合いやすい。音域的にも音色的にもバランスがとれること等がその理由である。

ウ　鉄　琴（グロッケンシュピール）

金属的な澄んだ音を発し，余韻は短い。実音は記譜音よりも2オクターブ高い。オブリガード風な旋律の効果を出すときに用いられる。器楽合奏では，主旋律を部分的に演奏して，合奏全体での音色変化の効果を出す目的で用いられることも多い。

2 旋律楽器

ア ハーモニカ

小学校で使うのは単音ハーモニカで,主として合奏に用いる。

持ち方は,左図のように低音側を左にし,親指,人差指,中指で軽く持つ。両ひじは体から少し離すようにする。

指導法

1年生の導入段階のつまずきとして,
　①吸音が出しにくい。
　②吹き吸いの区別が難しい。
　③くちびるを楽器にしっかり当てることができず,息がもれて弱々しい音しか出せない。
　④穴を目で見て吹くことができないため,目的とする音が出しにくい。

などが挙げられる。

そのための手だてとして,①については「ストローでジュースを飲むように」と想像させたり,実際にストローを穴に刺して吸わせ,感じをとらえさせたりする。

また,②については,指導者が吹き吸いをハンドサインで指示し,徐々に吹き吸いに慣れさせるようにする。

　〈例〉吹く＝手の平を下に向けて,上から下に動かす。
　　　　吸う＝手の平を上に向けて,下から上に動かす。

③については「すももも　もももも　もものうち」のように,「も」の発音練習をし,唇の力や形を意識させてから,楽器をしっかりくわえさせるようにする。

④については耳で探って音を出す「探り吹き」を大切にし,音の高低と楽器の左右の動きとの関係を感覚的にとらえられるようにする。

練習法

導入段階としては,順次進行の旋律で,音域が比較的狭い曲が適当であろう。〈例〉「かえるの合唱」「日のまる」「きらきら星」等。

イ　鍵盤ハーモニカ

ハーモニカと同じく,リードを発音体とする楽器である。学習指導要領の「内容の取扱い」の3・4年の項で「リコーダーや鍵盤楽器」と示されている。

《楽器の特徴》

この楽器の特徴を子どもたちにとらえさせるとき,身近な三つに集約させることができる。

それは「音色」という点でハーモニカ,「鍵盤」という点でオ

座　奏

ルガン,「吹奏」という点でリコーダーである。

特に演奏技能に関しては,「鍵盤」という点からの「指使い」,「吹奏」という点からの「息使い」・「舌の使い方(タンギング)」が重要な技法となる。そして,それらの技法を総合した「作音楽器」であることを特徴としてとらえておくことが,指導法を考える上でも大切である。

立奏

　ハーモニカと比べた特徴
　　①音量が大きい
　　②吹くだけで音を出す。(吸って音を出すことはない。)
　　③音の位置関係が目に見え,出す音が分かりやすい。
　　④他の鍵盤楽器へ発展性がある。
　リコーダーに関連した鍵盤ハーモニカの特徴
　　⑤息使いやタンギングにより曲想表現ができる。
　　⑥同じ音の連続は,鍵盤を押したまま,息を刻んで表現できる。(ピアノやオルガンでは鍵盤を連打する。)
　　⑦強弱も含めて,歌うのと同じように,息で曲想表現ができる。(リコーダーでは強弱は表現できない。)
　オルガンに関連した鍵盤ハーモニカの特徴
　　⑧ポジション,指くぐり,指またぎなどの運指法や指使いに慣れることが上達の近道である。

ウ　リコーダー(たて笛)

　平成元年3月告示の学習指導要領から,「たて笛」が「リコーダー」と呼称されるようになった。

　導入学年は以前と同じく3年からである。

　リコーダーは作音楽器である。演奏技能指導上の観点として,呼吸法,タンギング,運指,の3点が挙げられる。

　①呼吸法(ブレッシング)

　息が強すぎるとピッチ(音高)が上がり,弱すぎると下がって張りのない音になる。まず,「シ」の指使いで,強く吹いたり弱く吹いたりして,正しい息の強さを体得させる。

　つぎの段階は,1フレーズを一息で吹く練習をする。息を長く保つ訓練には,普通に吸い込んだ息で,できるだけ長く音を発音させる方法をとる。ただし,音が揺れないように注意させる。

　②タンギング

　タンギングとは,舌の先を tu tu と動かして音を出すことである。リコーダーの演奏効果はタンギングによって決定されるから,常にタンギングに注意が必要である。

　タンギングは tu ばかりでなく,つぎのように音の高さに応じて,あるいは,表現したい音の感じによって,いろいろな歌い方が工夫されている。

〈タンギングの工夫の例〉

〈タンギングの種類〉

　導入段階は，tu ではなく du あるいは lu の方が，息が強い傾向の3年生にとって，適切な息の強さを得やすい歌い方であるという実践報告もある。
　③運　　指（フィンガーリング）
　運指は，つぎの順序で指導するのが一般的な傾向である。

　まず，左手の運指を覚え，それに右手を加える。
　「♯ソ」はイ短調，「♭シ」はヘ長調，「♯ド」はニ短調の，それぞれの曲に用いられる。
　④指導上の留意点
　楽しい学習活動の工夫
　導入段階では，児童の意欲を大切にした指導の工夫をする必要がある。具体的には，息の強さをコントロールできない子どもたちに対し，無味乾燥なロングトーンの練習ではない方法を工夫したい。例えば，息の強さをいろいろと変えたリズム奏を模奏させる。あるいは，「恐いところ」「楽しいところ」などの情況設定をして，それをリコーダーで自由に表現させるなどの方法である。楽しく活動しているうちに，いつのまにか息のコントロールが身についてしまうような指導方法を工夫するのである。

　運指の指導は簡単そうに見えるが，個別指導の繰り返しと細かい配慮が必要である。というのは，まだまだ手が小さく指も細い3年生の子どもたちにとって，穴を指でふさぐことはたいへんな作業なのである。実際，シ・ラ・ソの指導では押さえる穴の数が増えるにしたがって，きれいに音が出せない子どもが増える。多くの場合，押さえたつもりの指穴にすき間ができているのであるが，それに気づかないのである。そこで，簡単に出せるシの運指の指導の段階から，指のどの位置を穴にあてるか，あるいは，指のリコーダーに対する角度などの観点で個別指導を徹底していくことが重要である。

〈練　習〉

左手の練習　タンギングを明確に

1
　　tu tu tu tu　　tu tu tu

右手の練習　低音に注意

2

両手の練習　高音域——やや強め，低音域——やや弱め

3

オクターブの練習　ホ音より上の音の出し方に注意

4

高音の練習　強めに息を吹きこむ

5

レガートの練習

6
　　tu　　　tu　　tu　tu　　tu　　　tu　　　tu

スタッカートの練習

7

リコーダーの運指表

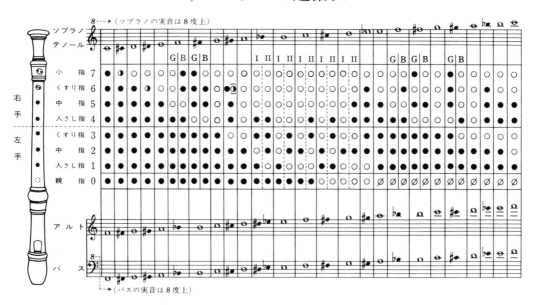

●……閉じる　　○……開く　　◐……少し開く（二つ穴（ダブル　ホール）の場合は，片方を開く）
⌀……ほんの少し開く（サミングのとき）　　Ⅰ，Ⅱ……かえ指
G……ドイツ式（ジャーマン式）の運指　　B……イギリス式（バロック式）の運指

3 和楽器

ア 大太鼓

革を胴に鋲で止めて張った鋲打ち太鼓である。一般に胴はケヤキやカシなど堅い巨木をくり抜いたものを用い、それに厚めの牛革を張る。

大太鼓の置き方は、据え置き型や、横置き型などがある。腕の振りおろしが最も自然で、初心者でも打ちやすいのは据え置き型である。

太鼓のバチは、鉄棒を握るときのように親指を回して握り、身体は棒立ちにならないで、肩幅以上に両脚を開き、ひざを少し曲げてバネのように使う。

肩から腕全体を自然に振りおろし、向こう側の革に音が突き抜けるようなイメージで打つ。革の中ほどや端の方など、いろいろな場所を打っていろいろな音を見つけてみよう。腕を振りおろす距離が長ければ大きい音、短ければ小さい音になる。小さい音からだんだん大きく、大きい音からだんだん小さく等、いろいろと試してみよう。わく打ちは、音色の変化を楽しむにはよいが、太鼓やバチを傷めやすいので、必要以上に強打しない。

いろいろな打ち方の例を楽譜と口唱歌（太鼓ことば）で示す。同じ音符でも口唱歌でニュアンスの違いを感じ取ることができる。

据え置き

横置き

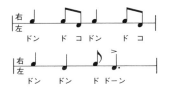
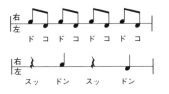

イ 締太鼓

この太鼓は大太鼓に対し小太鼓ともいう。革を麻ひもなどの調べ緒で締めあげて張力を出すのが普通だが、最近ではボルト締めの締太鼓も出ている。ボルト締めは革の締めあげが簡単で便利だが、重量がかなりあるので、落としたりしないよう扱いに注意が必要である。

大太鼓の低音と締太鼓の高音に組み合わせの妙がある。締太鼓は「地打ち」として、一定の拍を刻んだり、また大太鼓が休んでいる間、派手な手を聴かせるソロの部分（たとえば秩父屋台囃子では「玉入れ」と呼ばれる部分）もある。

調べ緒締め

ボルト締め

ウ 当り鉦

単に鉦またはスリ鉦ともいう。京都の祇園囃子の中ではコンチキ、江戸囃子では四助など、様々な呼び名がある。

遠くまでよく響く鉦の音は、祭り囃子に欠かせない。鉦は真鍮でできており、バチは鹿の角製のものを用いる。鉦のくぼんだ方の面を叩いたり、すったりして音を出す。

当り鉦

エ 篠笛

祭り囃子、あるいは長唄の囃子等でも使われる笛。女竹（篠竹）という種類の竹を用いて、指穴と吹き口の穴をあけ、中に漆を塗る。外には竹の割れを防ぐためと装飾を兼ねて、樺や籐などが巻かれている。

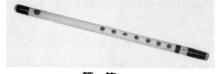

篠笛

指穴は七孔。リコーダーやフルートのように指先で穴をふさぐのでなく、指の第一関節と第二関節のあいだあたりでふさぐ。また指を少し指穴にかざして、同時にあごを引きぎみにすることで、やや低く暗めのメリ音などを出す。

指穴のふさぎ方

笛の長さによってピッチが変わる。普通、「一本」から「十二本」まで半音刻みでピッチの違う笛が用意され、長唄の唄の人の声の高さに合わせて笛を使い分けたり、一曲の中で「本調子」から「二上り」等、調子が変わったときに持ち替えたりする。

オ 箏

一般にコトと呼ばれるが、正式な漢字は箏である。胴は桐でできており、中が空洞で共鳴するようになっている。糸は絹製であるが、最近ではナイロンやテトロンなどの合成品がある。

糸の呼び名は、図のように向こうから一、二、三…斗、為、巾となっている。調弦は様々な種類があるが、最も代表的なのは楽譜に示した「平調子」である。

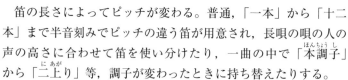

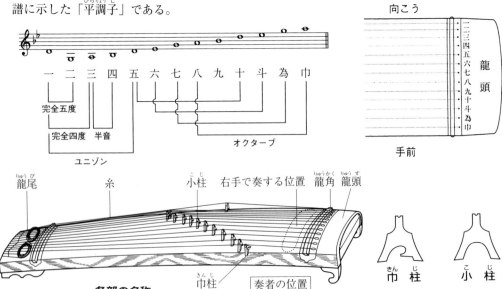

「平調子」の調弦で,《さくらさくら》やわらべうたの《うさぎうさぎ》等の曲をすぐに弾くことができる。

箏の爪　　山田流　　生田流

箏柱をほんの少し動かしただけで,微妙に調弦が変わるので,微調整は大変難しいが,ほどよく調弦された箏は共鳴する響きがとても美しい。

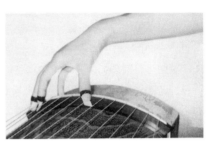

柱は象牙あるいはプラスチック製で,床に落としたりすると意外に欠けやすいので扱いには注意したい。

爪は流派により角爪(生田流)と丸爪(山田流)とがある。

材質は象牙のものがよい。指にはめる部分の爪輪は,自分の指に合わせる。

糸(弦)に対する爪の当て方は,角爪の場合,爪のかどに糸が当たるようにする。右手親指を使ってしっかりと弦を弾き,次の弦でとめるようにするのが基本である。左手は常に弦の上に軽く置いておき,右手とのバランスをとる。

箏の楽譜には様々な種類がある。次の「六段の調」の楽譜はその一例である。初段の冒頭で,楽譜は弦名を示す数字で書かれており,その左の「テーントンシャン…」等のことばは口唱歌といって,箏の旋律を歌うときの独特の言い方である。口唱歌にはある程度の規則性があり,例えば「シャン」は,二本の弦を同時に弾くときにはいつも「シャン」と歌う。

楽譜中の「オ」は「押し手」の意味で,左手で弦を押して音を全音高める奏法である。また「ヒ」は「引き色」といい,やはり左手で弦の張力をややゆるめ,音を微妙に下げる。

初めは13弦全部に柱を立てず,例えば五つとか七つの音だけから始めることも考えられる。また,爪も最初は親指だけにはめ,親指だけで引くこともできる。

13弦全部に柱を立てたときは,「七」の糸に印をつけたりするとわかりやすい。

「平調子」だけでなく,例えばドレミや,沖縄の音階など,いろいろと調弦を変えたり,また2,3人の児童による分担奏を行う等,授業実践の工夫をして箏の響きに十分に親しみたい。

カ　三味線

三味線は,棹の太さによって,細棹,中棹,太棹の三種類に分けられ,演奏する種目によって使い分ける。それぞれ胴の大きさ,使われる駒やバチの材質,大きさなどが違い,求められる音色も全く異なっている。ここでは,主として長唄等で用いられる細棹

三味線を中心に記述する。

棹に用いられる木は，紅木などで，胴には猫または犬の皮を張る。最近では合成皮革も用いられる。駒は，象牙，ベッコウ，クジラの骨などいろいろあるが，プラスチック製が安価で使いやすい。

弦（糸）は絹製がよいが，消耗しやすく切れやすい三の糸だけナイロン糸でもよい。

糸は太い方から順に，一の糸（Ⅰ），二の糸（Ⅱ），三の糸（Ⅲ）と呼ぶ。

調弦は，長唄の唄方の声の高さに合わせて音高を決めるが，仮に「一の糸」をシの音に定めた場合，「本調子」，「二上り」，「三下り」という基本的な調弦は楽譜のようになる。

三味線の駒

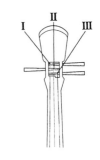

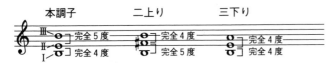

本調子の調弦で，一の糸を●7，二の糸を3，三の糸を7とすると，勘所と数字との対応は図のようになる。

三味線を写真のように二の糸の糸巻きが耳の高さに来るように構える。棹が下がり過ぎないように注意する。

三味線の構え

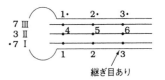

ひざに日本てぬぐいを巻き，その上に"ひざゴム"を置いて，胴がすべり落ちないようにする。

バチはツゲやカシ等がよい。プラスチックもあるが，糸への当たりが強いので，糸が消耗しやすく切れやすくなる。

バチ先で糸を弾く。弾いたあと，皮面にバチ先が当たって止まる。皮面に貼ってある撥皮という半円の小さな皮の中にバチ先が当たるように弾く。バチ先で糸を弾くのは最初なかなか難しいが，バチ先をのぞきこむようにすると姿勢が悪くなるので注意したい。

左手には"指かけ"をつける。
勘所（ポジション）を押さえる左手が棹のすべりがよくなる。

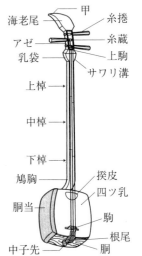
各部の名称

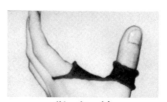
指かけ

三味線の楽譜にはいろいろな種類があるが、ドレミを１２３と数字に置き換えて表した数字譜はその一例である。曲は《勧進帳》の「寄セノ合方」の部分である。

\/は"スクイ"を表し、バチを常とは逆方向に動かして糸をすくって音を出す奏法であり、∩は"ハジキ"を表し、左手指で糸をはじいて音を出す奏法である。

「チンチンチンチン　トツツル　ツルン」等は、口三味線で、これを歌って旋律を暗記すると覚えやすい。

ビーン、ビーンという三味線の独特の響きは、一の糸が上駒からはずれていて、サワリ山に当たることから出る音色で、これを「サワリがつく」「サワリをつける」等という。

キ　尺八

尺八は一般に、真竹の根本の部分を用いて作られる。表に４つ、裏に１つの指穴がある。歌口は竹の節の固い部分を使い、管の外側を斜めに切り落としただけの単純なつくりである。歌口に息を吹きつけて音を出すが、息のあて方の角度によって音高が微妙に変化し、また様々な音色を生み出すことができる。

標準の一尺八寸管（約54.5cm）の指穴を全部ふさいだ時の音高は、およそニ音である。

指穴を順次開けてつくられる幹音は、下の楽譜のようになる。それぞれの音にあてられた音名（譜字）は、流派により多少異なるが、琴古流の場合、ロ　ツ　レ　チ　リ　ヒ　となる。

幹音以外の音も、指穴をほんの少し開けたり、半分開けたり、あるいは指をかざしたりすることによって、さまざまに出すことができ、微妙な音高変化も可能である。また、あごをひけばより低い音、あごを上げればより高い音が出る。音を下げることを"メリ・メル"、音を上げることを"カリ・カル"と言う。

指使い、あごの上げ下げ、そして息使いを変化させることによって、多様な音色を吹き分けることができるのも、尺八の魅力の一つである。

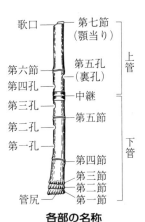

各部の名称

4 合奏の楽器編成と編曲

1 合奏の楽器編成

(1) 合奏教材

学習指導要領では,合奏に関わる項目が次のように示されている。

A 表現 (2) 楽器の活動を通して,次の事項を指導する。
 1・2年
  エ 互いの楽器の音や伴奏を聴いて,音を合わせて演奏すること。
 3・4年
  エ 互いの楽器の音や副次的な旋律,伴奏を聴いて,音を合わせて演奏すること。
 5・6年
  エ 各声部の楽器の音や全体の響き,伴奏を聴いて,音を合わせて演奏すること。
共通事項
 1・2年
  ア(ア)音色,リズム,速度,旋律,強弱,拍の流れやフレーズなどの音楽を特徴付けている要素
 3・4年
  ア(ア)音色,リズム,速度,旋律,強弱,音の重なり,音階や調,拍の流れやフレーズなどの音楽を特徴付けている要素
 5・6年
  ア(ア)音色,リズム,速度,旋律,強弱,音の重なりや和声の響き,音階や調,拍の流れやフレーズなどの音楽を特徴付けている要素

---

(2) 合奏における楽器編成

学習指導要領では,「楽器を演奏すること」の内容として,各学年で次の楽器の学習をあげている。
 1・2年 様々な打楽器,オルガン,ハーモニカなど。
 3・4年 既習の楽器を含めて,リコーダー,鍵盤楽器など。
 5・6年 既習の楽器を含めて,電子楽器,和楽器や諸外国に伝わる楽器など。

打楽器としては,ギロ,ボンゴ,コンガ,マラカス,カウベル等のラテンリズム楽器が効果的である。

児童は，楽器を演奏することが好きである。様々な楽器にふれて，自分でいろいろな音を出そうとする活動を特に好む。まず，身近にある楽器でリズム奏をしたり，親しみのある旋律を演奏したりする活動を通して，楽器の扱い方や基礎的な演奏技能を身につけていく。そして，いくつかの楽器を組み合わせた合奏をすることによって，より楽しい音楽活動を展開することができるのである。
　こうした指導のねらいをもって，楽器編成と編曲を考えたい。
　前記の表現から，取り扱うことの可能な楽器の範囲が広いことが理解できるが，全部の楽器を用いなければならないという訳ではないことも理解できる。
　以上から考察すると，小学校の演奏では，ハーモニカやオルガン，リコーダーを中心として，これに児童の能力や教材に合わせて鍵盤ハーモニカや電子オルガン等の鍵盤楽器，木琴や鉄琴を含めた打楽器を加えて編成することを基準と考えるべきであろう。

2　楽器編成と編曲の実際

(1) 合奏編曲の基本的な考え方

　合奏曲は教育的な効果と演奏上の効果を考えて編曲されなければならない。つまり，編曲はいくつかの制約の中で行われるのである。編曲に当たって考慮すべき要件としては，次の点が挙げられる。

①学年……これは，だれが合奏するのかということでもあり，最も大きな制約条件である。また，広く考えれば，児童の発達面，心理面，技能面，情意面などの実態を象徴的に表現したのが"学年"ということもできる。

②選曲……学年に合うか，演奏者（児童）にとって魅力的か，学習上のねらいが盛り込めそうか，効果的な編曲の技法が施せそうか，等々，すべてがここにかかってくる。

③用いる楽器……演奏する児童の実態から，使える楽器には自ずと限られた範囲がある。その楽器の範囲内で，効果的な編曲を目指すことになる。「楽器がきまれば，編曲が半分でき上がった」といってもよいくらいに大切な要件である。

④学習上のねらい……音楽学習としての合奏曲の編曲を考える場合，その曲でどんな合奏の編曲ができるかということよりは，系統的な学習のどの段階に必要な合奏なのかということが，編曲のポイントになる。例えば，リコーダーが学習の中心として進められている中での合奏は，系統的な運指の学習段階を考え合わせながら，リコーダーの効果的な扱いをポイントに編曲しなければならない。

⑤技能の程度……児童が演奏できなければ意味がない。
児童が演奏できそうかどうか，学習の系統性に位置づいた，無理のない技能程度の編曲でなければならない。
⑥音楽的な演奏効果……限られた演奏技能の制約を受けると，あまり音楽的であるとは思われない旋律や響きになりがちである。しかし，音楽的な楽しさがそこに感じられることを原則として考えるべきであり，技能的に簡単でも，音楽的な楽しさのある編曲の工夫をめざして努力すべきであろう。

(2) 編曲の実際

ア 低学年

　低学年の合奏では，発達段階からいっても，和声的な響きの美しさを求めることは適当ではない。和声的な響きというよりは，音が重なり合うことによる音楽的な喜びの追求を基本におくべきであろう。この学年段階では技能面の制約から，旋律楽器よりは打楽器の方が子どもの自己表現活動はさせやすい。そこで，打楽器を多用した合奏が，この学年に適した合奏のあり方ということになる。

　旋律楽器のハーモニカやオルガン，また，木琴や鉄琴などは，低学年においては，旋律よりむしろ装飾的なパートとしての役割をもたせ，全体としてのバランスのとれた編成とするよう配慮したい。

　そのためには，各楽器のもっている固有の音量，音質，音色と演奏者の人数，技能を総合的にとらえたうえで編成・編曲することが肝要である。

　ハーモニカは必ずしも旋律が吹けるとは限らないので，初歩的扱いとして，打楽器的にリズムをきざませ，吹奏に習熟してから旋律を受けもたせるとよい。この場合，児童の負担を軽減するために，同一のパターン，すなわちオスティナート形式をとると効果的である。一般的に，主旋律は教師の弾くピアノ，または児童の歌に受けもたせるのが普通である。

　なお，鉄琴などの打楽器類は，個性的な音質を生かし，打楽器としてリズムの補強と，装飾的な特性を発揮させて参加させる。

　つぎの例は「うま」の器楽合奏における編成と編曲の実際である。

(曲例　1) 第1学年

　この曲は，「主旋律に簡単なリズム伴奏を加えた楽曲」という指導要領の趣旨にそって編曲したものである。

　編曲の技法としては，ハーモニカをオスティナート的に処理していることが挙げられる。

イ 中学年

　3年から旋律楽器としてリコーダーが加わり,合奏にも一段と彩りが増す。また,旋律的にも補強され,主旋律はもちろん,副次的な旋律がパートとして加えられるなどして,合奏としての豊かさが増強される。

　また,オルガンや鍵盤ハーモニカ等の奏法にも慣れ,中・低音域も充実してくる。つぎの曲は,そうした発達段階の状況から編曲したものである。

　(曲例　2)　第3学年

合奏の楽器編成と編曲

　この曲では，大部分の児童に鍵盤ハーモニカを受けもたせ，リコーダーにはオブリガートふうの副次的な旋律を吹かせている。
　ここで注意したいことは，リコーダーの取扱いである。一つには，リコーダーに習熟していないために，多人数をこれにあてると，リコーダーの美しい集合音がなかなか得られない。あまり特殊な編成をしない方が無難であろう。
　中学年の合奏編成に当たっては，リコーダーの処理と，低・中音域の充実を目指して，それらの条件を満たしていくことができるよう，楽器配当と編成・編曲の重点をおくことが必要である。

ウ 高学年

　5・6年にもなると，音楽的な感覚や技能の向上とともに，体力的にも力強くなり，電子楽器などの演奏も可能になってくる。

　学校の実情によっては，クラブ活動などで，オーケストラで用いられる楽器も使用できようが，その取扱いには，無理のないよう，きめ細かな配慮が必要である。

　管楽器では，フルート，クラリネット，トランペットなどが，弦楽器ではコントラバス，リコーダーでは，ソプラノに加えてアルト・テノール・バスの各音域のものが，また電子オルガンやティンパニなどの各種の打楽器まで参加させることができる。

　本格的な各種の楽器が増加してくると，音色的に豊かさを増すとともに，高・中・低音が平均的に充実して，バランスのとれた厚みのある合奏ができるようになる。

　このように多種多様な楽器を取り入れると，いきおい編曲も極めて変化のあるものになるが，あまり高度な編曲をして，いたずらに児童に負担をかけぬように注意したい。

編曲例

各自の技能に応じて合奏に参加する

パッヘルベルのカノン

演奏に当たって

　この曲は，①②の合奏から始まり，何度もくりかえしながら，③④⑤⑥の順にパートを重ねていく。その中で音の広がりを味わうことをねらいとしている。

楽器について

　指定された楽器にこだわらず，音域にふさわしい，身近にある楽器を選択する。
　②は，ピアノ，電子オルガンなどでもよい。

器楽合奏曲   103

パッヘルベル 作曲
谷本 直美 編曲

魔 法 の 鈴

モーツァルト 作曲
吉田 覚 編曲

器楽合奏曲   105

マンボ No.5

ペレス プラード 作曲
和田 崇 編曲

〈演奏順序〉 A-B-B-C-C-D-E-E-F-F-A-B-B-C-C-D-G-G-H

© 1948 by PEER INTERNATIONAL CORP. International copyright secured. All rights reserved
Rights for Japan administered by PEER MUSIC K.K.

5 創作指導

　音楽の創作は児童が自分の感性や創造性を働かせ，価値のある音や音楽をつくる活動である。音の高さや長さ，リズム，旋律，和声，音楽の形式などを踏まえながら，自らの作品をつくることで，音から音楽に構成する能力を身に付けることができる。

　そのためには，歌唱や器楽，鑑賞などとの関連を図り，リズム，旋律，和声，形式など，音楽を構成する要素を生かして創作の指導を行う必要がある。

(1) 低学年の創作指導

　低学年では，わらべうたに使われている音を用いて，問いと答えになるような短い旋律をつくる活動，短いリズムをつくり，それを反復したりつないだりして簡単な音楽になる活動がある。

> 【指導のポイント】
> 　低学年の創作指導では，模倣が最も基本的な指導方法である。短い旋律やリズムなど，教師や児童同士の模倣により，創作の基礎となる。

【活動例1】 わらべうたの音を用いた「問い」と「答え」の活動

① 「ひらいた　ひらいた」などのわらべうたを歌う。わらべうたは，民謡音階からできている。

② 民謡の音階から次の3音程度を使い，教師が短い旋律を歌う。児童は，教師の歌を模倣する。

民謡音階から選んだ3音

③ 短い旋律は，1小節から始め，2小節程度の模倣ができるようにする。指導に当たっては，楽譜を示さず，音高を意識するように文字を板書したり，カードで示したりする。

④ 教師の歌う「問い」を聴き，児童一人が「答え」の一部を即興的に歌い，児童全員がそれを模倣する。

⑤ 「答え」を2小節で模倣する。

⑥ 拍の流れにのって，「問い」と「答え」を歌う。伴奏は，木琴等で付ける。「問い」は，児童が歌うこともできる。

⑦ 「問い」の部分は，「好きな花」，「好きな色」などに代え，活動を発展させることができる。

【活動例2】「問い」と「答え」のリズムをつくる活動

① 教師の打つ2小節のリズムを模倣する。模倣は20〜30種類のパターンを用意しておく。

② 教師の打つ「問い」のリズムを聴いて，「答え」のリズムを打つ。

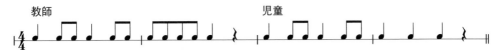

③ 拍の流れにのって，「問い」と「答え」のリズムを打つ。右のリズムのように，音高の異なる打楽器で次のリズム伴奏を付け，拍の流れにのって打つようにする。

(2) 中学年の創作指導

　中学年では，問いと答えになるようなリズムや旋律をつくり，それを反復させたりする活動，五音音階などを使って簡単な旋律をつくり，それをつないだり音を重ね合わせたりする活動などがある。

【指導のポイント】
　中学年の創作指導では，音楽の始め方や終わり方を意識して，まとまりのある音楽をつくるようにする。

【活動例1】民謡音階による旋律づくり

① 民謡音階から短い旋律を工夫する。楽器は鉄琴や木琴の高音を使い，音板には，使う音にシールを貼っておく。

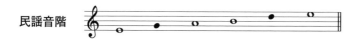

② 導入に当たっては，教師が2小節の旋律を階名唱し，児童が模倣する活動を十分に行っておくと効果がある。終りの音は，「ラ」で終わるように決めておく。

③ 木琴の伴奏に合わせ，音楽の流れにのって2小節の旋律を即興的に演奏し，児童の演奏をつないでいく。終りの音は「ラ」とする。また，楽器は鉄琴，木琴の高音を使う。

【活動例2】リズムのロンド

　ロンドは同じテーマが違う旋律をはさみながら何回も繰り返される形式である。

① 簡単なリズムのテーマを手拍子や打楽器で打つ。テーマは教師が用意しておく。

② テーマは全員で演奏し，児童の演奏をつないでいく。

| テーマ(全員) | 児童A | テーマ(全員) | 児童B | テーマ(全員) |

③ 簡単なリズム伴奏に合わせ，テーマと児童の演奏をつないでいく。

(3) 高学年の創作指導

　高学年では，自分たちで選んだ音階を用いて旋律をつくったり，それに反復や変化を加えたりする活動，いくつかのリズム・パターンを重ねたり組み合わせたりする活動，さらに，それらの構成を工夫し，まとまりのある音楽をつくる活動などがある。

【指導のポイント】
　高学年の創作指導では，音楽を特徴付けている要素や音楽の仕組みを選んだり組み合わせたりして，まとまりのある音楽になるようにする。

【活動例１】音階を選び，短い旋律をつくる活動

① 音階を選び，木琴等を使って即興的に短い旋律をつくる。音階は長音階と短音階や民謡音階と律音階，琉球音階などから選ぶようにする。

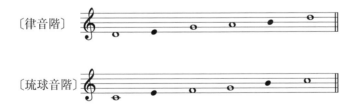

② 旋律を記録する方法を工夫し，楽器で即興的に旋律をつくる。小学校段階では，五線による記譜が難しいので，リズムと階名だけでも記録するようにする。

	1小節め 最初の音はド，レ，ミのどれか	2小節め	3小節め	4小節め
階名 (ド，レ，ミ)	♫ にフ｜	♩ ♩ ソ｜ファ｜	♫ ♫ ♫ ♫ ドドレミファソラ	♫ ♫ ♩ ソソラソファ｜	♫ ♫ ♩ ララシラソ｜
歌詩	かぜが	ふ｜く｜	はかになにもな	やまのうえ	やまのうえ

③ つくった作品を歌唱や器楽で演奏する。その際，教師が伴奏付けをする。

長音階の作品例（1）

長音階の作品例（2）

児童一人一人が楽器を使って創作できるよう，木琴などの鍵盤打楽器やシンセサイザーなどのコーナーを用意しておく。

【活動例２】和太鼓のリズム

① 和太鼓のリズムパターンを打つ。教師は，リズムパターンを数種類用意しておく。

② かね，締太鼓のリズムにのって，交替でリズムパターンをつなぐ。

6　音楽づくりの学習活動

1　音楽づくりのいろいろ

(1) 音楽づくりとは何か

　"創造的な音楽づくり"（以下"音楽づくり"とする）とは，文字通り，子どもが自分で音を追求し，音楽をつくり出す学習である。音楽をつくるといっても，旋律創作やリズム創作という狭い範囲に限定されたものではなく，子どもが作文や絵をかくのと同様に，音楽を通じて，自由に自己表現するといった幅広い豊かな音楽表現ができる学習活動である。

　音楽づくりは，現在，学習指導要領に位置づいているが，その背景には，欧米の音楽教育の動向の影響や，日本の音楽教育の歴史的な集積がある。

　欧米では，1960年代より音楽教育に現代音楽の手法を導入しようとする動向がみられた。60年代以降，長い歴史を経て，欧米における音楽づくりは，今や諸民族の音楽やポップ・ミュージックなども含みながら，内容的な拡がりをもって教育現場に定着している。

　これらの動向の中でも，日本における近年の音楽づくりの学習の契機となった代表的な著作物としては，マリー・シェーファー著『教室の犀』（1980年邦訳）および，ジョン・ペインターと，ピーター・アストンの共著『音楽の語るもの』（1982年邦訳　原題"SOUND AND SILENCE" 1970.）を挙げることができる。さらに1984年にはマリー・シェーファーが来日したり，ジョン・ペインターの新しい著書『音楽をつくる可能性』（1994年邦訳　原題"SOUND AND STRUCTURE" 1992.）が紹介されたりする中で，日本における音楽づくりの学習活動は，確実に教育現場のなかに浸透してきている。

　ところで，創造性を重視した自由な音楽学習の萌芽は，我が国における音楽教育の歴史にも見ることができる。

　すでに大正期から昭和初期にかけて，欧米の新教育運動や芸術教育思想の影響を受けて，一部の先進的な教師によって自由作曲と称する創作指導が行なわれていた。しかし制度的な流れを振り返るならば，戦後の学習指導要領の第1次・第2次試案に注目したい。とりわけ学習指導要領の第2次試案（昭和26年）の内容には，創造的表現として，形式にもとづいた旋律創作ばかりではなく，創造性の喚起を第一義として，即興表現，身体表現，劇化活動，詩・舞踊・絵画と関連する音楽表現など，現在の音楽づくりの学習に匹敵するような内容が含まれていた。しかしながら，試案の段階の学習指導要領は，アメリカ占領軍の民間情報教育局（CIE）の影響下における時期尚早の産物であったため，創造性を重視した優れた内容

だったにもかかわらず，日本の音楽教育に定着することはなかった。
　「試案」の二文字が消えた学習指導要領では，旋律創作中心に流れ，「試案」時に提唱された幅広い創造的な内容が登場するのは，1989（平成元）年の小学校学習指導要領までまたねばならなかった。
　平成元年の学習指導要領に，A表現の（4）「音楽をつくって表現できるようにする」の項が登場して以来，音楽づくりの学習は次第に教育現場に浸透してきた。2008（平成20）年告示の第8次学習指導要領において，音楽づくりは正式な名称となり，鑑賞と並んで，音楽の仕組みを学ぶ上で重要な活動であることが強調された。
　日本の音楽教育は，海外のさまざまな音楽教育法を吸収しながら豊かに成長してきた。音楽づくりの学習内容についても，教育現場における実践の積み上げの中で，ようやく歌唱や器楽の表現活動と並ぶまでになったといえよう。

　(2) 音楽づくりのよさ

　音楽づくりの学習は，子どもに向き合う教師自身が，題材の開発や指導法の工夫を重ねていかなければならない性格の学習である。これまでの音楽教育の歴史の中で日本に導入されてきた，オルフ，コダーイ，ダルクローズ，シュタイナーなど，海外の音楽教育の優れた内容を吸収し，取り込むことが可能で，かつ望まれる学習でもある。そして，教師自身の音楽的な体験の広さや文化的な関心の深さが如実に反映される，実に奥の深い学習なのである。
　この音楽づくりの活動には，音楽的にみても教育的にみても，子どもにとって価値があると思われるよさを見い出すことができる。

● 音楽づくりの「音楽的なよさ」
　① 子どもの柔軟で斬新な音楽的発想を生かすことができる。
　② 音楽の構成要素や仕組みをとらえる力をつけることができる。
　③ 子どもの音楽的な表現力や聴く力を高めることができる。
　④ 多様な音楽を享受する為に必要な基礎力を育成できる。
　⑤ 音・音楽に対する子どもの感性を高めることができる。

● 音楽づくりの「教育的なよさ」
　① 全員を積極的に音楽活動に参加させることができる。
　② 個性や個人差に対応できる。
　③ 子どもが意欲的・主体的に活動する場を保証できる。
　④ 子ども同士が互いに協力し合う姿勢を養うことができる。
　⑤ 自分で音楽を創り出すことにより，子どもに自信と満足感を与えることができる。

　以上のように，音楽づくりにはさまざまな"音楽的なよさ"や"教育的なよさ"がある。現在の日本の教育現場では，いじめ，不登校，学級が崩壊状態になるなどの深刻な状況を初めとして，子どもの

一般的な傾向に，かかわりの弱さ，自己表現力の欠如，身のまわりの物で素朴な遊びを工夫をする力の低下，などがみられる。

このような状況に音楽の側から立ち向かおうとするとき，一人ひとりの子どもが，かけがえのない役割を担う音楽づくりの多様な活動が，その力を発揮できるのである。

(3) いろいろなタイプの音楽づくりの活動例

音楽づくりには，次のAからKまでのような，いろいろなタイプの活動がある。いくつか活動例も挙げておく。

A：音楽あそび
　音を聴くあそび，リズムあそびや音あそび。
B：動きと音による表現
　動きに合わせた音楽表現，音楽に合わせた動き，動きを伴う音楽表現，情景や感情を表す身体表現や音楽づくり。
C：絵や映像と音楽による表現
　聴いた音・音楽の絵画表現，つくった音・音楽の図形楽譜化，視覚刺激（絵・絵本・写真・映像など）による音楽づくり。
D：言葉と音楽による表現
　言葉・詩・俳句による音楽づくり，物語による音楽づくり。
E：体の音による表現
　声によるいろいろな音の表現，体で創れる音による音楽づくり，さまざまな声の表現による音楽づくり。
F：さまざまな楽器や音具やコンピューターによる表現
　自然音・環境音など，さまざまな音具・楽器による音楽づくり，手作り楽器による音楽づくり，楽器や音具を限定した音楽づくり，電子音やコンピューターによる音楽づくり。
G：諸民族の音楽を素材にした表現
　諸民族の歌や踊りに親しむ活動，民族楽器による音楽づくり，世界の諸民族の音楽特有の音楽構造（仕組み）による音楽づくり。
H：総合的な表現
　既習曲を活用した物語と音楽，物語や情景などの総合的な表現づくり，モノドラマ・ミュージカル・オペレッタづくり。日本の伝統芸能の様式を取り入れた音楽づくり。
I：即興的なアンサンブルの工夫
　リズム伴奏の工夫，伴奏づくり，アンサンブルの工夫。
J：瞬時の即興表現
　リズム・メロディーの模倣や問答やロンド，日本的な音階の即興表現，即興合唱，自由形式の即興表現。
K：旋律創作
　リズム・ふし遊びやつなぎ，多様で自由な旋律創作。

2　音楽づくりの実例

【低学年の音楽づくりの例】

〈事　例　1〉わらべうたによるリズムの即興表現［B・Jの活動］
　　　——「あぶくたった」や「かごめかごめ」などで——

　日本のわらべうたには，絵描き歌，縄とび歌，数え歌など，伝承的な遊びを伴うものが多い。わらべうたを歌いながら伝承的な遊びを行なう活動は，それ自体が楽しいものである。本来の遊び以外にも，誰もが知っているわらべうたは，さまざまに活用できる。ここでは，ロンド形式によるリズムの即興表現にわらべうたをテーマとして活用する事例を紹介する。

　「あぶくたった」は，本来，伝承的な鬼ごっこの歌である。しかし，振り付けで歌うと，たちまち現代的な感覚で楽しめる歌に変身させることができる。

① 全員で円陣を組み，中央にさまざまな打楽器を並べておく。
② 円陣に並んでいる順番に，全体を4～6人のグループに分けておく。このグループがリズム即興を行なう仲間ということになる。
③（譜例1）に示したような動作を付けて，1コーラスを全員で歌った後，2コーラス目に最初のグループが中央に出ていき，自分で演奏したい楽器を選ぶ。
④ 動作付きの歌の2コーラス目が終わったら，リズム即興を行なう最初のグループ以外の人たちは，左・右にステップを踏みながら，「ブクブクブク○」とオノマトペを4回（または8回）繰り返す。この間に，最初のグループはリズム即興を行なう。このようにリズム即興の間に動作付きの歌をテーマとしてはさみながら，全部のグループの即興を途切れることなくつないでいく。
⑤ 最後は「まだ煮えない」と歌っていた歌詞を，「もう煮えた」に変えて歌い収める。

　なお，リズム即興を長くしたい場合は，オノマトペの「ブクブクブク○」の繰り返しを増やすとよい。またリズム即興のときに，「ブクブクブク○（♫♫♪𝄽）」のリズムと同じパターンにならないように気を付けて，自由に即興するように促す。

　「かごめかごめ」で行なう場合は，2コーラス繰り返すと歌が長いため，「夜明けの晩に～」あたりから即興グループが前に出ていくとよい。なお，リズム即興の間に唱えるオノマトペは，「カッカッカ○，カッカッカッ○，ゴメゴメゴメゴメ，カッカッカッ○」と「カゴメ」という言葉を活用するとノリがよくなる。「あぶくたった」や「かごめかごめ」以外にも，いろいろなわらべうたを使って，動作の工夫やリズム即興を楽しむことができる。

（譜例　1）

〈事　例　2〉絵本や図鑑などによる音楽づくり［Ｃの活動］
　　　　　　——虫の音楽会——

　低学年の子どもが楽しめる絵本や，絵本のような図鑑はたくさん出版されている。絵本や図鑑による音楽づくりの活動で，おもしろい音が生まれそうな絵本や図鑑の条件とは，次のようなものである。
　　Ⅰ　音楽にかかわりのあるもの。
　　Ⅱ　絵や言葉から音・音楽が聴こえてくるもの。
　　Ⅲ　絵自体が芸術的に優れていて，音楽的なイメージを喚起するもの。
　ここでは，"虫の声の表現"による音楽づくりを挙げておこう。
　季節の移ろいがはっきりしている日本の四季の中で，最も美しいのが秋，紅葉の美しさと虫のコーラスを運んでくる秋を感じながら，虫の声の表現を楽しませたい活動である。
　学習指導要領の第２学年の歌唱共通教材には，長年，文部省唱歌の「虫の声」が取り上げられている。この「虫の声」は，明治43年の『尋常小学読本唱歌』の中でも，当時，擬音の多い珍しい唱歌として注目され，かつ子どもに歓迎されて以来，現在まで歌い継がれてきた寿命の長い曲である。虫の声の表現を楽しむ前に，たっぷりとこの曲を歌い上げたい。本題材への導入は，エリック・カールの『だんまりこおろぎ』（工藤直子訳　偕成社）の読み聞かせが効果的である。この本は，最後のページを開けると，センサーが反応して，実際にコオロギのなき声が聴こえる楽しい本である。

(1) 虫当てあそびと声探し

文部省唱歌「虫の声」の歌唱の後は，「虫の声」に登場するマツムシ，スズムシ，コオロギ，クツワムシ，ウマオイのなき声をCDで聴かせて，虫の名前を当てるあそびを行なう。チンチロリン，リンリンなど，「虫の声」に出てくるなき声以外の虫のなき声言葉（擬音）を挙げさせ，これを板書またはプリントしておく。

【子どもが見つけた虫の声の例】
● マツムシ：キキキキ，ピッピロリン，リンチロ，ピッピリー，キュルリ，チチチチ，キキリリ　など
● スズムシ：ウィーン，ヒュルル，キーン，シューリリ，キーリリ，リリンリリ，ジリリリ，キー　など
● コオロギ：リリリリ，キキキキ，ロロロロ，ピルルル，カチャカチャ，ロリリーン，カララン　など
● クツワムシ：グルグル，ギリギリ，クリクリ，ジョコジョコ，ガリガリ，ジャラジャラ，ガガガガ　など
● ウオマイ：グューン，スィージ，シューピー，シュルルー，ズィー，グィー，グゥーチョン　など

(2) 『鳴く虫図鑑』となき声楽譜の作成

『鳴く虫図鑑』（福音館書店）は，さまざまな虫のなき声の特徴が出るように，なき声をデザインした文字で描かれているユニークな図鑑である。この本から，7〜10種程度の虫の声を選びプリントしておく（本がない場合は教師が描く）。子どもはこの中から好きな虫を選び，声の表現練習をして，なき声楽譜の書き方や，声の表現の仕方を学ぶ。

次に活動の (1) で見つけたなき声を参考にして，ひとりひとりが好きな虫を4・5種類選び，自分のなき声楽譜を作成する。

実際に声を出しながら，言葉の楽譜を描いたり，着色したりする。

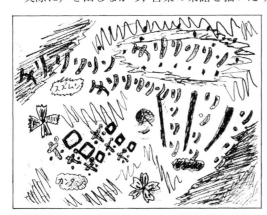
（譜例　2）2年生が描いた　なき声楽譜①

（譜例　3）2年生が描いた　なき声楽譜②

(3) 虫の声の表現と音楽遊び

交替しながら，4～6人ずついっしょに自分のなき声楽譜を見て表現する。このとき，木々の葉が揺れる音や風の音も，子どもに即興的に工夫させてなき声表現にかぶせると雰囲気がでる。

次に音楽あそびに移る。教室の空間に川辺，海，山などの場所を設定して，子どもは気に入った場所に分かれて集まる。教師が近づいたなら，そのグループの子どもは一斉に自分の楽譜の虫の声で鳴く。慣れてきたなら，虫のまわりを歩く子どもを決める。先生だけでなく，子どもも加わることで，近づく人が増えて虫が鳴く回数も増える。これによって空間にできる即興的な虫の声群に音色や強弱の変化が生まれ，いっそう豊かでおもしろい音響効果になる。

【中学年の音楽づくりの例】

〈事例 1〉手づくり楽器で音楽あそび・音楽づくり［A・Fの活動］

手づくり楽器には，音響効果や美的効果を求めて，必要な手間や費用をいとわずに作るものと，空き缶や空き箱などの，廃物を利用して作るものとがある。事情が許せば，手間暇かけて優れた手づくり楽器の製作に取り組むのもよいだろう。しかし，日常の学校教育では，なかなかその余裕がないのが実状である。そこで，後者の廃物や日用品を活用した手づくり楽器が注目される。最近では，環境教育の一環としても，手づくり楽器とそれによる音楽学習に着目することができる。

(1) 手づくり楽器の製作

手づくり楽器をつくる前に，手づくり楽器の写真や本や実物を見せて，作りたい楽器のイメージをもたせる。楽器の製作のために，一定の期間を与え，家庭で自由に自分なりの"手づくり楽器"の製作に取り組ませる。長期の夏休みや冬休みなどは，製作するのに最適である。授業時数に余裕のある場合は，学校で作らせてもよいだろう。楽器ができ上がったなら，子どもたちには自分の楽器に名前を付けるように促す。名前を付けることによって，自分の楽器に対する愛着がわくからである。さらに材料，作り方，音の出し方についても，所定の用紙に記録する。この際，イラストが描ける子には，イラスト入りで記録にするように助言する。

(2) 手づくり楽器の参考曲

最近は創作音具や創作楽器を手がけている人が少なくない。音の鳴る造形作家の作品にも興味をひかれるものが見られる。教師は自分の体験と感性で，手づくり楽器の参考になる鑑賞曲を選択して，

子どもに聴かせるとよいだろう。一応，打楽器を中心とした作品をいくつか参考曲として挙げておく。
- ジョン・ケージ「セカンド・コンストラクション Second Construction」（1940年）
- シュトックハウゼン「ツィグルス Zyklus」（1959年）
- ハーリー・パーチ「ウィンドソング Windsong」（1958年）
- 長与寿美子「クンツ Kuntu」（1976年）

(3) 手づくり楽器で音楽あそび

　リズミカルな楽曲に合わせて，自由に手づくり楽器を鳴らすと，その楽器の特性を探ることができる。そして，音楽あそびを通じて，いっそう手づくり楽器による音楽づくりに直結する音の重ね方の手法をとらえさせることができる。6〜7人を1グループにして，各グループごとに，床または椅子で円座になって行なうとよいだろう。

〈音楽あそび Ⅰ〉
　座っている順に，自分の手づくり楽器で気に入った音を使って，短いリズムパターンを重ねていくあそびを行なう。最初の子どもが自分のリズムパターンを打ち始め，間隔をおいて次の子どもが違うリズムパターンをかぶせる。次々と自分の楽器で創ったリズムをかぶせていく。このとき，仲間が即興的に創っている音響の世界に，"融合する"のか"衝撃を与える"のかをイメージしてから加わるように促す。
　また音を加える順番をいろいろに変えて，華奢な音から順番に重ねていくと，最後に大音響になっても，華奢な音の存在感が残ることをとらえさせる。このあそびを通して，子どもは昔の効果的な重ね方を把握することができる。

〈音楽あそび Ⅱ〉
　全員で打つ短い単純なリズム・パターン（例えば $\frac{4}{4}$ ♩ ♩ ｜♩ ♩ ♩ ♩ ）をテーマとして，テーマとテーマの間にひとりずつ自分の手づくり楽器で即興的にリズムを入れる。但し，テーマと同じリズムは使わない，また2回目以降は同じ入れ方はしないという約束にして，これを2・3ラウンド繰り返す。このあそびで，子どもは自分の楽器の音やリズムの可能性を把握することができる。

(4) 手づくり楽器で音楽づくり

　音楽づくりには，大別すると，**描写的な音楽づくり**（ある具体物，情景，物語，心理など，表現内容が具体的で明確なもの）と，**音響構成的な音楽づくり**（音素材を追求して音響効果を考えながら音楽を構成するもの）との二つが考えられる。手づくり楽器による音楽づくりの場合，子どもはどちらのタイプで音楽づくりを行なうのか

決めなくてはならない。各グループで次の①②のようなことを話しあってから、音楽づくりの活動に取りかかることになる。

① どんな音楽にするのか（A・Bのいずれのタイプにするのか）
　A：ようすや情景または気持ちを表わす（描写的な音楽づくり）。
　B：面白い音の組み合わせを工夫する（音響構成的な音楽づくり）。
② 音楽のつくり方
　・いくつの場面や部分から創るのかを決める。
　・反復、問いと答え、変化などの音楽の仕組みを工夫する。
　・誰がどんな順番で、どんな音を出すのかなどの見通しをもつ。

この音楽づくりでは、手づくり楽器が中心ではあるが、必要な場面には1・2種の本物の楽器を加えてもよいことにしておくと、表現の幅も広がる。

子どもは、グループごとに場面の変化の合図の仕方や、図形楽譜による記録を工夫したり、実際に音を出しながら何度も音の修正を繰り返したりして音楽づくりに取り組む。教師の助言や他のグループの意見を参考にしながら推敲することは、音の洗練という意味で、歌や合奏などの学習活動にもつながる。

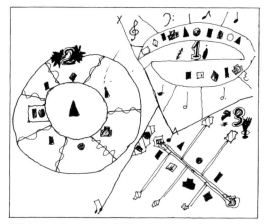

（譜例　4）3年生が描いた手づくり楽器の図形楽譜

〈事　例　2〉言葉による音楽づくり［D・Eの活動］

Dの「言葉と音楽による表現」の中でも、とりわけ言葉のリズムを工夫して音楽をつくる活動は、低・中・高学年通して楽しめる活動である。言葉による音楽づくりでは、音素材が言葉を唱える子どもの声そのものになる。声の出し方を工夫することで、Eの「体の音による表現」のさまざまな声の表現による音楽づくりにも発展させることができる。また、声という音素材を用いて言葉のリズムを工夫して重ねる活動であるため、子どもはどうしても互いに協力しながら創造的に取り組まなくてはならない。同じタイミングで言葉を音楽的に重ねる活動は、言葉の選択・構成・声の出し方などを徹底的に話し合い、自分たちの声という限られた音素材と向き合う中で、確実に子どもを音楽的に成長させることができる。

(1) 言葉の作品の演奏

まずは、言葉の作品を学級全体で演奏しておくとよいだろう。ここでは「フルーツ・パラダイス」を紹介しておく。これは5つのくだものの名前をリズムにのせて唱えるように構成したものである。言葉の音楽づくりのモデルとして効果的に活用できると思われる。

(譜例 5)　　　　　　フルーツ・パラダイス

島崎篤子　作

(2) 言葉の音楽づくりの参考楽曲

　音楽づくりには，つくる前・過程・終了後などに参考楽曲を聴かせることが大切である。それによって自分たちのオリジナル作品が，でたらめな作品ではなく，すでに音楽作品として存在する音楽と同等のアイディアや仕組みや音楽語法によるものであるという認識を

もたせることができるからである。また、作品化の体験をくぐり抜けたものについては、鑑賞力も確実にアップする。
　言葉の音楽づくりの参考となる作品をいくつか挙げておく。
● 草野心平作詩　坪能克裕作曲「勝手なコーラス」(1983年)
　　草野心平の同名の詩に出てくる鳴き声を子どもに自由に唱えさせ、その声を音響的に変化させたものである。
● マリー・シェーファー作曲「ミニワンカ」(1973年)
　　水のようすを描いた描写的な音楽で、北アメリカのいくつかのインディアンの部族の、水・雨・川・海などの言葉を構成した作品。最後は「WATER NEVER DIES」と締めくくられる。
● エルンスト・トッホ作曲「世界地図のフーガ」(1950年)
　　世界の地名に抑揚をつけて、4声でリズミカルに唱える作品であり、長崎・横浜などの日本の地名も入っている。言葉の音楽づくりにとっては、最も参考になる優れた作品である。

(3) グループによる言葉の音楽づくり

　「フルーツ・パラダイス」の演奏体験や参考楽曲の鑑賞体験などを生かして、グループごとに言葉の音楽づくりに取り組む。グループによる音楽づくりのグループ編成は、作品によっても違ってくるし、それぞれの学級の人数によっても違ってくるだろう。言葉の作品の場合、4人から7人位までが活動しやすいようである。

　① グループで最初に確認すること
　　・テーマの決定
　　　名前、食べ物、生き物、地名などの具体的なもの、または音としておもしろいオノマトペのいずれで創るのか。
　　・パート数と言葉のリズムの工夫
　　　1人1パートにするのか、どこかのパートを2人にして強調するのか。同じ言葉でも次の例のようにリズムによって効果が違うこと。

　② 工夫のポイント　＊何に重点をおいて作品の特徴を出すのか。
　　　○声の高低の工夫　　○強弱表現の工夫　　○リズムの工夫
　　　○速度の工夫　　○動作の工夫　　○ボディー・パーカッションの工夫　　○効果音の有無とその工夫　など。

　実際の音楽づくりでは、中間発表を重ねて互いに意見を述べあい、それぞれのグループの作品を推敲していくことが大切である。それによって、工夫に満ちた楽しい傑作の誕生が期待できるだろう。

【高学年の音楽づくりの例】

〈事例　1〉素材が語る音の世界［F・Aの活動］

　この音楽学習活動は，音素材の種類ごとに分かれて，それぞれの素材の音の可能性を追求しながら，各素材の特性や，そのよさを生かした音楽づくりを行なうものである。ここでいう素材とは，音具や楽器の材料によって分けられる音源であり，日用品や民族楽器など，素材感のある音具や楽器を中心に音楽づくりを行なう。このさまざまさ素材の活用体験は，音環境への認識や異文化の理解にもつながると考えられる。

　楽器の素材による分類法はいろいろあるが，音響的な効果や音楽の創りやすさに配慮すると，古代中国の金・石・土・革・糸・木・匏・竹という8つの分類法がわかりやすい。この場合，グループの数に合わせて，二つの素材をまとめてもよい。例えば，6つのグループの場合は，金，石＋土，革，糸＋紙，木＋竹，ガラスの6種に分類することもできる。素材の組み合わせや分け方などは，学級の人数やグループの人数などに合わせて変更するとよい。

(1) 音素材の紹介と音楽あそび

　子どもにいくつかの音素材を例示しながら，音素材別音楽づくりの課題を伝え，音楽あそびによって各音素材の可能性に気づかせる。

【音のインスタレーションⅠ】
　それぞれの音素材を分担しているグループのひとりに，スイッチ役を割り当てる。教師がスイッチ役の子にタッチしたらば，そのグループは一斉に即興で音を鳴らす。教師が他のスイッチ役にタッチして，次のグループが音を出し始めたらば，前のグループは音を止める。次々に音を出すグループが移っていき，各素材の音色を楽しむことができる。

【音のインスタレーションⅡ】
　教師がスイッチ役にタッチして音を鳴らすのは同じだが，Ⅱのあそびでは，次のグループが音を出し始めても，教師がもう一度タッチするまで音を鳴らし続けるというもの。つまり，音を鳴らしていないときにタッチされると音を出し始め，音を鳴らしているときにタッチされると音を消す，という具合にして，即興的に音づくりを楽しむ。

　このあそびでは，一つの素材の音が響く楽しさに加えて，他の素材との音の重なりを楽しむことができる。

　Ⅰ・Ⅱのあそびとも，互いの音を良く聴いて活動させる。活動に

慣れたら，スイッチ役は教師から子どもに委ねるとよい。また，各音素材の特性を知るために，担当素材を変えて，授業の始めにこの音楽あそびを継続して行なうと，さまざまな音に対する子どもの関心もいっそう高まる。

表1　いろいろな音素材例

	音素材の例	子どもがつけ加えた音素材
① 金類	ゴング類，チャイム，シンバル，鈴，聲子(りんけいす)，風鈴，ひばし，ボール，鈴，空き缶，フライパン，銅鑼	スプーン，フォーク，ナイフ，南部鉄器，カウベル，磁石，なべ，ふた，やかん，おろし金，ざる，おたま，鎖，燭台，水筒
② 石・土類	サヌカイトやいろいろな石類，オカリナ，貝殻，植木鉢，タイル	ほらがい，黒よう石，すりばち，砥石，皿，入れ物に入れた砂，土鈴
③ 革類	コンガ，ボンゴ，フロアータム，うちわ太鼓，チャンゴ（韓国），トーキングドラム（アフリカ），ダブ（中国），タブラー（インド），和太鼓，ソーゴ（韓国），ダフ（インド），ジェンベ（アフリカ）	ベルト，バック，くつ，カバン，財布，でんでん太鼓，キッズコンガ
④ 糸・紙類	ゴビチャンド（インド），空き缶，エクタール（インド），新聞紙，袋，紙の卵パック，紙アコーディオン（中国），小ろあん（中国），箏（日本）	ダンボール，おりがみ，ミニチュアのこと，ゴム，紙コップ，紙製食器，紙鉄砲，紙の筒，紙の笛
⑤ 木・竹類	木片，竹，テンプルブロック，木魚，カスタネット，グィロ，アンクルン（インドネシア），バリンビン（フィリピン），ケーナ（南アフリカ），クラベス，拍子木，びんざさら，四ツ竹（沖縄），口琴，バンパイプ（オセアニア），鳴子	おもちゃの車，すり棒，笛，えんぴつ，すだれ，わりばし，尺八，木琴，そろばん，机，スティック，木箱，茶たく，竹ほうき，まな板，かまぼこの板，しゃもじ，へら，ひょうたん，木製食器
⑥ ガラス類	ガラス製の食器類，ビー玉，びん，ほうろうのボール	鏡，おはじき，お皿，風鈴，ビードロ，マドラー，グラス，ベル，電球，ガラス

(2) 音の素材集めと参考楽曲の鑑賞

子どもに自由に音素材を探すよう促すと，(表1)のように，さまざまに音素材が広がっていく。素材探しとともに，各素材に関連する楽曲の鑑賞によって，創る音楽のイメージが鮮明になるものである。いくつか例を挙げておくが，鑑賞楽曲は自由に選択するとよいだろう。

① 金類―ジョン・ケージの「ファースト・コンストラクション」，バリ島のガムラン演奏など。
② 石・土類―土取利行のサヌカイト演奏，宗次郎のオカリナ演奏，中国の水晶琴演奏など。
③ 革類―アフリカの太鼓音楽，グレン・ベレッズのフレームドラムの演奏，インドのタブラ演奏など。

④ 糸・紙類―ロバの音楽座の新聞の音楽，日本の箏による吉村弘の作品演奏など。
⑤ 木・竹類―スティーヴ・ライヒの「木片の音楽」，インドネシアのジェゴグなど。
⑥ ガラス類―ポーラ・ラスキーの「テーブル・スクリーン」，ザ・グラス・オーケストラの演奏，ヤトリのアルモニカ演奏など。

(3) 音素材別グループによる音楽づくり

この活動における音楽表現で工夫する点としては，次の三つが挙げられる。

① **演奏上の工夫**
   奏法，強弱，音高，音色や余韻の対比，速度，同種音具や楽器の響きの重なりの効果など。
② **作品の全体構成**
   A 明確に変化させながら，いくつかの部分をつなぐ構成
   B 反復しながら少しずつ変化させる，連続する感じの構成
   C いくつかの部分からなるが，中心となる部分をつくる構成
③ **音の入れ方・重ね方のアイディア**

音素材による音楽づくりは，音響構成的音楽づくりであるため，どのように音を構成するのかという音楽の仕組みが大切になる。

音楽づくりを通して子どもが発見した〈音の入れ方，重ね方のアイディア〉の図式化を試みるならば，さらに，これらのヴァリエーションも工夫することができる。これらのアイディアは，本題材だけではなく，音響構成的音楽づくりにとって，きわめて有効な構成方法で示す貴重なアイディアになる。

子どもたちは，自己評価・相互評価・「聴きあいカード」による意見交換などを重ねながら，各素材を生かした作品を創り上げていく。これらの作品の記録は，必然的に次のような図形楽譜になる。

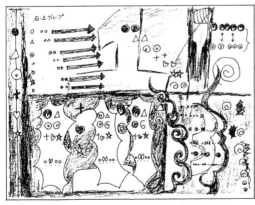

（譜例 6）石・土グループの楽譜

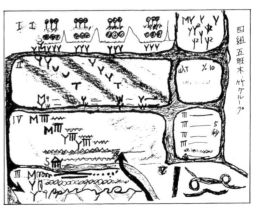

（譜例 3）木・竹グループの楽譜

〈音の入れ方・重ね方のアイディア例〉

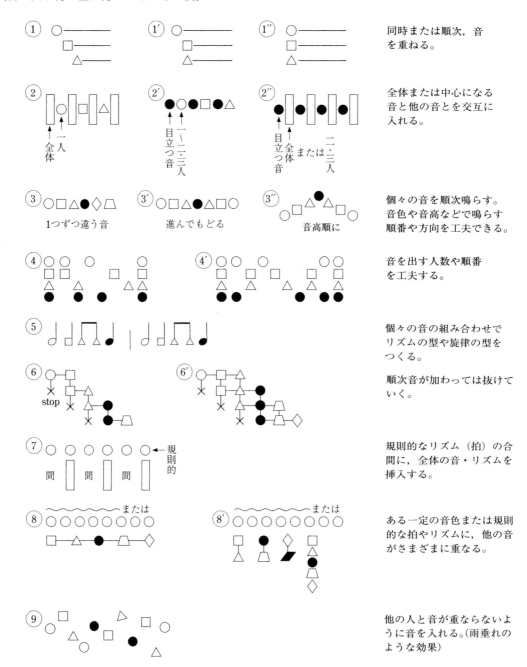

〈事 例 2〉音の世界旅行 ［Gの活動］

　　平成20年告示の小学校学習指導要領では，これまで以上に我が国および諸外国の音楽が重視されている。本題材は，子どもが関心のある国（地域）を挙げて，上位の国の中から，さらにグループの数だけ国を選び，各国の音楽を鑑賞するとともに，その国の音楽や

雰囲気を生かした音楽づくりに取り組む学習活動である。子どもが比較的よく選ぶ国や地域は，日本，中国，韓国，インド，フィリピン，スペイン，インドネシア，この他アフリカや中南米の国々である。アフリカや中南米の国々に関しては，複数の国を地域としてひとまとめにしてもよいだろう。

我が国や諸外国の音楽については，一つの国の音楽どころか，一つのジャンルについて理解するにも時間がかかるのである。小学校の音楽の授業の枠内では，十分にそれぞれの音楽を表現できるはずもない。しかし本題材では，子ども自身が好きな国の音楽や文化について調べ，国のイメージを音に託して表現する体験自体に価値を認めたい。したがって，単に音楽的な面のみではなく，その国のイメージを音として表現に加えることも含めて，音楽づくりに取り組ませるとよいだろう。それぞれのアイディアや情報を学級全体に還元し共有しながら，見知らぬ国の見知らぬ人々と，そこに育った音楽に関心を寄せることは，異文化理解とともに，子どもの心をも成長させるに違いない。

(1) 子供同士の情報交換

学級でグループの数だけ取り上げた国々の中から，それぞれの子ども自らが選択した国や地域について，夏休みや冬休みなどの長期の休みや，ある期間をかけて，担当した国の音楽を中心に，風俗や習慣，実際に聴いた音楽の感想などを記録しておく。入手可能なCDやVTRがあれば，それも子どもに集めておくように伝える。

同じ国を担当した者同士が集まって，自分の調べたことや持ち寄ったCDやVTRを聴き合い，担当した国のようすや音楽について，グループの仲間で深め合う。これによって，自分たちが担当する国や音楽については，他のグループよりも詳しいという自負心や自信をもたせることができる。

なお，CDが聴けるように，各グループの席には1台ずつCDラジカセを用意し，かつVTRやDVDを見られるコーナーも用意しておく。子どもたちは持ち寄ったCDの音を聴き合いながら，次第に担当した国のイメージをふくらませていく。そして，グループでつくりたい音楽のイメージを固めていく。

(2) いろいろな国の音楽の鑑賞

CDやVTRや記録による子ども同士の情報交換だけではなく，教師の側からも子ども全員に共有させたい音楽や映像を鑑賞させる。鑑賞曲の例として，次の9つの国や地域の音楽を挙げておこう。
- 日本：津軽三味線，沖縄の音楽　など。
- 中国：京劇，中国の伝統楽器によるアンサンブル　など。

- アメリカ：ブルース，ジャズ，ハワイアン演奏　など
- アフリカ：コギリ（アフリカ木琴），太鼓，親指ピアノの演奏　など
- インド：タブラー（インドの2対の太鼓）演奏，シタール演奏，カタック・ダンス　など。
- 中南米：ジャマイカのレゲイ，アンデスの楽器による音楽　など。
- フィリピン：トガトンやサッゲイボなどの竹の楽器，3拍子と4拍子のバンブーダンス　など。
- スペイン：フラメンコ，カタロニアの「鳥の歌」など。
- インドネシア：ガムラン，ケチャ，ワヤン（影絵芝居）など

　音楽づくりに関連した音楽鑑賞は，これに続く音楽づくりの活動に影響を与えるものであり，音楽文化としての価値も同時にとらえさせたい。したがって，子どもが音楽の構成要素や仕組みや特徴を感じ取れて，かつ感動できるような音楽を選択する必要がある。

(3) グループによる音楽づくり

　世界の音楽づくりでは，担当した国の音楽を特徴づけるためには，次の三つのポイントを押さえなくてはならない。

① どんな音楽にするのか
- 担当した国のさまざまな音楽から，何を選択するのかを具体的に考える。
  例：日本担当→沖縄風，阿波踊り風，雅楽風，民謡風　など。
- 創る音楽の全体的なイメージ。
  例：流れる感じ，暗い・明るい感じ，リズミカル　など。

② どんな**音楽表現**をするのか
  A：その国の音楽の特徴や仕組みをとらえて表現する。
  例：音階，リズム，ハーモニー，音色（楽器），形式，構成など
  B：その国の全体的なイメージを音で表現する。
  C：AとBの二つを構成する。

③ **音楽づくりの方法**
  A：その国の音楽の一部を使う。
  B：その国の音楽の特徴や仕組みをとらえて，CDやVTR（DVD）を参考にして，全て子どもたちでつくる。
  C：表現に必要な楽器や音具を決めて，それを分担する。
  D：実際に音を鳴らしながらまとめていく。

　子どもたちは，表現したい音楽を仲間と追求しながら，話し合いや音の試みを重ねていく。互いに相互評価用カードや意見交換によって，よい点と改善点を指摘しあいながら，それぞれが担当した国の音楽的特徴やイメージをもつ音楽ができ上がっていくのである。

(4) 音楽づくりのまとめ

　音楽づくりでは、推敲を重ねれば重ねるほど作品は洗練されていくため、なかなか題材を終わりにするタイミングがつかみにくい。しかし、学校教育のカリキュラムという限られた枠、すなわち時間的制約の中で授業が営まれる限り、ある程度作品がまとまった段階で、題材を終了させなくてはならない。

　音楽づくりの題材の終了に当たっては、録音や録画をとる、作品発表を行なう、各グループの作品を構成してつなげるなど、題材の終了にふさわしい緊張感と盛り上がりを演出するとよいだろう。

〈6年生が、6グループで取り組んだ国と、創り上げた音楽の例〉

1班［日本］	沖縄の海のイメージを表現、および沖縄音階による音楽づくりと、エイサー風音楽づくり。
2班［アフリカ］	アフリカ風リズム音楽の工夫と、アフリカの歌「チェッ・チェッ・コリ」と「サンサ・クロマ」による音楽づくり。
3班［インド］	北インドのバイラウ（bhairav）という基本音列を活用したインド風音楽づくりと、カタック・ダンス風踊りの工夫。
4班［中南米］	レゲエ風音楽づくりと、「サンバ・デ・ジャネイロ」のメロディーを一部活用したサンバ音楽づくり。
5班［インドネシア］	ガムラン（ギラッのパターンを活用）風音楽と、ワヤン風人形劇と、その音楽の工夫。
6班［スペイン］	スペインのイメージによる音楽づくりと、手・足拍子による音楽表現や、フラメンコ風の踊りの工夫。

　この題材の音楽づくりでは、子どもが取り組む国を自分で選択しており、「総合的な学習」の時間とタイアップして実践することもできる学習である。むしろ他教科との横断的な学習として組織した方が、効果的な活動になる可能性がある。

　音楽づくりの学習活動では、子どもはそれまでの音楽経験や音楽鑑賞などで得た音楽イメージを、何とか音で表現しようとする。ときには、指導者が予想しなかったようなアイディアを表出することもある。音楽づくりの学習では、まさに創造的な学習プロセスが大切なのである。教師も子どもも、音楽仲間として互いの感性をぶつけ合って、音楽づくりを楽しみたいものである。

　便宜上、低・中・高学年に分けて事例を紹介したが、音楽づくりの学習は、学年の垣根を越えて楽しめるとともに、子どもを音楽的に大きく成長させることができる活動なのである。

3　音楽づくりの広がり

　音楽づくりの学習では，演奏技能の獲得を中心とする活動とは違って，音楽づくりのプロセスの中で子ども自身が真摯に音と向き合い，仲間と共に音楽を創り上げる体験自体に価値がある。子どもは，自覚的に自分の表現を創ろうとする姿勢に立った時，自分の求める表現に必要な技能の獲得に意欲的になり，前向きで主体的な表現者になるものである。自覚的な表現を促す音楽づくりの学習は，次のような未来につながる様々な広がりをみせている。

① 音楽づくりが対象とする学習者の広がり

　　音楽づくりは，同じ音楽学習活動を違う校種や違う学年で実施することが可能な学習である。この場合，子どもの音楽体験の豊かさが最終的な作品のできばえに反映することはあっても，音楽づくりの学習のプロセスにおいて体験できる学びの本質が変わることはない。音楽づくりは，学年や校種の垣根を越えて楽しむことができる現代社会に適した学習といえよう。

② 音楽づくりで対象とする音楽の広がり

　　音楽教育への現代音楽の理念や手法の導入から出発した音楽づくりの学習は，今やジャンルを超えて世界中の音楽を対象とする学習に広がっている。音楽づくりの学習が鑑賞と直結することも，音楽対象を広げることができる要因の一つといえる。学習指導要領によって日本の音楽や世界の諸民族の音楽を重視する方向が強調されるようになってから，音楽づくりを含む伝統芸能の教材化や実践化が一層推進され，邦楽家が学校に赴き音楽づくりの学習を支援するというような試みも行なわれている。また音楽の授業だけではなく，総合的な学習の時間でも新しい形で地域の伝統芸能を取り上げる活動が増えてきており，対象とする音楽の広がりは一つの潮流をなしている。

③ 音楽づくりの場の広がり

　　近年では学校外においても音楽づくりの活動が行なわれるようになってきている。啓蒙活動の一環として，オーケストラのメンバーが子どもを対象に，演奏会だけでなく音楽づくりの活動を行なうようになってきた。また音楽づくりの活動の一つに位置付く創造的な音楽あそびは，様々な音楽療法の現場で試みられている。さらに中高年対象の公開講座などで音楽づくりを行なう大学も出てきており，生涯学習の観点からも新たな動向は注目される。

　自己実現を促す音楽づくりは，個々の子どもの学びを保障し，「生きる力」の育成をめざす教育的課題の達成に，極めて有効な学習といえよう。多様な音楽学習をつなぐ音楽づくりの広がりのある創造的な精神が，全ての音楽教育の営みに浸透することを期待したい。

7 鑑賞指導

(1) 鑑賞とは

　鑑賞とは，音楽作品に対して，価値判断を伴って理解し味わうことであるといわれている。これを音楽の鑑賞指導の立場から述べると，音楽作品の音楽の諸要素（音色，リズム，速度，旋律，強弱，音の重なりや和声の響き，音階や調，拍の流れ，フレーズ，形式（反復，問いと答え，変化，音楽の縦と横の関係））を知覚，識別し，それらを自らの感性で受け止め，価値判断を伴って感受し味わうことである。つまりAppreciation「鑑賞・価値判断を伴った音楽美の享受，感受」とListening「聴き取る，音楽の諸要素の把握や識別，知覚」の両方の働きがある。

(2) 小学校教育における鑑賞指導の意義

　西洋古典芸術音楽だけではなく，日本の音楽を含む世界の様々な地域の音楽を鑑賞することで，それぞれの音楽の良さや特徴を感じ取り，生涯にわたり多様な音楽を楽しめるよう，音楽の幅を拡大すること，つまり，音楽的視野の拡大が目的の一つである。

　もう一つは，音楽の聴き方（音楽の諸要素の聴き分け，曲想の感受）を学ぶこと。この二つの目的を達成することで，音楽を味わう楽しさが広がる。

　また，これらの学習から学んだことを自らの表現活動に取り入れることで，表現活動の充実を図ることができ，音楽の基礎的能力の習得にもつなげることができる。このように鑑賞活動と表現活動はスパイラルに学習することで，より一層効果が期待できる。その結果，音楽の違いが分かる児童の育成が可能となる。これらをまとめると表1のようになる。

「表1」

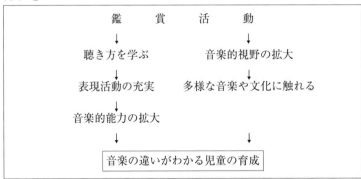

(3) 鑑賞指導のポイント

学校教育は意図的な学習活動であるため，児童の発達段階を考慮した上で，次4点に留意した指導をすることが必要である。
① 何を目的に指導するのかを明確にする
② 目的に沿った教材の選択を的確に行う
③ 児童への提示の仕方を工夫する
④ 学習の総括の仕方

以下，これらについて具体的に述べる。

① 何を目的に指導するのかを明確にする
- ただ何となく聴かせるのではなく，音楽を聴く目的を明確にして，児童に目的を持って聴かせる。
- 児童の発達段階，年間カリキュラムの中で，その楽曲では何をListening「聞き取る，音楽の諸要素の把握や識別，知覚」させ，Appreciation「鑑賞・価値判断を伴った音楽美の享受，感受」させるかを明確にする。

② 目的に沿った教材の選択を的確に行う
- 学習する音楽の諸要素が分かりやすい楽曲を選択する。つまり，どこに焦点をあて聴せるのかにより，選択楽曲が変わる。
- 児童の発達段階によっても選択楽曲は異なる。
- その曲からどんな印象や情景を想像できるのかなど，児童の感受の側面も予測する。
- 多様なジャンルの音楽の中から，目的に沿った楽曲を提供する。

③ 児童への提示の仕方を工夫する
- 受動的な鑑賞活動ではなく，能動的な鑑賞活動を展開する。例えば，強弱の付け方に注目して聴き，それを自分達の表現活動に活かすなどが考えられる。
- ねらいを実現するために教材楽曲のどの部分を鑑賞させるか検討する。
- 児童が考える場や気付くことができるきっかけを設定する。
- 児童が理解可能な指導のステップを提供する。
- 目的や児童の実態に即した発問，ワークシート，板書の工夫が必要。
- 必要に応じて映像資料を活用する。

④ 学習の総括の仕方
- 感じ取ったことを自分の言葉で表現できる場を作る。
  低学年では,静かな部分と激しい部分の違いがわかるなどの，「わかる」という理解，中学年以降では，何故違うのか，どのように違うのかなど「考える」活動も取り入れることで，一層能動的な鑑賞活動が可能となる。

・児童が感じ取り学んだことをクラス全体で共有し，音楽を通して確認する。
・鑑賞活動の成果を表現活動に活かせるよう，相互関連を図る。

　これらの鑑賞指導のポイントを実現するためには，まず，教師が目的に沿った楽曲を何回も聴き，その良さを理解し，好きになることが望まれる。そして，楽曲を楽譜でも確認し，どの部分をどのように扱うのか，指導計画と共に決める。次に，発問やワークシートをどのようにするのか，指導する児童の実態を考慮しつつ準備することが必要である。

(4) 小学校学習指導要領（音楽）での鑑賞の扱い

　学習指導要領（平成20年3月告示）での　B 鑑賞についての関連事項を次にまとめる。
　「2 音楽科改訂の基本方針」の中で，「音や音楽を知覚し，その良さや特質を感じ取り，思考・判断する力の育成を一層重視する」が特に関わりがある。この具体的な内容は，次の「3 音楽科改訂の要点」に記されている。
　まず「(3)［共通事項］の新設」で「音色，リズム，速度など音楽を特徴付けている要素や，反復，問いと答えなどの音楽の仕組みを聴き取り，それらの働きが生み出すよさや面白さ，美しさなどを感じ取ること，〜中略〜表現及鑑賞の各活動の中で扱う」と音楽の諸要素の知覚と感受が強調された。
　また，「(6) 鑑賞教材における我が国の音楽の充実」で「我が国の音楽を第3学年及び第4学年にも新たに位置づける」と教材の幅が拡大され，「(7) 言語力の育成」では「鑑賞領域の各学年の内容に，感じ取ったことを言葉などで表す活動を位置づけた。言葉などで表すことによって，楽曲や演奏の楽しさに気が付いたり，楽曲の特徴や演奏のよさに気が付いたり理解したりする能力が高まるよう改善を図った。
　それによって，受動的になりがちであった鑑賞活動を，児童の能動的で創造的な鑑賞活動になるように改善されることが期待される」と感じたことを表す活動が強調され，また，能動的鑑賞活動の工夫が望まれるようになった。

　次に，表2〜4で，学習指導要領での低・中・高学年の「指導事項」，「鑑賞教材選択の観点」，「音楽の諸要素の聴き取り項目」の違いについて確認する。なお，各表の下線部分は，前学年の内容から発展・変化した部分である。

「表2」鑑賞活動の指導事項

項目	1・2学年	3・4学年	5・6学年
ア	楽曲の気分を感じ取って聴くこと	曲想とその変化を感じ取って聴くこと	曲想とその変化などの特徴を感じ取って聴くこと
イ	音楽を形づくっている要素のかかわり合いを感じ取って聴くこと	音楽を形づくっている要素のかかわり合いを感じ取り、楽曲の構造に気を付けて聴くこと	音楽を形づくっている要素のかかわり合いを感じ取り、楽曲の構造を理解して聴くこと
ウ	楽曲を聴いて想像したことや感じ取ったことを言葉で表すなどして、楽曲や演奏の楽しさに気付くこと	楽曲を聴いて想像したことや感じ取ったことを言葉で表すなどして、楽曲の特徴や演奏のよさに気付くこと	楽曲を聴いて想像したことや感じ取ったことを言葉で表すなどして、楽曲の特徴や演奏のよさを理解すること

アは、楽曲全体にわたり感じ取ること。イは、楽曲の構造を理解して聴くこと。ウは、楽曲の特徴や演奏のよさを理解すること。について記述されている

「表3」鑑賞教材選択の観点

項目	1・2学年	3・4学年	5・6学年
ア	我が国及び諸外国のわらべうたや遊びうた、行進曲や踊りの音楽など身体反応の快さを感じ取りやすい音楽、日常の生活に関連して情景を思い浮かべやすい楽曲	和楽器の音楽を含めた我が国の音楽、郷土の音楽、諸外国に伝わる民謡など生活とのかかわりを感じ取りやすい音楽、劇の音楽、人々に長く親しまれている音楽など、いろいろな種類の楽曲	和楽器の音楽を含めた我が国の音楽や諸外国の音楽など文化とのかかわりを感じ取りやすい音楽、人々に長く親しまれている音楽など、いろいろな種類の楽曲
イ	音楽を形づくっている要素の働きを感じ取りやすく、親しみやすい楽曲	音楽を形づくっている要素の働きを感じ取りやすく、聴く楽しさを得やすい楽曲	音楽を形づくっている要素の働きを感じ取りやすく、聴く喜びを深めやすい楽曲
ウ	楽器の音色や人の声の特徴を感じ取りやすく親しみやすい、いろいろな演奏形態による楽曲	楽器や人の声による演奏表現の違いを感じ取りやすい、独奏、重奏、独唱、重唱を含めたいろいろな演奏形態による楽曲	楽器の音や人の声が重なり合う響きを味わうことができる、合奏、合唱を含めたいろいろな演奏形態による楽曲

「表4」共通事項での音楽の諸要素聴き取り項目

項目	1・2学年	3・4学年	5・6学年
諸要素	音色、リズム、速度、旋律、強弱、拍の流れ、フレーズ、	音色、リズム、速度、旋律、強弱、音の重なり、音階や調、拍の流れ、フレーズ、	音色、リズム、速度、旋律、強弱、音の重なりや和声の響き、音階や調、拍の流れ、フレーズ、
音楽の仕組み	反復、問いと答え	反復、問いと答え、変化	反復、問いと答え、変化、音楽の縦と横の関係

(5) 表2～表4を考慮した低学年の指導方法

　低学年では、聴き方を学ぶ部分の、Listeningにおいて、身体的発達段階を考慮すると、「表4」の音楽の諸要素としては、特にリズムの変化、強弱の変化、速度の変化を聴き分けることが適してい

る。また，旋律については対照的なリズム，テンポ，強弱や音の動きのある旋律の楽曲の方が違いが分かり易く聴き分けることには適している。

また，「表2のウ」Appreciationにおいて，鑑賞から感じ取ったことを"伝える・表現する"方法としては，

　言葉の語彙も少ないため，文章で記述することより，
　身体表現で感じたことを表現したり，
　音楽が変化したところで手を上げたり，
　旋律を口ずさんで味わったり

する方法が適している。

「表3」の教材選択の観点に関しては，楽曲の種類として，

　情景や気分が分かり易い楽曲，
　児童の生活実感から理解できる描写的な楽曲，
　曲の諸要素の変化がはっきりした楽曲

が望ましい。

(6) 表2～表4を考慮した中学年の指導方法

中学年では，「表4」低学年の「音楽の諸要素の学習内容」に加えて，複数の旋律の重なりや音楽の仕組みとも関わらせて聴き分ける学習に発展させることが望まれる。例えば，

　一つの旋律が何回繰り返しているか把握する，
　少しリズムが変化しながら繰り返している，
　同じ旋律の調が変化している，
　2つの短い旋律がフォルテとピアノの強弱で掛け合いのように演奏されている，
　一つの旋律に対旋律（オブリカート）が加えられている，

など曲の構造に気付かせることのできる楽曲を選択し，それらを学習できる提示方法を工夫することが必要になる。

また，「表3，ウ」の多様な演奏形態をとり上げ，多様な音楽を知覚することが求められる。例えば，「さくらさくら」の曲でも，

　一人で歌う独唱と二人で2パート分かれて歌う重唱，多人数で歌う合唱では，その響きや音量が違う。
　さらに，オーケストラで演奏するのと和楽器で演奏するのとでは，全く音色も印象も編曲も異なり，知覚，感受において，音楽の多様さに気付くことができる。

また「表2，ウ」の鑑賞から感じ取ったことを"伝える・表現する"方法としては，中学年なので言葉の語彙も少しずつ豊かになるので，言葉で伝えられる学習も積極的に行うことが必要となる。しかし，始めは自分の感じたことを表現する語彙が十分でないと予想されるので，感受したことを表現するための参考となる語彙をある

程度示し，それらを利用して表現させるようにすると良い。

（7）表2～表4を考慮した高学年の指導方法

　高学年では，中学年の学習に加え，「表3，ア」について，多様なジャンルの音楽を文化との関わりも視野に入れて知覚することで，音楽への理解が深まり，聴く喜びも増大するよう教材選択に配慮し，指導方法，提示方法も工夫することが必要になる。

　例えば，「春の海」では，この作品の作曲されたきっかけや，作曲者が聴覚と体に感じるリズムで味わった瀬戸内海の海に対する感動が表現されていることを踏まえて聴かせる。

　また，「表4」の音楽の構造や音楽の仕組みでは，「音楽の縦と横の関係」について尺八と箏の重なり方の関係（のどかな海の情景の表現と波の表現など）に注目して聴かせることができる。

　また，「表3，ウ」演奏形態については，同じ曲でも尺八と箏，フルートまたはバイオリンと箏では，同じ曲でも音色の違いなどで印象が異なる。

　多様な指導の結果，きめ細かな知覚がなされることで，感受も深まり，
「表2，ウ」自分の言葉での表現も具体的にできる様になる。

　感じ取ったことを表現する活動に関しては，低学年の時から，発達段階に応じた表現で，自分の感じたことを伝える学習を積み重ねてゆくことが，高学年での感じ取ったことの表現の豊かさにつながるので，積み重ねが大切である。

参考文献
　日本音楽教育事典（2004）音楽之友社pp.274-275
　小学校学習指導要領（2008）文部科学省

Ⅲ　音楽理論と音楽史

1 楽　典

(1) 譜表と音名

譜　表　音の高低は，五本の線（五線）と，それらにはさまれた間（かん）によって示す。そして，下から上に向って高い音となる。さらに，五線の上下に短い加線をして，音を書くことができる。

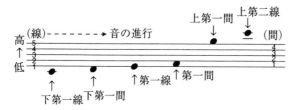

音部記号　五線上の音の高さを定める記号で，つぎのものがある。

ト音記号は，高音部記号ともよばれ，第二線が「ト音」であることを示し，この記号で書かれた譜表をト音譜表，または高音部譜表という。

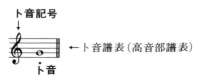

ヘ音記号は，低音部記号ともよばれ，第四線が「ヘ音」であることを示し，この記号で書かれた譜表をヘ音譜表，または低音部譜表という。

ハ音記号は，一点ハ音の位置を定める記号で，五線の各線上にハ音を定めることができるが，現在では，第三線上（アルト記号または中音部記号という）がビオラの記譜用として最も多く用いられる。

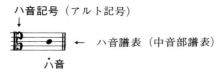

（三つの音部記号の関連）

楽典

大譜表と音名　ト音譜表とヘ音譜表とを，大かっこと縦線で結んだ譜表を大譜表という。中央の一点ハ音を加線で書き，これを「中央ハ」と呼ぶ。

この大譜表は，広い音域を記すことができるので，ピアノ，オルガンやハープなどの楽器に用いられる。

合唱や合奏用の大譜表は，下のような大かっこを用いる。

音名は，国によって呼び方が異なる。

音名　（日　本）ハ　ニ　ホ　ヘ　ト　イ　ロ　ハ
　　　（英・米）C　D　E　F　G　A　B　C
　　　（ドイツ）C　D　E　F　G　A　H　C

鍵盤の位置

（注）英米のBはドイツ音名ではHになる。
　　　ドイツ音名でBは英米の音名♭Bをいう。

幹音と派生音

幹　　音● ハニホヘトイロの音名の7音で，ピアノ白鍵の音。自然音ともいう。

派　生　音● ♯や♭のついた音。

変化記号● ♯は嬰記号，♭は変記号といい，×〈♯♯〉は重嬰記号，♭♭は重変記号という。

本位記号● 変化記号のついた音を，もとの高さにもどすときには♮（ナチュラル）をつける。これを本位記号という。

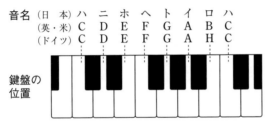

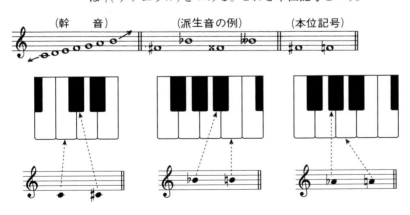

(2) 音符と休符

音符の形　音符は，たま〈符頭〉，ぼう〈符尾〉，はた〈符鈎〉及び付点によってできている。

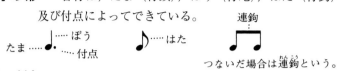

長さの割合

音　符		長さの割合 (♩を1として)	休　符	
全 音 符	o	4	—	全 休 符
二分音符	♩	2	—	二分休符
四分音符	♩	1	𝄽	四分休符
八分音符	♪	½	𝄾	八分休符
十六分音符	♬	¼	𝄿	十六分休符

（注）
1. 「にぶんおんぷ」,「にぶおんぷ」のどちらでもよい。以下同じ。
2. 1小節全部休みのときは，長さに関係なく全休符を用いることがある。

四分音符がいつも基準になるとは決まっていない。拍子記号の分母の数字の音符が基準になる。

付　点　音符（休符）の右に点をつけたもので，点はそのついた音符（休符）の半分の長さを意味している。したがって，付点音符（付点休符）は，付点の長さを加えた長さとなる。

$$♩. = ♩ + ♪ \qquad 𝄽. = 𝄽 + 𝄾 \qquad ♩. = ♩ + ♩$$

付点の右にもう一つの点がつくと，複付点といい，はじめの付点のさらに半分の長さを意味している。

$$♩.. = ♩ + ♪ + ♬$$

連　符　本来，二等分されるべき音符を三等分したり，三等分されるべき音符を二等分するとき，それらを連符という。

♪♪♪ = ♪♪♪₃　　♪♪♪ = ♪♪₂

♪.♪ を ♪♪ と書くことがある。

(3) 拍子とリズム

拍　子　時間的な基本単位としての拍が一定数のまとまりをもつとき，これを拍子といい，縦線によって区切られる。これを小節という。小節の中の拍にアクセントの強弱が生じ，その組合せによっていろいろな拍子となり，拍子

記号がつけられる。

楽譜には，拍子記号として曲のはじめに付けられる。曲の途中で拍子が変わるときにも用いられる。

縦線と複縦線　小節を区切る線は縦線であり，曲の段落を示すときは複縦線を用いる。また，拍子の変更や調号を変えるときにも複縦線を用いることが多い。終止線は，複縦線の一種で曲の終わりのときのみに用いる。

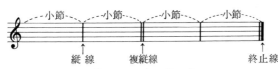

単 純 拍 子　2拍子系……$\frac{2}{2}$ または ¢, $\frac{2}{4}$, $\frac{2}{8}$　　　　$\frac{2}{2}$ を ¢ と書くことがある。

　　　　　　　　3拍子系……$\frac{3}{2}$, $\frac{3}{4}$, $\frac{3}{8}$

　　　　　　　　4拍子系……$\frac{2}{2}$, $\frac{4}{4}$ または C, $\frac{4}{8}$　　　　$\frac{4}{4}$ を C と書くことが多い。

複 合 拍 子　同種の単純拍子を合わせたもの。

　　　　　　　3拍子が二つ…6拍子

　　　　　　　3拍子が三つ…9拍子

　　　　　　　3拍子が四つ…12拍子

　　（例）　$\frac{6}{8}$ ♫ ♫ ……… 2拍子系

　　　　　 $\frac{9}{8}$ ♫ ♫ ♫ ……… 3拍子系

　　　　　 $\frac{12}{8}$ ♫ ♫ ♫ ♫ ……… 4拍子系

混 合 拍 子　異なった単純拍子を合わせたもの。

　　　　　　　3拍子と2拍子（または2拍子と3拍子）……5拍子

　　　　　　　4拍子と3拍子（または3拍子と4拍子）……7拍子

　　（例）　$\frac{5}{8}$ ♫ ♪♫　　$\frac{7}{8}$ ♫♫ ♫♪

強拍と弱拍　拍子の中には強拍と弱拍があり，一般的にはつぎのとおりである。

　　　　　　　2拍子…強　弱

　　　　　　　3拍子…強　弱　弱

　　　　　　　4拍子…強　弱　強　弱（3拍目は中強）

　　　　　　　5拍子…強　弱　強　弱　弱（2＋3）

　　　　　　　　　　　強　弱　弱　強　弱（3＋2）

シンコペーション　　拍子の中の強拍を移動することによって，強弱の位置が変わる。これをシンコペーションという。同じ小節内で行う場合と，2小節にまたがる場合とがある。また，1拍を二分してシンコペーションを作ることもある。

強起と弱起　　拍子の第一拍の頭から始まる曲を強起の曲といい，それ以外のものは弱起の曲という。

弱起の曲をアウフタクトの曲という。

(4) 音　程

音楽は，音と音とのつながりで作られている。
2音間の高さのへだたりを音程といい，「度」で表す。
音程は，半音程を基本の単位としている。

基本音程　　幹音における基本的な音程は，つぎのとおりである。
　　完全音程……1，4，5，8（「完全一度」のように表す）
　　長・短音程……2，3，6，7（「長二度」のように表す）
　　音程は，半音程を単位としており，1半音は短二度である。

1度……同じ高さの音は，すべて完全一度
4度……半音一つを含む4度は，すべて完全四度
　　　　半音を含まない4度は，増四度（ファとシのみ）
5度……半音一つを含む5度は，すべて完全五度
　　　　半音二つを含む5度は，減五度（シとファのみ）
8度……すべて完全八度（オクターブともいう）

2度……ミとファ，シとドの2カ所が半音であり，短二度という。これら以外は，すべて長二度
3度……半音を含まない3度は長三度，含むと短三度
6・7度……半音の一つを含むと長，二つを含むと短

変化音程　♯や♭などで臨時に変化を加えた場合は，次のように名称が変わる。

　異なる2音を同時に響かせ，その響きをよく聴くと，音程の違いがよくわかる。美しいハーモニーを醸し出すためには，音程に対する感覚が必要となる。

(5) 音階と調

音階と階名　楽曲に使われる主要な音を，8度以内に階段的に並べたものを音階といい，それらの音の名称を階名という。

なお，長・短両音階とも，最初の音を主音とし，以下つぎのようによぶ。

第1音	第2音	第3音	第4音	第5音	第6音	第7音
Ⅰ	Ⅱ	Ⅲ	Ⅳ	Ⅴ	Ⅵ	Ⅶ
主音	上主音	上中音	下属音	属音	下中音	導音

長音階と短音階

短音階（主音はラ）

(1) 自然的短音階

(2) 和声的短音階

(3) 旋律的短音階

鍵盤上のどの音を主音にしても，長調・短調の音階がつくられる。

日本の音階

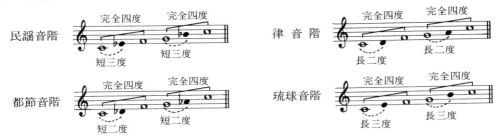

民謡音階と律音階を陽音階，都節音階を陰音階とよぶこともある。

民謡音階は民謡に多くみられる。都節音階は，おもに三味線音楽や箏曲に，律音階はおもに雅楽に，琉球音階は沖縄の音楽に，それぞれ用いられている。

いろいろな音階

近世の長音階・短音階のほかにさまざまな音階がある。
中世の教会旋法，5個の音で構成されている五音音階，民族固有の音階などがある。（日本の音階は五音音階である。）

調 楽曲において，主音が中心となり，音階の各音を機能的に支配している状態を，調性をもつという。長音階によるものを長調，短音階によるものを短調の曲という。

移調・転調

移　調　旋律（または曲）全体を他の調に移しかえること。
声域に合わせて，曲全体の調を上げたり下げたりすることを"移調する"という。

転　調　曲の途中で調が変わること。
曲の途中で，他の調に変えることによって，曲の表情に変化を与えることを"転調している"という。

調　号　音部記号のすぐ右に書く♯や♭のことで，これらは，その楽曲全体に作用する力をもっている。したがって，書く順序と位置はきまっている。
次に各調の調号と主音とを示す。

※　○は長調の主音，●は短調の主音を示す。

平行調　同じ調号をもつ長調と短調との関係を平行調という。
（例）ハ長調とイ短調，ト長調とホ短調など。

同主調　主音が同じ長調と短調。同名調ともいう。
（例）ハ長調とハ短調，ヘ長調とヘ短調など。

近親調　　ある調の5度上(属調)と5度下(下属調)の調及び平行調と同主調などは、お互いに近い関係にあって、転調もスムーズにできるので近親調の関係にあるという。

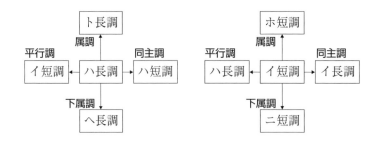

(6) 和　音

　ある音の上に3度離れた音をのせ、さらにその3度上にも音を重ねると「三和音」が構成される。音階の各音の上には七つの三和音を構成できるが、それらのうち最も多く使用され、重要な役割をするのは、第一音(主音)の上にできる主和音、第四音(下属音)上の下属和音、そして第五音(属音)上の属和音の三つであり、これらを「主要三和音」という。

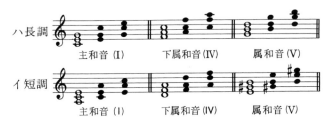

属七の和音　　属和音の上に、さらに三度離れた音を加えた四音による和音である。第五音もしくは第一音を省略して用いることがある。

終　止　形　　調性を安定にし、決定づけるための和音の機能的な進行パターンを、「終止形」あるいは「カデンツ」という。

"曲が終わった"と感じるときを**完全終止**，"まだ曲は続きそうだ"と感じながら，曲が終わるのを**不完全終止**という。

　　終わった感じ（完全終止）……Ⅴ→Ⅰ，Ⅳ→Ⅴ₍₇₎→Ⅰ

　　続く感じ（不完全終止）………Ⅰ→Ⅴ，Ⅰ→Ⅳ

コードネームについて

コードとは和音のことで，英語の音名を用いて和音を示すものである。ポピュラー音楽やジャズの分野，またピアノの伴奏譜にも用いられる。

（7）　楽曲の形式

旋律の構成　　旋律のまとまりの最も小さな単位を「動機」といい，ふつう2小節からできている。

　　初めの動機によって，その曲の旋律やリズムの性格が示されると，その問に対して答えるかのように第二の動機が生まれ，これで「小楽節」ができる。

　　この小楽節に対応して第二の小楽節をつくり，一段落することが多い。これを「大楽節」といい，第一の小楽節を「前楽節」，第二を「後楽節」という。

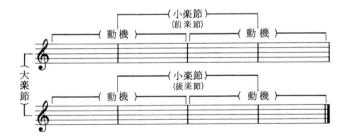

一部形式　　大楽節一つで構成するものを，一部形式という。ふつうは8小節で，前楽節は問いかけであり，後楽節が答になる。a，a'の形がふつうで，a，bの形もある。

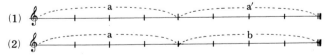

二部形式　　大楽節二つからできている曲の形式を二部形式といい，ふつう16小節である。a，a'，b，a'が一般的であるが，ときにはa，a'，b，b'やa，a'，b，c，などもある。

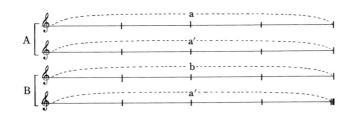

三部形式　三つの小楽節（ふつう12小節）あるいは三つの大楽節（ふつう24小節）からできているものを，三部形式の曲という。三つの小楽節のものを，小三部形式ということもある。

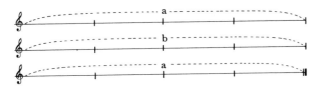

複合三部形式　二部形式の曲や三部形式の曲をそれぞれ一つの部分として，A－B－Aのように合わせた大きな曲（器楽曲に多い）の形式を，複合三部形式という。

（8）　記号と用語

楽譜には，速さ（テンポ），強・弱，表情，奏法など，作曲者が伝えたいことを多くの記号で表している。

強弱記号（発想を示す）

記号	読み方	意味
pp	ピアニッシモ	とても弱く
p	ピアノ	弱く
mp	メッゾ・ピアノ	少し弱く
mf	メッゾ・フォルテ	少し強く
f	フォルテ	強く
ff	フォルティッシモ	とても強く
&lt;	クレシェンド	だんだん強く
&gt;	デクレシェンド	だんだん弱く
>　∧	アクセント	その音を特に強く
dim.	ディミヌエンド	だんだん弱く

速度記号

速度記号 M.M.♩=96または♩=96のように書かれ、1分間に四分音符を96回打つ速度を示す。

M.M.は、速度を正しく示す機械を改良作成したドイツ人のMetronom Mälzelの頭文字からとったものである。

速さを示す用語

遅い ↑ ↓ 速い	Adagio	アダージョ	ゆるやかに
	Largo	ラルゴ	幅広くゆるやかに
	Lento	レント	ゆるやかに
	Andante	アンダンテ	ゆっくり歩くような速さで
	Moderato	モデラート	中ぐらいの速さで
	Allegretto	アレグレット	やや速く
	Allegro	アレグロ	速く
	Presto	プレスト	急速に
	Vivace	ヴィヴァーチェ	活発に速く
その他	a tempo	ア・テンポ	もとの速さで
	tempo primo (tempo I)	テンポ・プリモ	最初の速さで
	accel.	アッチェレランド	だんだん速く
	rit.	リタルダンド	だんだん遅く
	poco	ポーコ	少し
	molto	モルト	非常に
	più	ピウ	よりいっそう
	meno mosso	メーノ・モッソ	今までより遅く
	più mosso	ピウ・モッソ	今までより速く
	ad libitum	アド・リビトゥム	自由に
	l'istesso tempo	リステッソ・テンポ	同じ速さで

略記号と反復記号

(1)

演奏順　1.2.3.4.3.4.5.6.　　1.2.3.4.1.2.3.4.

(2)

演奏順　1.2.3.4.5.6.1.2.3.4.7.8.

(3)

演奏順　1.2.3.4.5.6.7.8.1.2.3.4.

(4)

演奏順　1.2.3.4.5.6.7.8.3.4.5.

(5)

演奏順　1.2.3.4.5.1.2.6.7.8.

(1)　𝄆　𝄇　……リピート（記号の間をくりかえす）

(2)　1.　2.　……一番かっこ，二番かっこ
　　　　　　　（2回めの演奏のときは，一番かっこの
　　　　　　　部分は演奏せずに，二番かっこにとぶ）

(3)　D.C.　……ダ・カーポ（曲の初めにかえる）

　　　Fine　……フィーネ（終結）

　　　𝄐　……フェルマータ（その音を自由にのばすと
　　　　　　　きに用いる）

(4)　D.S.　……ダル・セーニョ（𝄋 のところにかえる）

　　　𝄋　……セーニョ（ダル・セーニョするところを
　　　　　　　示す）

(5)　𝄌　……ヴィーデ　次の 𝄌 までとばす記号
　　　　　　　（コーダと同じように用いられ
　　　　　　　る）

　　　Coda　……コーダ（結尾句）

奏法上の記号

記号	名称	意味
（タイ記号）	タイ	同じ高さの音を結ぶ
（スラー記号）	スラー	なめらかに
・	スタッカート	音を短く切る
－	テヌート	音の長さを十分保つ
V	ブレス	息つぎ
𝄐	フェルマータ	その音を適当にのばす
（ポーズ記号）	ポーズ	休止を意味し，拍の動きを停止する。*Fine*と併用したときは，終止となる。

2 音楽史

西洋音楽史

(1) 古代（　～8世紀）

音楽の起源　音楽がいつごろ，どのようにしておこったかについて正確に知ることはできないが，過去における研究の成果から，次のような説があげられている。すなわち，人びとがたがいに交わす合図からおこったとする説，舞踊や労働からおこったとする説，人間の感情表現からおこったとする説，さらに呪術からおこったとする説などであり，研究者の意見は一致していない。

ギリシア以前　紀元前4000年ころに，エジプトにはすでに音楽文化があったと伝えられ，前15世紀には，ハープ，リラ，リュートなどの原型かとみられる楽器があったことがわかっている。エジプトの音楽は，ヘブライ，ギリシアの音楽や初期キリスト教音楽に大きな影響を与えた。また旧約聖書によると，ヘブライの音楽は宗教の儀式に関連していたと考えられ，これがキリスト教音楽，とくに単旋律聖歌の重要な源の一つになった。

ギリシア　古代ギリシアでは音楽理論が発達し，とくにピタゴラスは，今日われわれが楽典で学習している音程の協和（完全及び不完全）・不協和についての基礎である2音間の振動比をすでに発見している。また，アポロの祭礼とディオニゾスの祭礼が音楽に深いかかわりをもち，前者におけるキタラという撥弦楽器を用いた感情抑制的で客観的な表現，後者におけるアウロスという管楽器を用いた官能的で主観的な表現がそれぞれの特色であったが，これらが後世に古典的，ロマン的性格として受けつがれていった。このほかに，音楽は人間の精神に強い影響を与えるという考えも生まれていた。

古代ギリシアの音楽は一般に単旋律であったが，なかには複旋律のものもあったと伝えられる。なお，この時代のギリシア悲劇は，後世のオペラを生み出す遠い源になった。

初期キリスト教音楽　単旋律聖歌は，コンスタンチノーブル（現在のイスタンブール）の賛歌，シリアの宗教歌，パレスチナのヘブライ語の宗教歌などがそのおもな源である。数種の単旋律聖歌があったことがわかっているが，6世紀に，ローマ法王グレゴリウス1世は，当時のキリスト教の聖歌を集大成して統一し，体系づけた。これはグレゴリオ聖歌とよばれ，西ヨーロッパの中心的な聖歌で，音楽史上重要な存在である。この単旋律聖歌は，教会旋法といわれる音階に基づいている。

(2) 中世（9〜14世紀）

世俗歌曲　教会音楽が栄えるいっぽう，人間的な題材に基づいた詩を用いた歌曲が生まれた。この種の歌曲は，古くは10世紀ごろに現われたが，11世紀の末から13世紀にかけて活躍した南フランスのトルバドゥール，これよりやや遅れて現われた北フランスのトルヴェール，12・13世紀に活躍したドイツのミンネゼンガーなどの吟遊詩人によって歌われた音楽である。これらの歌曲は，そのほとんどが単旋律音楽であるが，明確な拍子，規則的なフレーズで構成され，楽器をともなう場合もあったことなどの点で，単旋律聖歌と異なっている。

多声音楽（ポリフォニー）の出現　複旋律の音楽は，すでに古代ギリシアにはあったと伝えられ，さらに複旋律で歌う方法は，8世紀の世俗音楽にみられたといわれるが，本格的な多声音楽は，9世紀に教会音楽（礼拝に用いられる宗教音楽）の分野でおこった。その初期においては，単旋律聖歌を主旋律とし，その下または上に，これと並進行，反進行または斜進行をなす第2の旋律がつけられた2声部の状態で，オルガヌムとよばれた。これが対位法という作曲法の起源である。なお，この方式による作曲のもとになる旋律（この場合は単旋律聖歌）は，定旋律とよばれることになる。

アルス・アンティクヮ　12世紀後半と13世紀は，14世紀の音楽家によってアルス・アンティクヮ（古芸術）と名づけられた。この時期には，多声音楽が教会音楽の分野で著しい発展をとげ，とくにパリのノートルダム大聖堂において多くの作品が生まれたが，それらは，前時代のオルガヌムをさらに発展させた音楽であった。

アルス・ノヴァ　音楽史において14世紀はアルス・ノヴァ（新芸術）とよばれ，中世の始末期であると同時に，次のルネッサンス時代の準備期でもある。フランスに加えてイタリアでも音楽活動が活発になり，世俗音楽は量的に教会音楽より多く作曲されるようになった。とくにマドリガルは，イタリアの多声の世俗歌曲中，最古の重要な形式である。教会音楽の分野では，フランスにおいて，すぐれたミサやモテットが生まれた。

この時期の主要な作曲家は，フランスのマショーとイタリアのランディーニである。マショーは多くの世俗音楽のほかに，教会音楽も作曲し，ランディーニはおもに世俗音楽の分野で活躍した。

中世の楽器　後世のヴィオール族の前身である擦弦楽器のヴィウェール，撥弦楽器のリュート，管楽器のリコーダー，教会の重要な楽器であるオルガンなどがあった。

(3) ルネッサンス時代 （15・16世紀）

概　観　文学，美術，哲学においてルネッサンスの運動がおこり，人文主義（ヒューマニズム）がとなえられた。音楽史上，15世紀はルネッサンスの初期とみられ，16世紀にその頂点がおとずれて，多声の音楽の黄金時代を迎えた。また，この時代におこった宗教改革は音楽にも大きな影響を与え，宗教音楽の種類は多彩になった。

ブルグンド楽派とフランドル楽派　15世紀には，音楽活動の中心地がネーデルランド地方（現在のオランダ，ベルギー地方）へと移った。15世紀の前半には，ブルグンド楽派とよばれる作曲家が活躍し，新しい時代のはじまりを思わせる作品を書いた。とくに世俗音楽の分野では，フランスの多声の歌曲，ポリフォニック・シャンソンが重要であり，教会音楽では，世俗歌曲の旋律を定旋律に用いるミサが現われ，モテットは上声部が重視されるようになった。作曲家では，デュファイ，バンショワが有名で，世俗音楽，教会音楽の両面で多くの作品を遺した。

15世紀の後半になると，フランドル楽派が活躍しはじめ，新しい作曲技法が発展した。4声体による作曲が一般的になり，従来最低声部であったテノールよりさらに低い声部が付加され，上声部から順に，カントゥス，アルトゥス，テノール，バススとよばれた。また，多声音楽の技法が発達し，各声部の独立性がいっそう顕著になった。

教会音楽では，世俗歌曲の旋律を定旋律に用いたミサのほかに，カノン形式によるミサなども生まれ，モテットにおいても対位法の技法が拡大された。

世俗音楽では，15世紀末に，ポリフォニック・リートとよばれる多声の歌曲が現われた。

作曲家としては，オケゲム，オブレヒト，ジョスカン・デプレ，イザークなどがあげられる。なお，15世紀には，イギリスにおいてすぐれた作品が作曲されはじめた。

16世紀の音楽　音楽におけるルネッサンスの頂点を迎え，多声の声楽は著しい発展をとげた。この時期の対位法は純粋対位法といわれ，厳格な規則に基づいた流麗な旋律がその特色で，ア・カペラ（無伴奏）で書き表わされた。この作曲技法がのちのバロック時代の対位法，さらに和声法の基礎になった。

教会音楽では，ローマ・カトリック教会の音楽が優位にたち，ミサをはじめとする教会音楽が作曲された。いっぽう世俗音楽は，貴族の保護のもとに発展し，14世紀のマドリガルとは関連のないイタリアのマドリガル，フランスのポリフォニック・シャンソン，ドイツのポリフォニック・リート，イギリスのマドリガルなどがあり，

この分野でも多声音楽の黄金時代を迎えた。

　作曲家としては，教会音楽では，イタリアのパレストリーナが有名で，「教皇マルチェルスのミサ」は傑作である。またフランドル楽派のラッソもすぐれた作品を書いた。世俗音楽では，マドリガルの作曲に秀いでたイタリアのアルカデルト，パレストリーナ，モンテヴェルディ，ポリフォニック・シャンソンの作曲で有名なジャンヌカン，クレキョーン，マドリガルにすぐれた作品を遺したイギリスのバード，ポリフォニック・リートを書いたドイツのレヒナー，ハスラーなどがいる。

宗教改革の音楽　ルターによっておこされた宗教改革の結果，ローマ・カトリック教会の音楽に加えて，新しく生まれたプロテスタント教会の音楽が音楽史上重要な存在になった。ルターは，自分自身の信念に基づいて，礼拝に出席した会衆がともに歌うことを目的としたコラールを成立させた。この教会音楽は，会衆が歌いやすいように配慮された単旋律の音楽で，従来の単旋律聖歌やドイツの世俗歌曲に由来する曲のほか，ルター自身やルターの協力者ワルターらによる新曲もあった。のちにこのコラールは4声の合唱形態やオルガン曲に編曲された。また，他のプロテスタント教会でも新しい教会音楽が生まれている。

器楽の芽生え　ヨーロッパには，16世紀までに多くの楽器があったが，それらは声楽の声部に重ねて奏されるか，ある声部を歌うかわりに奏するか，伴奏に用いられるかなどの役割しかもっていなかったが，16世紀には人びとは，楽器が人間の声と異なった表現力をもっていることに気づきはじめた。この時期のおもな楽器は，擦弦楽器のヴィオール，撥弦楽器のリュート，管楽器のリコーダー，鍵盤楽器のオルガン，クラヴィコード，チェンバロ（ハープシコード）などで，ヴィオールとリコーダーには，それぞれ高音域のものから低音域のものまで，いくつかの同族楽器があり，ヴィオール族のみの合奏，リコーダー族のみの合奏，両族の混合による合奏が行われた。リュートと鍵盤楽器は，おもに独奏が用いられた。この時期の器楽曲の形式には，舞踊曲，変奏曲，フーガなどがあったが，声楽曲を器楽に移した曲が多かった。またこのほかに，即興演奏が行われた。

　イタリアのガブリエーリ・アンドレア，その甥のガブリエーリ・ジョヴァンニ，イギリスのバードなどが器楽の作品を遺している。

記譜法の発達　すでに古代ギリシアに文字による楽譜があったが，9世紀末ころから，単旋律聖歌の歌詞に，ネウマとよばれる記号がつけられた。これは音の上行・下行を示す方法であったが，12世紀末から13世紀中ごろには，音の高低を加えて，その長短をも示すことのできるモード記譜法が用いられ，16世紀には，さら

に正確度を増した定量記譜法が現われ，これが現在の記譜法の直接の祖先になった。

(4) バロック時代 （17世紀と18世紀前半）

概　観　ヨーロッパはフランスのルイ14世に代表される絶対主義の時代である。音楽は，他の芸術とともにバロックの概念，つまり大規模な構想，壮大な効果，明白な対照などの特色をそなえるようになった。この時代は器楽が声楽に匹敵する重要な様式となり，器楽が声楽に肩を並べるにいたった。

オペラ（歌劇）　16世紀末に，イタリアでギリシア悲劇の再興運動がおこり，これがオペラを生み出す源になった。バロック初期の重要なイタリアのオペラの作曲家はモンテヴェルディで，「ポッペアの戴冠」ほかの作品がある。18世紀には，スカルラッティ・アレッサンドロが現われている。フランスでは，17世紀後半にオペラの創作が盛んになり，リュリ，ラモーらによる作品が遺っている。このほかにイギリスではパーセルらによるオペラが作曲された。（パーセルの「ディドウとエネアス」は代表作）

オペラは，演劇において俳優が話すかわりに歌う劇であると考えて大きなまちがいはなく，音楽・演劇のほかに，文学・美術・舞踊などを統合した総合芸術で，声楽と管弦楽によって構成されるが，上演に先立って演奏される序曲や，曲中の有名なアリア（歌）・重唱・合唱などは独立して演奏されることもある。オペラは，英雄や国王・貴族などが主役である悲劇的内容のオペラ・セリアが主流であったが，18世紀には庶民的な人物が登場するユーモアや諷刺を含んだ内容のコミック・オペラが現われた。イタリアのオペラ・ブッファ，フランスのオペラ・コミック，ドイツのジングシュピールなどはこの系列に属する。

オペラ以外の世俗声楽曲　この時代の伴奏つき独唱歌曲には，イタリアのモノディ，ドイツのリートなどがあったが，イギリスにもこの種の声楽曲があった。世俗カンタータ（室内カンタータ）は，17世紀の後半にイタリアでおこった劇場音楽でない声楽曲で，のちにフランスやドイツでも作曲された。バッハの「コーヒー・カンタータ」「農民カンタータ」は有名である。

宗教音楽　カトリック教会の音楽では，新しい様式による声楽と管弦楽のためのミサやモテットが生まれ，それらは音楽上オペラに近い性格であった。また，プロテスタントの教会音楽では，教会カンタータが17世紀後半には重要な位置を占めた。これも音楽上はオペラに近い性格をもち，コラールの旋律がとり入れられることが多かった。シュッツはドイツにおけるプロテスタント教会音楽の大家として知られ，バッハは「ミサ　ロ短調」をはじめ，多くの教会

カンタータを作曲した。いっぽう、礼拝用でない宗教音楽のオラトリオと受難曲(じゅなんきょく)が現れた。

オラトリオは、17世紀のはじめにイタリアでおこった演奏会形式で演奏される音楽で、歌詞の課題を聖書からとり、劇的内容をもち、音楽上はオペラに近い性格である。オペラの場合と同様、有名な部分は独立して演奏されることがある。受難曲は、福音書(ふくいんしょ)によるキリストの受難・復活の物語を題材にした音楽で、17世紀後半にはオラトリオの形式で作曲され、18世紀にはこれにコラールを加えた曲も生まれた。ヘンデルのオラトリオ「メサイア」(「ハレルヤコーラス」は有名)「マカベウスのユダ」(「みよ、勝利の英雄の来たるを」は有名)、バッハの「マタイ受難曲」「ヨハネ受難曲」などはよく知られた傑作である。

器楽の発展　器楽がバロック時代に大きな発展をしたおもな原因は、人びとの楽器に対する認識がいっそう高まり、それぞれの楽器固有の特性がしだいに明らかになったことである。したがって、楽器は独奏・重奏・合奏に用いられ、それぞれの演奏形態における新しい形式が生まれた。

この時代には、ヴィオール族がひき続き用いられたが、18世紀になると、新しく出現したヴァイオリン族にその地位を譲りはじめ、アマーティ、グワルネリ、ストラディバリらのヴァイオリンの名器の製作者が現われた。いっぽう、リュート族はしだいに衰え、これの直系の子孫のギターが普及するようになった。

管楽器では、木管楽器のオーボエ、ファゴット(バスーン)及びこの時代の後期にリコーダーにとってかわった横吹きのフルート(19世紀に金属性になる)、金管楽器のホルン、トランペット、トロンボーンがあったが、金管楽器はまだひろく用いられていなかったようである。

鍵盤楽器では、クラヴィコード、チェンバロ、オルガンがひき続き用いられ、その性能はしだいに発達した。

なお、18世紀初頭にピアノが発明されたが、この時代にはまだ一般に用いられていない。

器楽の形式　フーガ、変奏曲などは前時代からひきつがれ発展したが、舞踊曲を組合わせた組曲、オルガン用のコラール・プレリュード、ソナタ、管弦楽の諸形式はこの時代に現われた形式である。これらのうち、ソナタという用語は、この時代にはさまざまな意味に用いられたが、室内楽の形式用語としては、緩-急-緩-急の4楽章からなる教会ソナタ、組曲の形態の室内ソナタがあり、このほかに鍵盤楽器のための単一楽章のソナタもあった。また、ソナタはソロ・ソナタ、トリオ・ソナタのように、室内楽の演奏形態を表わす用語としても用いられた。

管弦楽の形式では組曲のほかに，コンチェルト（協奏曲）という用語が使われ，独奏楽器群（ソロ）と合唱楽器群（トゥッティ）によるコンチェルト・グロッソ，一つの独奏楽器と管弦楽（合奏）のためのソロ・コンチェルト（いずれも多楽章形態）は重要な形式でとくに後者は，この時代の末ころには緩－急－緩の3楽章形式をとり，これが後世のコンチェルトへと発展していった。

　器楽の作曲家と作品　鍵盤楽器の分野では，イタリアのフレスコバルディ，スカルラッティ・ドメーニコ，ドイツのブクステフーデ，フローベルガー，パッヘルベル，バッハ，フランスのクープランらがあり，スカルラッティ・ドメーニコのソナタやバッハの「平均律クラヴィア曲集」などは，現在ではピアノで演奏されることが多い。

　室内楽・管弦楽の分野では，イタリアのコレッリ，ヴィヴァルディ，ドイツのテレマン，バッハ，イギリスのヘンデルらがあり，ヴィヴァルディのヴァイオリン・コンチェルト「四季」，テレマンの「食卓の音楽」などは有名であるが，バッハの4曲の管弦楽組曲，6曲のブランデンブルク・コンチェルト（コンチェルト・グロッソ），「フーガの技法」など，ヘンデルのヴァイオリン・ソナタ（作品1のソロ・ソナタの3・12・13番），12曲のコンチェルト・グロッソ，管弦楽組曲「水上の音楽」「王宮の花火の音楽」などは，この時代の音楽の最高傑作であろう。

　バロック時代の音楽の特色　声楽・器楽の両面にわたって，通奏低音（バッソ・コンティヌオ）という一種の伴奏が用いられていた。これは低音用楽器と鍵盤楽器またはリュートで受けもたれ，最低声部を奏するとともに，そこに指示された和声を作りだすことが必要とされた。また，強弱，緩急が明示されるようになったこと，対位法による旧様式と，和声法による新様式が共存していたこと，長調・短調の調性が明確になってきたこと，即興演奏が非常に発達したことなども大きな特色である。

　バッハとヘンデル　バロック時代は，バッハとヘンデルの出現によって終わりを迎えた。この時代の音楽の各種目は，この2人によって最高の域に達した。ともにドイツに生まれたこの2大家を比較すると，バッハは行動範囲が狭く，その生地から大きくはなれて行動しなかったのに対し，ヘンデルは国際的で，ドイツ，イタリア，イギリスを歩きまわって行動した。また，バッハは自己をあまり表面に出さず，その音楽は宗教的色彩が強く，作品には教会音楽のような実用音楽が多いが，ヘンデルは自己の個性を作品の上にうち出した最初の作曲家で，その音楽は世俗的であり，オペラやオラトリオのような規模の大きい作品が多い。

(5) 古典派時代 （18世紀後半から19世紀初頭まで）

概　観　アメリカの独立，フランス革命で代表されるように，民主主義が台頭した時代である。また，合理主義の思想は，ドイツのカントやフランスの啓蒙思想家によって展開された。さらに，この時代のはじめにイギリスで産業革命がおこっている。音楽では，18世紀の中ごろはバロック時代から古典派時代への過渡期であり，前古典派とよばれ，和声音楽（ホモフォニー）の様式へと移りかわり，新しい器楽の形式が生まれつつあった。したがって，広義の古典派時代はここからはじまるともいえようが，音楽史上，一般に古典派時代は，これに続くウィーン古典派の時代を意味する。

この時代には，古代ギリシアの感情抑制的で客観的なアポロ的思想が理想とされ，器楽が大きな発展をとげ，絶対音楽は全盛期を迎えた。また，楽器法，管弦楽法が確立し，現在の管弦楽編成の基礎が形成され，鍵盤楽器ではピアノが重視されはじめた。

この時代の代表的作曲家は，ハイドン，モーツァルト，ベートヴェン（初期）である。

器楽の形式　古典派時代の器楽曲の多くは4楽章からなり，第1楽章は速いソナタ形式，第2楽章は遅いリート形式，変奏曲形式など，第3楽章は中庸の速さのメヌエット，第4楽章は速いソナタ形式，ロンド形式など，という構成をとる場合が多い。（3楽章構成の場合は通常メヌエットにあたる楽章がない。）これらのうち，ソナタ形式は，二つの主題の掲示，展開，再現が行われるように組立てられた極めて論理的な形式で，これらの成立の背後には当時の哲学思想の影響があるといわれる。

器楽の演奏形態　この時代の最も重要な演奏形態といわれる**交響曲**（シンフォニー）は，管弦楽（交響管弦楽）で演奏され，通常3ないし4楽章からなる。管弦楽の編成は，弦楽器群（第1ヴァイオリン，第2ヴァイオリン，ヴィオラ，チェロ，コントラバス），木管楽群（フルート，オーボエ，クラリネット，ファゴット），金管楽器群（トランペット，ホルン），打楽器（ティンパニ）からなり，弦楽器群が主導的役割を果たし，第1ヴァイオリンが主旋律を受けもつことが多かった。

協奏曲（コンチェルト）はふつう一つの独奏楽器（ピアノ，ヴァイオリンなど）と管弦楽で演奏され，通常3楽章構成である。

室内楽は一つのパートに一つの楽器が当てられる少人数の重奏形態で，楽器の数によって三重奏（トリオ），四重奏（クヮルテット），五重奏（クインテット）などとよばれ，弦楽四重奏曲（第1ヴァイオリン，第2ヴァイオンリ，ヴィオラ，チェロ），ピアノ三重奏曲（ピアノ，ヴァイオリン，チェロ），ヴァイオリン・ソナタ（ヴァイ

オリン，ピアノ）などがあり，通常3ないし4楽章からなる。ピアノ・ソナタはピアノ独奏で演奏され，そのほとんどが3楽章構成である。

なお，ピアノはバロック時代のクラヴィコードやチェンバロにとってかわりはじめ，強弱を自在に表現できる楽器として重要な地位を占めるようになった。

このほかに，ディヴェルティメント，セレナードなどと称される小管弦楽形態の曲もある。（古典派のソナタはバロックのソナタと意味内容が異なっている。）

オペラ　イタリアのオペラ・セリアは，外面的な技巧や華やかさを偏重する傾向にあったが，これに対する反動がおこり，古典派の精神に基づいた芸術性の高いオペラを創作しようとする改革が行われた。その結果，外面的な名人芸はしだいに少なくなり，劇的・音楽的内容を重視したオペラが生まれた。この改革の中心的作曲家はグルックで，その精神は「オルフェオとエウリディーチェ」ほかの作品によく現われている。またこの影響で，コミック・オペラの分野でも，オペラ・ブッファ，オペラ・コミック，ジングシュピールなどが発展した。

宗教音楽　教会音楽はこの時代にはあまり栄えなかったが，ミサやレクイエム（死者のためのミサ）に名作がある。オラトリオの分野では，宗教性の少ない作品が現われ，世俗オラトリオへの道が開かれた。この時代の宗教音楽は，一般に管弦楽をともなう規模の大きいものへ向かう傾向があり，オペラからの影響もみられる。

古典派の作曲家と作品　交響曲では，ハイドンの第94番「驚愕(きょうがく)」，第100番「軍隊」，第101番「時計」，モーツァルトの第39番，第40番，第41番「ジュピター」，ベートヴェンの第1番など，協奏曲では，ハイドンのトランペット協奏曲，チェロ協奏曲第2番，モーツァルトのピアノ協奏曲第20番，第23番，第26番「戴冠式」，ヴァイオリン協奏曲第3番，第4番，第5番「トルコふう」，クラリネット協奏曲，ホルン協奏曲第1番，ベートヴェンのピアノ協奏曲第1番，第2番，第3番など，室内楽では，ハイドンの弦楽四重奏曲「ひばり」「皇帝」，ピアノ三重奏曲作品73の2など，モーツァルトの弦楽四重奏曲「狩」「不協和音」，弦楽五重奏曲K.516，ヴァイオリン・ソナタK.378，ベートーヴェンの弦楽四重奏曲作品18（6曲），弦楽三重奏曲「セレナード」，ヴァイオリン・ソナタ第1～3番などがあり，ピアノ・ソナタでは，ハイドン，モーツァルト，ベートーヴェンがそれぞれ名曲を遺している。

小管弦楽形態の曲では，モーツァルトの「アイネ・クライネ・ナハトムジーク（セレナード）」が有名である。

オペラ・宗教音楽では，ハイドンのオラトリオ「天地創造」「四

季」，モーツァルトのオペラ「フィガロの結婚」，レクイエムなどが名高い。

(6) ロマン派時代 （19世紀）

概　観　民主主義・自由主義の広がり，個人の尊重，民族意識の高まりがみられるいっぽう，科学技術の急速な発展，唯物論の誕生などを迎えた時代である。このような時代社会を背景に，音楽史の上ではロマン派とよばれる時代にはいった。古典派が古代ギリシアのアポロ的思想を理想としたのに対し，ロマン派は主観的で感情を強く表現するディオニゾス的な思想へと向かっていった。その結果，形式の美しさよりも表現内容を重視した標題音楽や劇音楽が発展し，作曲家の個性や民族性を主張する傾向がしだいに強くなり，演奏技巧が拡大・誇示され，古典派と対照的な性格が多くみられたが，古典派時代に確立したソナタ形式・ロンド形式などの諸形式，和声法，管弦楽法などの楽曲構成の方法は，それらの変化・拡大はみられたものの，基本的には古典派の方式が踏襲されたと考えてよい。この時代の重要な音楽は，交響的音楽，協奏曲，ピアノ曲，独唱歌曲，オペラであった。

ベートーヴェン　ベートーヴェンの音楽は，古典派の終りとロマン派のはじめに位置付けられ，両時代の橋渡し的役割をしたとされているが，ベートーヴェンの作品は，自己の個性を強く表現した説得力の強い音楽で，音楽史上極めて偉大な存在である。前期の作品の多くは古典派の色彩が強いが，中期にはこれにロマン派的性格が加味された壮大な作品が創造され，後期にはこれの徹底と同時に主情的傾向が現われた。ベートーヴェンはまた，管弦楽法とピアノの演奏技法を発展させるなど，のちのロマン派時代の作曲家に大きな影響を与えた。

交響的音楽　管弦楽の編成が拡大され，木管楽器にピッコロ，イングリッシュホルン（コール・アングレ），コントラファゴット，バス・クラリネット，金管楽器にトロンボーン，チューバ，打楽器にシンバル，大太鼓，小太鼓などがそれぞれ加えられ，音響的・色彩的効果が増大した。

　交響曲では，メヌエットがより速いスケルツオにおきかえられ，標題交響曲や声楽を加えた交響曲が現われた。ベートーヴェンの第2～9番（第3番は「英雄」，第5番は「運命」，第6番は「田園」，第9番は「合唱」と名づけられている）はいずれも傑作で，とくに第6番は標題交響曲の，第9番は声楽を加えた交響曲のそれぞれさきがけである。このほかに，シューベルトの第8番「未完成」，ベルリオーズの「幻想交響曲」，メンデルスゾーンの第4番「イタリア」，シューマンの第3番「ライン」，ブルックナーの第4番「ロ

マンティック」，ブラームスの第1～4番，チャイコフスキーの第6番「悲愴」，ドボルザークの第9番「新世界より」，マーラーの第2番「復活」（声楽入り）などがある。

交響詩はリストが開拓した1楽章の標題交響曲で，リストの「前奏曲」，スメタナの「モルダウ」（6曲からなる連作交響詩「わが祖国」の第2曲），サン・サーンスの「死の舞踏」，ムソルグスキーの「禿山の一夜」などがある。

演奏会用序曲は，オペラの序曲の形式で書かれた演奏会用音楽で，メンデルスゾーンの「フィンガルの洞窟」ブラームスの「大学祝典序曲」，チャイコフスキーの「1812年序曲」などがある。

交響組曲は多楽章の標題音楽で交響曲の形式によらない音楽であり，リムスキー・コルサコフの「シェエラザード」ほかの曲がある。

協奏曲 多くは古典派の協奏曲の形式を踏襲しているが，技巧的な曲が多い。ベートーヴェンのピアノ協奏曲第4番，第5番「皇帝」，ヴァイオリン協奏曲，メンデルスゾーンのヴァイオリン協奏曲，シューマンのピアノ協奏曲，ブラームスのヴァイオリン協奏曲，チャイコフスキーのピアノ協奏曲第1番，ヴァイオリン協奏曲，グリーグのピアノ協奏曲などがある。

舞曲形式の曲 シュトラウス・ヨハン（子）ほかが作曲したワルツやポルカは親しみやすい作品である。

ピアノ曲 ピアノはこの時代に改良され，その結果音域が拡大され，音量が増大し，ロマン派時代に最適の楽器となった。ピアノ・ソナタの領域では，ベートーヴェンの作品が極めてすぐれている。とくに「ワルトシュタイン」「熱情」などは有名である。シューベルトやシューマンもピアノ・ソナタを作曲したが，ベートーヴェン以後は小曲形式が多く用いられ，標題音楽の作品が多く現われた。シューベルトの即興曲，「軍隊行進曲」，「楽興の時」，メンデルスゾーンの無言歌（「春の歌」「紡ぎ歌」など），ショパンのノクターン（夜想曲），バラード，プレリュード（前奏曲，「雨だれ」ほか），ワルツ（「小犬のワルツ」ほか），練習曲（「別れの曲」ほか），ポロネーズ（「軍隊」「英雄」など），マズルカ，シューマンの「謝肉祭」「子供の情景」「交響練習曲」，リストの「ハンガリー狂詩曲」「愛の夢」，ムソルグスキーの「展覧会の絵」などがある。

室内楽 ロマン派時代の作曲家にはあまり好かれなかった分野ではあるが，ベートーヴェンの中期・後期の弦楽四重奏曲，ヴァイオリン・ソナタ「春」「クロイツェル」，シューベルトのピアノ五重奏曲「ます」，フランクのヴァイオリン・ソナタ，ドボルザークの弦楽四重奏曲「アメリカ」などはよく知られている。

独唱歌曲 人間の感情を表出する分野として，独唱歌曲はロマン派時代にふさわしい音楽であった。19世紀のドイツの歌曲はドイ

ツ・リートとよばれ,シューベルトの歌曲集「美しい水車小屋の娘」「冬の旅」,シューマンの歌曲集「女の愛と生涯」「詩人の恋」などは有名である。フランスやイタリアでは,この分野での作品は多くないが,グノーの「アベ・マリア」,フォーレの「夢の後に」,トスティの「セレナード」などはよく知られている。ロシアではムソルグスキーが「蚤の歌」ほかの民族色豊かな作品を書いた。

　独唱歌曲の形式には,歌詞の第1節(1番)の旋律を第2節(2番)以後もくり返して用いる有節形式,第1節の旋律を第2節以後多少変化させる変則有節形式,歌詞全体に対して一貫して作曲する通作形式がある。シューベルトの「野ばら」「子守歌」,ブラームスの「子守歌」などは有節形式であり,シューベルトの「ぼだい樹」(「冬の旅」の1曲)やメンデルスゾーンの「歌の翼に」などは変則有節形式とみられ,シューベルトの「魔王」やシューマンの「二人の擲弾兵」などは通作形式である。

　また,独唱歌曲においてピアノの果たす役割は大きく,とくにドイツ・リートではピアノ伴奏部が発達したが,のちにはブラームスの「アルト・ラプソディ」のような管弦楽伴奏の曲も現われた。なお,民謡ふうの歌曲「スワニー河」「オールド・ブラック・ジョー」などで親しまれているアメリカのフォスターの名も忘れられない。

　オペラ　イタリアのオペラ・セリアの系統では,ドニゼッティの「ランメルモールのルチア」,ヴェルディの「椿姫」「アイーダ」などがあり,オペラ・ブッファの系統では,ロッシーニの「セビリアの理髪師」ほかの作品がある。フランスのオペラ・コミックの領域では,内容は喜劇的ではないが,ビゼーの「カルメン」が有名であり,ドイツのジングシュピールの系統には,ベートーヴェンの「フィデリオ」,ウェーバーの「魔弾の射手」などがある。

　またこの時代には,やや軽い喜劇的内容のオペレッタが生まれた。フランスのオッフェンバックの「天国と地獄」は,まだオペレッタの領域には入らないが,この分野の先駆的作品で,オーストリアのシュトラウス・ヨハン(子)の「こうもり」,レハールの「メリー・ウィドー」などが現われている。

　このほかに,イタリアのマスカーニ,レオンカヴァッロ,プッチーニ(「蝶々夫人」で有名),ロシアのムソルグスキー,チャイコフスキーらの作品もある。

　ドイツのオペラは,ワーグナーにいたって楽劇とよばれる総合芸術に発展した。ワーグナーは,「タンホイザー」「ローエングリン」などのオペラも書いたが,楽劇「ニーベルンゲンの指環」(「ラインの黄金」「ワルキューレ」「ジークフリート」「神々の黄昏」を統合した4部作),「ニュルンベルクの名歌手」などを作曲している。

　宗教音楽　前時代に続いてこの時代にも,宗教音楽はあまり振わ

なかったが，教会音楽では，ベートーヴェンの「荘厳ミサ」，ベルリオーズのレクイエム，ヴェルディのレクイエム，ブルックナーの「大ミサ曲第3番」，フォーレのレクイエムなどは有名であり，オラトリオでは，メンデルスゾーンの「エリア」ほかがある。

(7) 20 世 紀

概 観 20世紀においては，社会・経済面の急速な変化によって，芸術思想が多様化するいっぽう，科学技術はめざましい発展をとげ，音楽界においても音楽作品の多量な創作，音楽産業の発達によるより多くの大衆への情報としての音楽の伝達などによって，音楽の様式上の多様性が急速に複雑になり，音楽は前時代とはかなり異なった様相を呈するにいたった。したがって，20世紀の音楽の傾向・性格を一言で述べることは不可能であるが，とくに注目されるいくつかの動向を記すことにする。

ロマン派の音楽 20世紀に入ってもロマン派は生き続け，この傾向は，交響詩「ティル・オイレンシュピーゲルの愉快ないたずら」ほかを作曲したドイツのシュトラウス・リヒャルト，交響詩「フィンランディア」ほかの作曲者フィンランドのシベリウス（これらの作品はいずれも19世紀末の作），ロシアのラフマニノフ（ピアノ協奏曲第2番は有名）らにみられた。

印象派の音楽 ロマン派への反動として，文学，美術におけるフランス印象派の動きに連動する方向で，ドビュッシーによって開拓され，同じフランスのラヴェルもこの系統の作曲家とみられている。印象派は，形式の面では従来のものを踏襲しているが，その内容，とくに旋律，和声においてロマン派と異なる状況を呈し，その音楽は「輝やいている霧」といわれた。これはドビュッシーの交響詩「海」，ピアノ曲「子供の領分」，ラヴェルのピアノ曲「水の戯れ」，「スペイン狂詩曲」などによく現われている。

表現派の音楽 フランスの印象派に反対する立場でドイツに現われた音楽である。これの目指す方向は「潜在意識の表現」であったが，その結果生み出された音楽は個性の否定，つまり無調であり，これが12音音楽のさきがけとなった。シェーンベルク（室内楽曲「セレナード」）と，ベルク（オペラ「ボツェック」）によって代表される。

新古典派の音楽 ロマン派への反動の一種であるが，古典派に逆もどりしようとするのではなく，古典派の精神を現代的なリズム，旋律，和声などで再現しようとする傾向を示している。プロコフィエフ（「古典交響曲」），ヒンデミット（交響曲「画家マチス」）らの作品にこれがみられる。

ジャズをとり入れた音楽 アメリカにおこったジャズは，クラシ

ック系の音楽にも影響を与えた。ガーシュインはジャズとクラシック系の音楽にも影響を与えた。ガーシュインはジャズとクラシック音楽との結合を試み（「ラプソディー・イン・ブルー」ほか），同じアメリカのカーペンター，コプランド，フランスのミヨー，オネゲルなどが，ジャズの要素をいり入れた作品を書いている。

20世紀におこった，音楽に用いられる音の種類の拡大，さらに音楽そのものの概念の変化は，多くの聴衆に少なからぬ衝撃を与えたが，以下の音楽はその事例である。なお，これらは部分的にたがいに交錯している。

ミュージック・コンクレート（具体音楽） 従来音楽に用いられていた音に加えて，自然界の音，鉄道の音，人の足音，動物のなき声など各種の音をテープに収録し，それらに種々の変化を加えて整理し，新しい音楽を作ろうとする動きである。これはフランスのシェッフェルによって考案・実験され公開された。

電子音楽 電子音を用いて，真空管やトランジスターによる電子的回路を利用し，これをテープに収録した音楽であるが，広義には楽器の音や人の声を用いて電子音響機器による音響処理をともなう音楽のことで，この分野ではドイツのシュトックハウゼンが有名である。

偶然性の音楽 作曲家の意志によるというよりも，作曲家が偶然につかんだ音を利用して組立てる方式による音楽で，アメリカのケージによって開拓された。

その他 プロコフィエフ（「ピーターと狼」），ハチャトゥリャン（組曲「ガイーヌ」），カバレフスキー（組曲「道化師」），ショスタコービチ（交響曲第5番）らによる，いわゆる社会主義リアリズムの音楽，ハンガリーのバルトーク（弦と打楽器とチェレスタのための音楽），コダーイ（組曲「ハーリ・ヤーノシュ」）らによる民族主義的音楽，原始主義・民族主義・多調など多様な様式を求め続けたストラヴィンスキーの音楽（バレー音楽「ペトルーシュカ」ほか），反ロマン派・反印象派で，新しいフランス伝統音楽を求めたミヨー，オネゲル，プーランクら「6人組」の作品などがある。

また，これらのほか，スペインのロドリーゴ（「アランフェス協奏曲」），イタリアのダラピッコラ（オペラ「夜間飛行」），フランスのメシアン（「トゥランガリーラ交響曲」），アメリカのバーバー（「弦楽のためのアダージョ」），イギリスのブリテン（「青少年のための管弦楽入門」），ドイツのヘンツェ（オペラ「村医者」）なども，20世紀に活躍した作曲家である。

日本音楽史

(1) 原始時代から古代初頭まで（？〜4世紀）

古代社会の形成期までの大陸音楽輸入以前の時代

古代歌謡 東洋でも西洋でも，原始時代は声楽（歌）が中心であるが，この時代の終りころには古代歌謡とよばれている歌があり，これは歌詞，旋律が即興的に作られ，日常生活に結びついていたと思われる。伴奏に用いられたとみられる楽器には，コト（弦楽器），フエ（管楽器）及び各種の打楽器（ツヅミなど）があった。

(2) 古代前期（飛鳥・奈良時代　5〜8世紀）

大和朝廷による古代国家の形成期，大陸音楽輸入時代

大陸音楽の輸入　7世紀に，朝鮮半島から伝来した音楽は，わが国で三韓楽とよばれたが，これは当時朝鮮半島にあった新羅・百済・高句麗の三国の音楽の総称であった。8世紀には中国の音楽が伝来し，唐楽とよばれた。このほかに，現在のベトナム地方から輸入された林邑楽，中国東北部から伝えられた渤海楽などもあったが，これらの外来音楽と古来の伝統音楽とを，わが国の宮廷音楽として伝承するために，これらの教習を行う雅楽寮が設けられ，音楽家の養成が行われた。

いっぽう，これらの音楽とは別に，インドにおこった仏教音楽の声明（仏教の経典の歌唱）が中国から伝えられ，東大寺の大仏開眼の際には，盛大な声明の演奏があったと伝えられる。声明は，平曲（平家琵琶）に影響を与え，また薩摩琵琶や筑前琵琶の源にもなった盲僧琵琶が中国から伝来した。

(3) 古代後期（平安時代　9〜12世紀）

貴族社会繁栄期，大陸音楽日本化の時代

雅楽　9世紀の中ごろに行われた楽制改革により，外来音楽が整理統合され，わが国の雅楽が成立した。外来音楽は　左方の楽　と　右方の楽　とにわけられ，それぞれの楽器編成も定められた。左方の楽　は唐楽ともよばれ，中国系の音楽（奈良時代の唐楽，林邑楽など）の統合で，管弦と舞楽（左舞）があり，楽器編成は，管楽器の龍笛（横笛）・篳篥・笙，弦楽器の箏・琵琶，打楽器の太鼓・羯鼓・鉦鼓となっていて，舞楽では弦楽器が除かれる。右方の楽　は高麗楽ともよばれ，朝鮮系の音楽（三韓楽，渤海楽など）の統合で，すべて舞楽（右舞）であり，楽器編成は，管楽器の高麗笛・篳篥，打楽器の太鼓・三の鼓・鉦鼓となっている。

これらの外来音楽を日本化した音楽を，ふつう雅楽（狭義の雅楽）

とよんでいるが，これらのほかに，この時代に改められた古来の伝統音楽及びこの時代に貴族社会で生まれた歌曲の催馬楽・朗詠（これらを総称して国風歌舞という）を含めても雅楽（広義の雅楽）といい，現在宮内庁楽部で伝承している。

声　明　この時代にふたたび中国から伝来した声明は，天台声明，真言声明を成立させた。この声明の流れは，奈良時代からあった声明を九州して展開し，のちの語り物音楽に大きな影響を与えた。

(4)　中世前期（鎌倉・南北朝時代　13・14世紀）

武士が台頭し支配しはじめた時代，民族音楽発生時代

平　曲（平家琵琶）　平家物語を琵琶の伴奏で語る語り物音楽である。雅楽・声明・盲僧琵琶の要素をとり入れた音楽で，13世紀の前半に成立したとみられる。平曲は盲僧の生仏によって語りはじめられ，14世紀には明石覚一によって大きな発展がとげられた。これはのちの語り物音楽の謡曲・浄瑠璃に影響を与え，また琵琶の奏法は，三味線の奏法に影響を与えたといわれる。

尺八音楽　鎌倉時代の初期に，禅宗の僧の覚心が中国に渡って尺八を学び，帰国してこれをその弟子に伝えたといわれ，これがのちの普化尺八のおこりとされている。

雅　楽　武士の支配によって貴族の音楽であった雅楽は衰えたが，その形式は残った。

(5)　中世後期（室町時代　15世紀・16世紀前半）

守護大名の成長期及び戦国時代，民族音楽興隆時代

能　楽（能）　奈良時代に中国から伝来した散楽は，平安時代には物まねを中心とする猿楽になり，14世紀の末から15世紀のはじめにかけて，観阿弥・世阿弥父子によって今日の能楽の基礎が築かれた。観阿弥は当時の芸能（田楽ほか）の要素をとり入れて芸風を拡大し，世阿弥はこれを幽玄を理想とする芸能に大成した。能楽は美術・演劇・舞踊・音楽の要素からなる総合芸術で，能役者によって謡われる謡曲は，声明や平曲の影響を受けた語り物音楽であり，能楽をはなれて謡われることもある。また伴奏の囃子には，能管（笛）・小鼓・大鼓・太鼓が用いられる。

三味線の伝来　この時代の末期に，沖縄（当時の琉球）から三線（蛇皮線）が本土に伝来したが，本土では琵琶にならって撥で弾かれるようになり，また胴体が大きく角型になり，蛇の皮からの猫の皮にかわるなどの改造が行われて，現在の三味線の形になった。

平　曲　この時代には新しい創作は行われなくなったが，量的な発展がみられ，武家がこれを保護・奨励した。

尺八音楽　禅宗の一派が尺八を吹きはじめ，やがてこれは全国に

および，各地にこの系統の寺が建てられた。

(6) 近世初頭 （安土桃山時代　16世紀後半）

国内の統一期，民族音楽大成の準備期

初期の三味線音楽　歌い物の系統では，のちの地歌(じうた)の起点になった三味線組歌が現われ，関西で盲人のあいだに伝承された。語り物の系統では浄瑠璃(じょうるり)がおこった。これははじめは読み物であったが，琵琶の伴奏で語られ，三味線の伝来によって三味線伴奏で語られるようになり，さらに人形劇に結びついて発達した。

筑紫流箏曲(つくしりゅう)　箏は雅楽の管弦の合奏用の楽器であったが，この時代に九州の僧賢順(けんじゅん)によって，箏を単独に用いた筑紫流箏曲が大成され，これが今日の箏曲の源流になった。

(7) 近世 （江戸時代　17・18世紀・19世紀前半）

封建社会の確立期，鎖国(さこく)の時代，民族音楽大成時代

浄瑠璃(じょうるり)　この時代には多くの流派が興亡したが，17世紀の末に竹本義太夫(ぎだゆう)が大阪で近松門左衛門の名作を語って義太夫節をおこした。この系統は今日でも文楽(ぶんらく)人形浄瑠璃として伝えられている。いっぽう，18世紀前半におこった豊後節(ぶんごぶし)から常磐津節(ときわづぶし)，清元節(きよもとぶし)，新内節(しんないぶし)などが江戸で生まれ，常磐津節・清元節は歌舞伎の浄瑠璃として現在および，新内節は歌舞伎をはなれ，現在では演奏会形式で語られている。

長唄　三味線音楽の歌い物の系統の一つである。長唄は江戸で生まれ，17世紀の末から18世紀のはじめにかけて関西に移って発達し，のちふたたび江戸の人びとにもたらされ，歌舞伎の音楽として用いられて，しだいに江戸の人々に好まれる音楽になった。19世紀のはじめころには多くの種類の曲が生まれ，歌舞伎をはなれた長唄も現われた。

箏曲と地歌　現行の箏曲は，17世紀の中ごろに現われた八橋検校(やつはしけんぎょう)が，筑紫流箏曲をもとにしてその基礎を築いたのにはじまり，盲人のあいだに伝承された。いっぽう地歌(じうた)は17世紀後半に新しい発展がなされたが，17世紀の末に生田検校(いくた)が関西で生田流を名のり，地歌に箏を加えて演奏することをはじめたため，箏曲と地歌が交流することになった。18世紀の後半には，江戸で山田検校が謡曲や江戸の浄瑠璃の要素をとり入れた箏曲を作曲し，山田流をおこした。19世紀に入って，大阪で地歌の曲に箏の第二旋律をつけることがはじめられたが，京都の八重崎検校(やえざき)はこれをさらに徹底させ，この分野における器楽的発展に貢献した。幕末には，光崎検校(みつざき)，吉沢(よし)検校によって，箏本位の箏曲が作曲された。

尺八音楽　尺八を吹く禅宗の一派は，この時代に普化宗(ふけ)という独

立した宗派になり，その僧は虚無僧(こむそう)とよばれ，読経のかわりに尺八を吹いた。普化宗は幕府から認可を受けて尺八を法器とし，虚無僧の専用とした。18世紀の中ごろに，虚無僧の黒沢琴古(きんこ)は，各地をまわって尺八の古曲を集め，これを弟子に教えた。尺八のこの系統は，のちに琴古流とよばれるようになった。

琵琶音楽 平曲はしだいに衰えたが，江戸時代初期に，現在の鹿児島県に武士の芸能として，盲僧琵琶の流れをくむ薩摩(さつま)琵琶がおこった。

短編歌曲 長唄，浄瑠璃，民謡のいずれにも入らない三味線伴奏の短編歌曲に，端唄(はうた)，うた沢，小唄がある。端唄は長編歌曲に対する名称として，この時代の初期に江戸に現われた歌曲であるが，うた沢と小唄はいずれも端唄から派生した。うた沢は重厚で，小唄は軽快であるのに対して，端唄は中庸の性格をもっている。

雅楽・能楽 江戸幕府は，儀式音楽として雅楽を復興させ，楽人をととのえた。また能楽を武家の武楽として保護，奨励した。

(8) 近代前期（明治時代 19世紀後半〜20世紀初頭）

近代国家成立期，洋楽輸入時代，音楽教育制度確立期

音楽教育 奈良時代の雅楽寮以後，公的・組織的な音楽教育の制度はみられなかったが，明治政府による学校教育の制度の制定にともない，教科としての音楽（当時は唱歌）が定められ，音楽取調(とりしらべ)掛(がかり)が設置された。これがのちの東京音楽学校である。

伝統音楽 西洋音楽が輸入された結果，わが国の伝統音楽はその影響を受け，あるものは発展し，あるものは衰えた。

箏曲では盲人の制度が廃止され，一時は混乱したが，やがて秘伝的慣習が破られ，曲の公開演奏，楽譜の出版，新曲の創作が行われるようになり，わが国の近代・現代の音楽創造の大きなきっかけになった。

尺八音楽では，明治政府が普化宗に解散を命じたため，一般の人々も尺八が吹けるようになり，曲も公開された。琴古流の名称が公然ととなえられるいっぽう，この時代の中ごろに，中尾都山(とざん)が都山流をおこした。これらに対して，そののち復活を許された普化尺八は，明暗(みょうあん)流とよばれた。また尺八は独奏楽器として古曲・新曲に用いられるばかりではなく，琴古流，都山流では箏・三味線に合わせても用いられるようになり，三曲合奏が普及した。

長唄では，歌舞伎をはなれた作品が多く現われ，演奏会形式で行われた。琵琶音楽では，盲僧琵琶の流れをくむ筑前(ちくぜん)琵琶が福岡におこり，薩摩琵琶とともに全国的に行われるようになった。

日本近代歌曲 西洋音楽の輸入によって，わが国でも西洋音楽の様式による作曲がはじめられたが，当初は学校教育の教材としての

唱歌が主であった。明治時代後半に瀧　廉太郎は，芸術歌曲の創造を志し，旋律の作曲だけではなく，合唱の形態による歌曲，伴奏部の完備した歌曲を作曲し，日本近代歌曲への道を開いた。

(9) 近代後期（大正時代・昭和時代初期　20世紀）

近代国家発展期，軍国主義時代，西洋音楽消化普及時代

新日本音楽　大正時代に，箏曲の宮城道雄は，伝統音楽を守りながら，これに融合できる西洋音楽の要素をとり入れた新しい日本音楽の創造をはかった。これは新日本音楽とよばれ，のちの日本音楽に大きな影響を与えた。

新邦楽　新日本音楽に刺激されて，伝統音楽の中にもいくつかの新しい動きがあったが，そのうちで最も注目されたのは箏曲の分野であり，とくに中能島欣一は，独創的な新鮮な作品を遺した。

日本近代歌曲　瀧　廉太郎のあとを受けて，山田耕筰は多くの歌曲を作曲したが，その中には日本の民族性が表われた曲が少なくない。このほかに，小松耕輔，本居長世，中山晋平，信時　潔，藤井清水，弘田龍太郎，成田為三，橋本国彦らがこの分野で活躍し，第二次世界大戦で一時的中断はあったが，この流れは次の時代へと受けつがれていった。

(10) 第二次世界大戦以後（昭和時代中期から平成時代へ）

日本の民主化の時代，新しい民族音楽創造時代

現代日本音楽　第二次世界大戦終了後，昭和20年代の終りころから，欧米の新しい創作技法である12音技法よりミュージック・コンクレート，電子音楽などの導入が行われ，新傾向の作品がつぎつぎに生まれた。また，わが国の伝統音楽やアジア諸国の音楽への関心も高まり，民主主義的傾向がしだいに強くなり，様式は多彩になった。

いっぽう邦楽の分野では，昭和30年代のなかばころから「現代邦楽」の名のもとに，欧米の新しい創作技法をもとり入れた「新日本音楽」や「新邦楽」とは一線を画する新鮮な感覚に根ざした創作が行われはじめ，従前の作品法の因襲を打ち破った作品が生まれた。

演奏面でも，従前の一流一派のみによる団体ではなく，各演奏者が種目・流派をこえて対等の立場で参加する演奏団体も生まれている。

大衆音楽　第二次世界大戦以前から，多くの民衆に愛好されていた歌謡曲やポピュラー音楽は，音楽産業やラジオ・テレビ放送の発達によって量的・質的発展を遂げ，曲種はいっそう多様になった。

音楽教育　学校教育では，明治時代以来の教科名「唱歌」が，第二次世界大戦中に「音楽」に改められたものの，その内容に大きな

変化はなかったが，大戦終了後，小・中・高校において，表現・鑑賞の両領域で，その内容は非常に充実したものとなった。また，学校教育以外では，おもに音楽産業によって「音楽教室」がはじめられ，とくに幼児や小学生にとって，身近な情操教育の場として展開した。

おもな伝統音楽の曲

雅　楽	越天楽，蘭陵王，納曾利	尺八音楽	鹿の遠音，鶴の巣ごもり
能　楽	高砂，羽衣，安宅，隅田川，舟弁慶	長　唄	越後獅子，勧進帳，吾妻八景
琵琶音楽	那須与一（平曲），石童丸，白虎隊（薩摩琵琶），扇の的（筑前琵琶）	義太夫節	木遣りの段（「三十三間堂棟由来」から），寺子屋の段（「菅原伝授手習鑑」から）
箏　曲	六段（の調），千鳥の曲，八千代獅子，五段砧		

近代・現代の作品から

器楽曲

宮城道雄	春の海，さくら変奏曲	石井　歓	バレエ組曲「まりも」
清瀬保二	尺八三重奏曲	芥川也寸志	弦楽のための三楽章
中能島欣一	三つの断章，三絃協奏曲第1番	黛　敏郎	バレエ音楽「舞楽」
池内友次郎	日本民謡による幻想曲	三木　稔	箏・譚詩集
渡辺浦人	組曲「野人」	武満　徹	ノベンバー・ステップス第1番
小山清茂	管弦楽のための木挽歌	外山雄三	管弦楽のためのラプソディ
柴田南雄	シンフォニア		

声楽曲（童謡・唱歌，オペラを含む）

瀧　廉太郎	花，月（以上「四季」より），荒城の月	杉山長谷夫	出船，苗や苗
小松耕輔	泊り舟，母	弘田龍太郎	浜千鳥，叱られて
本居長世	白月，七つの子	成田為三	浜辺の歌，歌を忘れたカナリヤ
梁田　貞	昼の夢，城が島の雨	大中寅二	椰子の実
中田　章	早春賦	飯田信夫	朝だ元気で
山田耕筰	曼珠沙華，かやの木山の，中国地方の子守唄，待ちぼうけ，からたちの花，赤とんぼ，この道	橋本国彦	お菓子と娘，お六娘，田植唄，スキーの歌
		平井康三郎	平城山，ゆりかご，ふるさとの
		清水　脩	オペラ「修善寺物語」
中山晋平	波浮の港，鉾をおさめて，証城寺の狸囃子，砂山	中田喜直	夏の思い出，雪の降る街を，めだかの学校
信時　潔	沙羅，海行かば	團　伊玖磨	花の街，オペラ「夕鶴」
藤井清水	紡車，信田の藪		

Ⅳ 実技練習

1 発声法

(1) なぜ発声法か

 日常生活のなかでは誰もが多様な声を出している。しかし，その声で美しい歌がうたえるわけではない。
 音楽的に充実した歌をうたうためには，うたうための声をつくることから始めなければならない。それが発声法であり，美しくうたうために，最も大切な技術である。
 具体的には，およそつぎの事項が学習の中心となろう。

① **正しく，自然な発声**（科学的にも無理がないこと）
　身体的，生理学的，医学的にも無理のない声は正しい発声といえよう。また，ありのままというよりも，練習によって楽に発声できるようになった声も，自然で正しい発声と考えてよいだろう。

② **美しくつやのある声**（声楽的な発声）
　正しく自然な声には，ひびきとつやがある。これを美しい声，声楽的な発声と考えてよいだろう。

③ **音量豊かな声**（表現力に富んだ発声）
　正しく，自然で，ひびきとつやのある声には，美しさと同時に音量も豊かであることが多い。こうした声や発声法からは，豊かな表現力が期待できよう。

 以上は発声法研究の目的と，学習の中心的な事項である。実践上の自己研鑽と，適切な指導者が望ましい。

(2) 実習の方法

実習の要点はいろいろあるが，主として次の四点があげられる。
　・正しい姿勢　・呼吸法　・正しい創声　・共鳴……など

(1) 姿　　勢
① いつでも背筋を伸ばした状態がよい。
② 身体にむだな力をいれず，自然で楽な状態がよい。
③ あごをひき，首すじを伸ばした状態がよい。
④ 発声のときは，あくびの直前のように咽喉を広くあけた状態からの発声がよい。

(2) 呼　吸　法
　①　吸気は，短時間に多くの量を吸うこと。ただし，肩が上ったり，胸がかたくなるまで吸わないこと。
　②　呼気は，徐々に，また能率的な使用で発声すること。
　③　呼気は腹や胸にではなく，横隔膜のまわり（腹の前後左右）に深く吸う感じがよい。
呼吸法は目に見えないだけにむずかしい。それだけに他の事項（創声，共鳴など）との有機的，総合的な練習が大切である。

(3) 正しい創声（始声）

　美しい声をつくるためには，図でみるように，声帯の開閉を自然にし，咽喉の位置を少し下げ，無理のない呼気によって声を出さなくてはならない。その場合，大きい声を出そうと，叫んだり，怒鳴ったりせず，スムーズな呼気の流れを感じながら，遠くに届ける気持ちで，声を出すとよい。

(4) 共　　鳴
　　声楽発声で求める共鳴を大きく分ければ，
　①　頭部共鳴（頭声）……頭部と鼻腔中心の頭部共鳴
　②　胸部共鳴（胸声）……胸部を中心とした共鳴
の二つである。頭部共鳴といっても，実際には胸部共鳴も関係をもっており，いずれか一方が単独にあるのではなく，あくまでも中心的な部分のとらえ方と考えてよい。胸部共鳴よりも頭部共鳴にその必要性やむずかしさがより多く含まれている。つまり，頭部共鳴の有無は，ひびきのある声，つやのある澄んだ美しい声となるか否かの重要なポイントを握っているのである。したがって，姿勢，呼吸，創声，口形などの正しさが求められることを十分認識することが大切なのである。
　なお，実習にあたっては，次の点が大切である。
　①　声は，ただ咽喉からすぐ前方に出すのではなく，図に示すような感じで出すことに気をつける。
　②　高音を出すときは，軟口蓋を引き上げるようにし，後頭部から頭頂に声を当てるような感じで発声する。

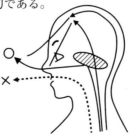

（5）歌唱法

① レガード唱法

② マルカート唱法

③ スタッカート唱法

④ 𝄐 𝄐 rit. acc. $pp < ff > pp$

　　メッサ・ディ・ヴォーチェ，ソット・ヴォーチェ（弱く静かな声で）など，①②③と同様，楽曲と関連させながら学習することが大切である。

（6）表現法

　歌の心，詩の心を把握し，深く理解し，正しく表現して歌うことが，歌曲に魂を与えることであり，そのことが聴く人びとに深い感動をもたらすことにほかならない。そのためには，正しく美しいことばを，明確な発音で歌うことが大切である。そして，それは正しい口形や自然な発声によってこそできることなのである。

(3) 児童の発声指導について

① 児童の発声指導は，集団指導が主である。
- 声の酷使を避ける。
- 叫び声で歌わせない。
- 柔らかく歌うことになれさせる。
- 弱声であっても，美しく歌おうとする意欲を持たせる。

② 頭声発声への段階的な指導について
- 声域を拡げる。
- 習得した歌を，順次高く移調して，音になれさせる。

③ 変声期の指導について

高学年の男子児童の中には，変声初期の現象がみられることがある。この場合，次のような工夫が必要である。
- 低く移調して歌わせる。
- 声域に合った部分を，交互に分担して歌わせる。
- 同声合唱の低い声部を歌わせる。

(4) まとめ

これまでに述べてきたことを，大要つぎの4点に集約してまとめとしよう。
(1) 常に総合的な練習をすること。
　　正しい姿勢で，正しい口形で，適正な呼吸法で，美しい共鳴をもった声が出せるように，常にそれぞれの事項が表裏一体となった，総合的な練習につとめることが大切である。
(2) 表現法と歌唱法との関連を図ること。
　　表現法の支えは歌唱法研究の成果でもある。つまり，両者は車の両輪のような関係であることを念頭において研究を積むことが必要である。また，一曲の歌曲を深く研究することと，多くの歌曲を幅広く研究することの両者は，表現法や歌唱法の関連と同時に，基礎的な諸事項との関係も深い。したがって，これらを含めた総合練習を心がけるようにしたい。
(3) 望ましい声は，模範に接することから。
　　望ましく，好ましい声の習得には，よい模範，よい演奏に数多く接し，美しい声を感受する耳を養うことが重要である。
　　名歌手の生の演奏の他にも，レコード，テープなどのメディアの利用は好ましい。
(4) 科学的，理論的な裏づけのある発声法で。
　　経験は尊重する必要がある。しかし，ただそれだけに終るのではなく，生理学，医学，音声学，心理学などの科学的な支えは是非欲しいものである。

　なお，児童・生徒の歌唱における発声も，大人のそれと基本的には異なるものではない。ただ，発達途上の児童・生徒と大人との間には，おのずから限界もあるはずである。いたずらにある成果を求めて無理をすることのないよう，十分配慮することが大切である。
　学校教育という観点から，児童・生徒の発声を考えた場合には，あまりに高度な技術や音量を求めるのではなく，無理のない，質の美しさを優先させることがより重要であると考えるべきであろう。

2 ソルフェージュ

二度・三度

四度・五度

3．やさしい伴奏法

　歌唱指導におけるピアノ伴奏法は，大きく分けて2種類ある。第1は，正伴奏による伴奏法である。原曲の伴奏譜（正伴奏）は，その曲想を最も雄弁に物語っていることは言うまでもない。歌唱指導において，例えば子どもたちにあらかじめ曲を聴かせる場合や，仕上げの段階では，これに勝るものはないだろう。第2は簡易伴奏法である。子どもたちがメロディーを覚える際には，メロディーをわかりやすく伝えるために，簡潔な伴奏を用いる場合がある。簡潔な伴奏によって，子どもたち独自の自由な発想を引き出すこともあるだろう。そこで，ここでは2番目に挙げた簡易伴奏の手法を説明する。

(1) 簡易伴奏法の種類

　簡易伴奏法として，ここでは以下の3つの手法を取り上げる。
1．主要三和音伴奏法……メロディーの楽譜を見ながら主要三和音を使って伴奏をつけていく方法。
2．アレンジ伴奏法………正伴奏譜を見ながら，適宜音を省略して即興的に弾く方法。
3．コードネーム伴奏法…楽譜に記載されているコードネームに従って和音伴奏をつける方法。

(2) 簡易伴奏法の実際

①　主要三和音伴奏法

　メロディーを右手で，伴奏和音を左手で弾けるように考えていく，いわゆる「伴奏づけ」と呼ばれる方法である。主要三和音とは，各調のⅠ（主和音）・Ⅳ（下属和音）・Ⅴ（属和音）の3種類の和音のことである。主要三和音伴奏法は，メロディーの楽譜を見ながら，この3種類の和音を用いて伴奏をつけていく手法である。この手法を学ぶことによって，和音の機能を理解することができる。またこの手法は，「アレンジ伴奏法」の基礎にもなる。

ハ長調の主要三和音

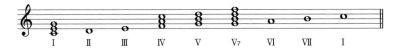

※Ⅴの和音に代わって，Ⅴ₇（属七の和音）を使用する場合もある。

　次に，主要三和音を，Ⅰの和音からの連結がスムーズになるように，次のように転回する。これが「基本伴奏型」である。

ハ長調の基本伴奏型

ト長調・ヘ長調の主要三和音および基本伴奏型は，次のようになる。

ト長調の主要三和音

基本伴奏型

ヘ長調の主要三和音

基本伴奏型

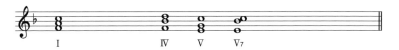

(1) 伴奏づけの手順

　以下a〜eが，伴奏づけの基本的手順である。
　a　1小節に1和音を基本単位と考え，I・IV・Vの和音の中から，メロディー構成音と最も多く重なるものを選ぶ。
　b　どうしても1つの和音でつけにくい場合には，1小節2和音にする。（譜例1 ～～部分）
　c　和音進行が　V→IV　の順になることは避ける。（I→IV→I，I→V→I，I→IV→V→I，I→IV→I→V→Iがよい）
　まず，ここまでの手順を「夕やけこやけ」を例にして，具体的にみてみよう。

譜例1

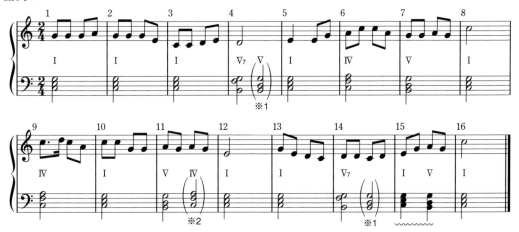

※　4小節目，14小節目はⅤでもよい。しかしⅤ₇を選ぶことによって，メロディー音との重複を避けることができる。つまり，メロディー音と伴奏和音で，省略音のないⅤ₇の和音を響かせることができる。

※　11小節目はⅣでもよいが，8小節目からの和音進行をⅠ→Ⅳ→Ⅰ→Ⅴ→Ⅰと整えるためにⅤを用いる。

　　ここまでの手順で和音伴奏の骨格ができたことになる。さらに次の④⑤の手順によって，拍子感やフレーズ（まとまり）を表わすことができる。

　d　伴奏リズムを決める（資料1参照）
　　例えばこのような伴奏になる。

譜例2

　e　必要であればフレーズの区切りにブリッジを入れて，次フレーズへのつながりを整える。

（資料2参照）

譜例3

(2) 主要三和音伴奏法の限界

主要三和音伴奏法は最も基本的な伴奏法である。そのため合唱形態の曲においては，その複雑なハーモニーを活かしきれない場合がある。また，西洋音楽の理論に基づいているため，わらべうたや民謡など，この手法を用いることが適切でない曲もある。これらの場合にはアレンジ伴奏法を用いるようにする。

② アレンジ伴奏法

正伴奏譜を見ながら，音を省略したり，時に伴奏リズムを変えたりして，即興的に簡潔な伴奏へとアレンジしていく手法である。

(1) アレンジの手順

　　以下a～cが，アレンジ基本的手順である。
　a　右手はメロディーのみを弾き，左手はバスの音を弾く
　　1小節に1和音を基本単位と考え，正伴奏譜を見て1拍目のバスの音（最低音）を弾いていく。ただし1小節内で和音が変化するところは，それに合わせて2・3拍目のバスの音も続けて弾いていく。

b 右手あるいは左手で和音を加える
 Ⅰ・Ⅳ・Ⅴなど，どの和音がついているかを考え，音を長く伸ばすところに和音構成音を補って弾いていく。
c ブリッジを入れてフレーズのつながりを整える

では，「おぼろ月夜」の後半部分を例にして，具体的につくってみよう。譜例4が正伴奏で，譜例5はそれを元にしたアレンジ伴奏の例である。

譜例4

譜例5

③　コードネーム伴奏法

　楽譜に記載されているコードネームに従って，右手でメロディー，左手で和音伴奏をつける方法である。

(1) コードネームの仕組み

　コードネームは和音の根音（最低音）の音名がアルファベットの大文字で示されている。音名は次のように決まっている。

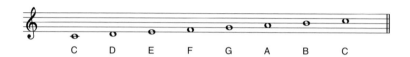

(2) コードネームの種類

　コードネームにはかなり多くの種類がある。ここでは，使われることの多い4種類のコードネームを取り上げる。

a　メジャーコード：長三和音のことで，明るい響きがする。根音の長3度上と，根音の完全5度上の音で構成される。

b　マイナーコード：短三和音のことで，さみしい響きがする。根音の短3度上と，根音の完全5度上の音で構成される。

c　セブンスコード：長三和音あるいは短三和音に，更に短3度上の音を重ねたもの。

d　サスペンデッド・フォー（サス・フォー）コード
　　　　　　：根音の完全4度上と，根音の完全5度上の音で構成される。

C音，D音の上に，これら4種類のコードをつくると，次のようになる。

　　　C音上のコード

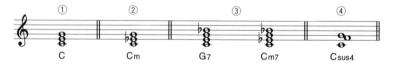

　　　D音上のコード

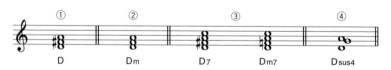

(3) コードネーム伴奏の留意点

　コードネームの構成音は，前後の和音との連結がスムーズになるように転回してもよい。また，メロディー音と伴奏和音が重ならないように工夫すると，少ない音数でもよく響く伴奏になる。

次は，「うみ」をコードネーム伴奏にする例である。

譜例6

資料1：伴奏リズムの例

資料2：ブリッジの例

4. 指 揮 法

(1) 予 備

予備拍の振りかた

演奏を始めるときは、音の出だし（アタック）をそろえるための合図をしなければならない。それは、歌でも楽器でも、出だしの直前に呼吸を整える必要があるためである。

合図として、最初の音の前に振る余分の拍を予備拍という。

まず、強起（第1拍から始まる）の曲では、右図の点線で示したように、第1拍から音が出る場合、その前の拍を予備とすればよい。ただ、予備拍はその曲の出だしの速度を示すため、あらかじめその速度を把握しておく必要がある。

また、演奏者のレヴェルにより、基本の予備拍を振っても出がそろわないときには、1小節分を予備拍として振ればよい。

(2) 基本の振り方

第1拍の振り方

上から下へ勢いよく垂直に振り降ろし、腹の前あたりの空間にポイント（打点）をきめて、そこを叩くように打つ。

この「叩き」は指揮の基本であり、十分に練習する必要がある。ボールが落下して跳ね上がるように打つが、打点から離れるときは瞬間的に速く鋭く、逃げるように離れ減速する。この速度の変化により演奏者は打点が見え、拍を感じるのである。これは、ちょうどハエ叩きの要領と似ているが、手のひらを腹の前あたりの空間に置いて、一方の手で打つ練習をすると、打点の感覚がわかる。

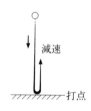

2拍子の振り方

第1拍の後、第2拍（弱拍）は、その跳ね返りを利用しながら弱めにポイントを叩き、次の強拍の準備のために軽く振り上げる。

「日のまる」や「かたつむり」「ひらいたひらいた」「夕やけこやけ」「かくれんぼ」「虫のこえ」「うさぎ」などの歌で練習するとよい。

3拍子の振り方

2拍子の「振り降ろし」から「振り上げ」とのあいだに、もう1拍あるので、第1拍のポイントからやや水平に横は1拍振って「振り上げ」の拍に進む。

「うみ」や「ふるさと」「冬げしき」などで練習できる。

4拍子の振り方

第2拍は左の方へポイントを置き，続いて右の方へ移って第3拍，4拍と進む。「春がきた」や「春の小川」「こいのぼり」「子もり歌」「スキーの歌」「越天楽今様」「われは海の子」「ふじ山」「さくらさくら」「とんび」「まきばの歌」「もみじ」など，4拍子の歌が多くあり，いろいろと練習できよう。

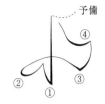

6拍子の振り方

6拍子は，速度の遅い場合は6拍に分割して振ることもあるが，本来，三連音が2つ連続した複合拍子なので，ほとんど2拍子の振り方と同じでよい。

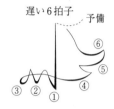

(3) 弱起の予備

第1拍の頭から音が出ない曲は，弱拍から始まる"弱起の曲"である。弱起の曲の予備拍の振り方は，「音の出る拍の前を予備拍とする」という原則は変わらず，第4拍から始まるのであれば，第3拍を予備拍として振ればよい。

半拍（四分音符を1拍とした場合の♪）の音で始まる曲の場合，予備拍は1拍余分に，すなわち1拍半にするとよい。初めの1拍は，さりげなく振り，次の半拍でポイントを叩くように振ると出だしがそろいやすくなる。

次の曲例の1.「夏の思い出」は，第1拍の後半から始まるので，4拍目をやわらかにアクセントを付けずに振り，第1拍の頭を軽く叩くとよい。

2.「ぼだいじゅ」は，第3拍の後半からなので，第2拍から振り，第3拍の頭を軽く叩くとよい。

3.「はるかな友に」は，第2拍の後半からなので，第1拍から振り，第2拍の頭を軽く叩くとよい。

これらの曲は，半拍から始まる場合の予備拍の練習に好適である。

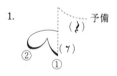

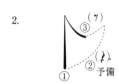

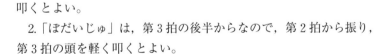

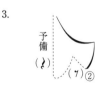

(4) 終止の方法

曲の終止の方法

曲を停止するときは、その音符が何であっても腕を動かさずに停止させておき、適正な長さまで伸びたときに音を切る合図をする。音を切る合図とは、特に型は定められていないが、音の伸びているときに、予備として何らかの動きをしてからまた停止することである。そのときは、完全に指揮を止めて体も動かさない。また、演奏者にみえるように、比較的高めの位置で行なうのがよい。

フェルマータの方法

フェルマータは、曲の途中での一時停止であり、終止と同じように、停止状態から次に続くフレーズの予備拍を振れば先に進むことができる。フェルマータは本来「停止」の意味の語であるから、指揮者のタクトも停止し、体も動かないのである。そして、フェルマータで伸びている音を打ち切って、次の音に入るときに、フェルマータの「打ち切り方」の進行方向が予備拍と一致していることが望ましいのである。次のいくつかの曲例は、その研究に適している。

① 前奏のフェルマータ……「夕やけこやけ」「越天楽今様」など

② 曲の途中のフェルマータ……「夏の思い出」「マイボニー」「花」「この道」など

(注)「この道」は，曲の途中で拍子の変わる指揮法の学習にも適している。

この道

(5) 曲の表情の表現

曲には，歯切れのよい曲やレガートな曲，軽快な曲，重厚な曲など，さまざまな表情がある。また，曲の途中でも，強弱やスタッカート，テヌートなどの要求がある。これらの表情をすべて指揮者はリードしなければならない。

それには，右手の手首やひじの表情で，硬さ柔らかさ，勇壮，優美などの表現ができるし，また，基本の振り方の図の曲線をなだらかな線にして，さらに曲がり角やポイントのあたりを鈍角に，丸みを帯びさせればレガートの曲線になり，それと反対に，曲線を直線に近く，さらに曲がり角を鋭角にすれば，当然に音楽の表情が厳しくなる。

それに加えて，左手のサインで，曲想を表現したり，指揮者の気持ちを演奏者に伝えられるように研究する必要がある。

(6) 指揮者の役割

指揮者は，演奏団体のアクセサリーではなく，音楽をリードし，統括する責務を負うのであるから，まず，その楽曲を十分に理解し，このように演奏したいという明確なヴィジョンをもつ必要がある。

打つ拍の一つ一つが指揮者の意志であり，指揮により演奏者をリードし，音楽を表現する。したがって，指揮者の打つ拍より前に音が出ることはない。指揮棒が遅くなれば演奏も遅くなる。このことを心に銘記しておくべきである。

しかし，完全を求めるあまり不安となり，指揮を避けるのではなく，積極的に指揮を練習する機会をもつことが，上達への早道である。

V 歌唱共通教材
鑑賞参考教材

小学校「歌　唱」共通教材

小学校第2学年
歌唱共通教材

かくれんぼ （A）

文部省唱歌
林　柳　作詞
下総皖一　作曲

♩=112　かっぱつに

かくれんぼ　するものよ　っといで
じゃんけんぽんよ　あいこでしょ
もう　いい　かい　まあ　だ　だ　よ
もう　いい　かい　まあ　だ　だ　よ
もう　いい　かい　もう　い　い　よ

小学校第2学年
歌唱共通教材

虫のこえ （A）

文部省唱歌

1. あれまつむしが　ないている
2. キリキリキリキリ　こおろぎや

チンチロチンチロ　チンチロリン　あれすずむしも　なきだした　リンリンリンリン
ガチャガチャガチャガチャ　くつわむし　あとからうまおい　おいついて　チョンチョンチョンチョン

リンリ
スイッチョン　　あきのよながを　なきとおす　ああおもしろい　むしのこえ

小学校第3学年
歌唱共通教材

ふ じ 山（A）

文部省唱歌
巖谷小波作詞

小学校第3学年
歌唱共通教材

茶 つ み （A）

文部省唱歌

歌唱共通教材　初出調べ

う　　み	昭和16年	「ウタノホン（上）」	も　み　じ	明治44年	「尋常小学唱歌（二）」
かたつむり	明治44年	「尋常小学唱歌（一）」	こいのぼり	大正2年	「尋常小学唱歌（五）」
日のまる	明治44年	「尋常小学唱歌（一）」	スキーの歌	昭和7年	「新訂尋常小学唱歌（六）」
かくれんぼ	昭和16年	「ウタノホン（上）」	冬げしき	大正2年	「尋常小学唱歌（五）」
春がきた	明治43年	「尋常小学読本唱歌」	おぼろ月夜	大正3年	「尋常小学唱歌（六）」
虫のこえ	明治43年	「尋常小学読本唱歌」	ふるさと	大正3年	「尋常小学唱歌（六）」
夕やけこやけ	大正12年	「あたらしい童謡（一）」	われは海の子	明治43年	「尋常小学読本唱歌」
う　さ　ぎ	明治25年	「小学唱歌（二）」	赤とんぼ	大正10年 昭和2年	「樫の実」（詞） （作曲）
茶 つ み	明治45年	「尋常小学唱歌（三）」	花の街	昭和26年	
春の小川	大正1年	「尋常小学唱歌（四）」	荒城の月	明治34年	「中学唱歌」
ふ じ 山	明治43年	「尋常小学読本唱歌」	夏の思い出	昭和24年	NHKラジオ歌謡
さくらさくら	明治21年	「東京音楽学校編纂曲集」	浜辺の歌	大正7年	「セノオ楽譜（98）」
と　ん　び	大正8年	「大正少年唱歌（一）」	早春賦	大正2年	「新作唱歌（三）」
まきばの朝	昭和7年	「新訂尋常小学唱歌（四）」	花	明治33年	「歌曲集　四季」

小学校「歌　唱」共通教材

小学校第3学年
歌唱共通教材

うさぎ（A）

日本古謡

小学校第4学年
歌唱共通教材

さくらさくら（A）

日本古謡

小学校第3学年
歌唱共通教材

うさぎ（B）

日本古謡

小学校第4学年
歌唱共通教材

さくらさくら（B）

日本古謡

まきばの朝 （A）

小学校第4学年 歌唱共通教材

文部省唱歌
船橋栄吉 作曲

216 小学校「歌　唱」共通教材

小学校第5学年
歌唱共通教材

こいのぼり（A）

文部省唱歌
山本　純ノ介　編曲

小学校第5学年
歌唱共通教材

子もり歌（B）

日本古謡
秤 輝男 編曲

1. ねんねんころりよおころりよ おこなにいった
2. ぼうやのこもりはどこへいった
3. さとのみやげになにもらった

ぼうやはまいよいこだ ねんねしな
あのやまこえて さとへ
でんやまで いこだ

冬げしき（A）

小学校第5学年
歌唱共通教材

文部省唱歌

1. さぎりきゆる みなとえの ふねにもしろし あさのしも たけにかくるる はしのえの こはるびのどけしや さざなみも いさりせむ ひまもとめて
2. からすなきて きにたかく ひともしばたく あさのしも さぎをむさぼる みなのふね たえまなきかな すずめの こゑは いとしろし ゆもみえず

小学校第6学年
歌唱共通教材

越天楽今様 （A）

慈鎮和尚 作歌
日本古謡

小学校第6学年
歌唱共通教材

越天楽今様（B）

慈鎮和尚 作歌
日本古謡
秤 輝男 編曲

226　小学校「歌　唱」共通教材

おぼろ月夜　（A）

小学校第6学年
歌唱共通教材

文　部　省　唱　歌
高　野　辰　之　作詞
岡　野　貞　一　作曲
山　本　純ノ介　編曲

ふるさと（B）

小学校第6学年
歌唱共通教材

文部省唱歌
高野辰之 作詞
岡野貞一 作曲

1. うさぎ おいし かの やま
   こぶな つりし かの かわ
   ゆめは いまも めぐりて
   わすれがたき ふるさと

2. いかに います ちちはは
   つつがなしや ともがき
   あめに かぜに つけても
   おもい いずる ふるさと

3. こころざしを はたして
   いつの日にか かえらん
   やまは あおき ふるさと
   みずは きよき ふるさと

われは海の子　（A）

小学校第6学年
歌唱共通教材

文部省唱歌

♩=126 力強く

1. われは　うみのこ　しらなみの
   さわぐ　いそべの　まつばらに
   けむり　たなびく　とまやこそ
   わが　なつかしき　すみかなれ

2. うまれて　しおに　ゆあみし
   なみを　だんなの　みとして
   むりの　なびくせ　やまかぜに
   なつてき　しらくと　すなかにけ

3. たかく　はなつく　いそのかに
   ふみだんの　このもりなの
   せなぎさの　まつの　こかぜに
   すみじき　からべと　なれりく

4 「鑑 賞」参考教材解説

1. 小学校「鑑賞」教材解説

〔低学年向き〕

■ **アメリカン・パトロール**　　ミーチャム　作曲

● **楽　曲**

基本的にはA－B－Aの構成による接続曲風の行進曲である。

編曲によってABの後にCの部分をもっているものもあり、コーダに「ヤンキードゥドル」の旋律を使ってにぎやかに締めくくっているものもある。

管弦楽，吹奏楽，マリンバ独奏などのほか，スウィング・ジャズでも演奏されるなど，広く親しまれている楽曲である。

（レッド・ホワイト・アンド・ブルー）
（デキシー）
（ヤンキードゥドル）

遠方から近づいて通り過ぎて行き，次第に遠ざかっていくようすを表した，通称パトロール形式に即した形で演奏されることが多い。

● **作曲者**　ミーチャム（Meacham）〈1850〜1909　アメリカ〉

「アメリカン・パトロール」の一曲だけで名前を知られている作曲家である。ニューヨークのブルックリンに住んでいて，ポピュラー音楽の作曲家としてかなり知られていたようであるが，残した作品等については，はっきりとわかっていない。

なお，前掲楽譜のBについては「海のマーチ」，Codaについては「アルプス一万尺」の題名の歌の楽譜もある。

■ **おどる子ねこ**　　アンダソン　作曲

● **楽　曲**

原曲の題名は原語で「The Waltzing Cat　ワルツィング・キャット」。題名から想像できるように，明るくユーモラスなワルツである。

構成は，序奏－A－B－A－Codaの複合三部形式となっている。Aの部分でヴァイオリンが奏するねこの鳴き声の感じ（Aの楽譜の※部分）やCodaで犬の鳴き声に驚く子ねこの描写

などがおもしろい。

- **作曲者**　アンダソン（Anderson）〈1908～1975　アメリカ〉

  セミ・クラッシック音楽の第一人者。ポピュラーコンサートの老舗であるボストンポップス管弦楽団において，正指揮者フィドラーのもとで，副指揮者及び編曲者として才腕をふるった。作品には「アイルランド組曲」「ピアノ協奏曲」をはじめ多数あるが，彼の作品の真骨頂は，ウィットにあふれ，洗練された感覚の楽しい小品に表れている。

  「タイプライター」「シンコペーテッド・クロック」「そりすべり」「トランペット吹きの休日」「トランペット吹きの子守歌」などがその代表的なものである。

■おもちゃの兵隊　　イェッセル　作曲
- 楽　曲

  喜歌劇「おもちゃの兵隊の行進」の中にある楽曲である。描写音楽風のマーチであり，構成は，ラッパによる短い序奏のあとにA－B－A－Codaと続く複合三部形式となっている。

- **作曲者**　イェッセル（Jessel）〈1871～1941　ドイツ〉

  数多くのオペレッタを作曲するとともに，シュテッティンをはじめ，いくつかの劇場の指揮者として活躍した。喜歌劇「おもちゃの兵隊の行進」で作曲家として認められた。

■かじやのポルカ　　ヨゼフ・シュトラウス　作曲
- 楽　曲

  オーストリアのある金庫メーカーが事業の記念行事として催した花火大会のために作曲された楽曲である。この楽曲にかじ屋で使われる鉄床の音が入るのは，原語の題名である「Feuerfest」（火の祭り）がかじ屋と通じるところからくるユーモアである。

  楽曲の構成は4小節の序奏に始まるA－B－Aの複合三部形式であり，終わりに短い結尾部がついている。

- **作曲者**　ヨゼフ・シュトラウス（Josef Strauss）〈1827〜1870　オーストリア〉

　〈ワルツ王〉と呼ばれているヨハン・シュトラウス2世の弟である。ワルツ，ポルカをはじめとする舞曲を中心に330曲以上の作品を残している。また，兄ヨハン2世のあとを受けてシュトラウス管弦楽団の指揮者としても活躍した。ワルツ「オーストリアの村つばめ」「天体の音楽」「わが人生は愛と喜び」などは最もよく知られている楽曲である。

■　出　発（組曲「冬のかがり火」から）　　プロコフィエフ　作曲
- **楽　曲**

　組曲「冬のかがり火」は，モスクワ郊外で冬休みを過ごす子どもたちのようすを描いたマルシャークの詩に沿って作曲されたものである。楽曲全体は8曲の小曲から成り，〈出発〉はそのうちの第1曲目に当たる。

　列車に乗り込んだ子どもたちがモスクワを離れ，郊外の駅に到着するまでの楽しげで希望に満ちた感じの汽車の旅を描き上げている。下の譜例A〜Cが次々に演奏されていく。〈汽車〉という愛称で呼ぶこともある。

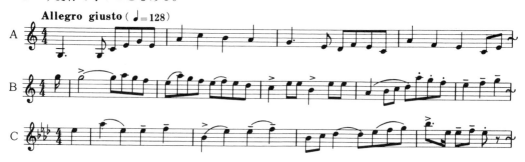

- **作曲者**　プロコフィエフ（Prokofiev）〈1891〜1953　ロシア〉

　ロシアを代表する作曲家の一人であり，いろいろなジャンルの楽曲を数多く作曲している。物語と音楽による「ピーターと狼」は児童にも親しめる楽しい楽曲である。

■　トルコ行進曲　　ベートーヴェン　作曲
- **楽　曲**

　「アテネの廃墟」という劇の中の一場面のために作られた管弦楽曲であるが，ピアノで演奏されることも多い。

　演奏会用行進曲であり，構成は，A－B－A－B－A－Codaの形となっている。

- **作曲者** ベートーヴェン（Beethoven）〈1770〜1827　ドイツ〉
  〈楽聖〉と呼ばれ，あまりにも有名である。声楽曲から器楽曲まで，あらゆる分野にわたって作品を残しているが，劇などの付随楽曲としては，「アテネの廃墟」「エグモント」をはじめ8曲を作曲している。
  〈行進曲（March）〉元来舞曲の中の一つで，歩く動作の多い踊りであった。したがって，形式は他の舞曲と同様複合三部形式によっている。拍子は $\frac{2}{4}$, $\frac{6}{8}$, 又は $\frac{2}{2}$, テンポのゆっくりした荘重なものは $\frac{4}{4}$ 拍子で作曲されている。まとまった人数の団体を秩序よく行進させるための実用向きな行進曲と，この曲やシューベルト作曲の「軍隊行進曲」のような演奏会用の行進曲とがある。
  「星条旗よ永遠なれ」「ワシントン・ポスト」「美中の美」などの名曲を数多く残したスーザは，〈マーチ王〉と呼ばれている。

■ **パシフィック2.3.1**　　アルテュール・オネゲール　作曲
- **楽曲**
  機関車の大好きな作曲者が，描写音楽を越えた音楽として作曲。ある駅から次の駅まで機関車が走る様子を音で表現した作品。「パシフィック　2.3.1という機関車の視覚的な印象と，その肉体的な愉悦を音楽的に構成した曲」と作曲者は述べている。
  「パシフィック　2.3.1」とは，前輪2，動輪3，従輪1，を持つ機関車で，アメリカ大陸横断急行に使われたため「太平洋」の名が付いたという。
  低学年の児童が，音の動きの変化に合わせて体で表現するのに適している。

- **作曲者**　オネゲール（Honegger Arthur）〈1892〜1955　スイス〜フランス〉
  両親はスイス人のため，国籍はスイスであるが，フランスで活躍した。交響曲，室内楽曲，バレー音楽，協奏曲，ピアノ曲など，多くの楽曲を作曲した。

〈参　考〉
□低学年向きと思われるその他の曲名（例）

かっこうワルツ（ヨナーソン）	子象の行進（マンシーニ）
シンコペーテッド・クロック（アンダソン）	ガボット（ゴセック）
ラデツキー行進曲	バレエ「コッペリア」から
（ヨハン・シュトラウスⅠ世）	マズルカ（ドリーブ）
トランペット吹きの休日（アンダソン）	くまんばちは飛ぶ（リムスキー・コルサコフ）
クラリネットポルカ（ポーランド民謡）	そりすべり（アンダソン）
アンネンポルカ（ヨハン・シュトラウスⅡ世）	キャンディマン（ブリッカス・ニューリー）
口笛吹きと小犬（プライヤー）	マンボナンバーファイブ（プラード）
ウィーンの音楽時計（コダーイ）	ジェンカ（レーティネン）
森の水車（アイレンベルク）	小犬のワルツ（ショパン）
おもちゃの交響曲（L・モーツァルト）	日本の遊びうた・わらべ歌
ブラジル（バローゾ）	世界の遊び歌

〔中学年向き〕

■ 歌劇「軽騎兵」序曲　　スッペ　作曲
● 楽　曲

　1866年に作曲され，ウィーンで上演されたが，今日では序曲のみがよく演奏される。
　トランペットとホルンで始まる序奏部が終わると，ギャロップが続き，さらにA－B－Aと旋律が演奏された後，序奏部の変形による結尾部によって曲を終わる。

● 作曲者　スッペ（Suppé）〈1819～1895　オーストリア〉
　オーストリアの作曲家。主としてオペレッタ，バレー音楽を多く書いている。ウィーン風の上品なしとやかさと，イタリア風の明るさをもった彼独特の旋律は，大へんな人気を集めたようである。主なオペレッタには「スペードの女王」「ボッカッチョ」「詩人と農夫」などがある。

■ ポロネーズ（「管弦楽組曲」第2番ロ短調から）　　バッハ　作曲
● 楽　曲

　バッハが4曲書いた管弦楽組曲中の第2番の第5曲目である。独奏フルートと弦管合奏とで演奏される。
　構成は，A－A′－Aの三つの部分でできている。中間のA′の部分は，18世紀に行われた変奏の一種であるドゥーブルで書かれており，チェロの奏する主題を，独奏フルートが技巧的に装飾し，チェンバロも加わった3重奏となっている。

- **作曲者** バッハ（Bach）〈1685〜1750　ドイツ〉

　バッハの家系は代々にわたり音楽家系で，200年間に50人以上の音楽家が生まれている。単にバッハといえば，ここで対象にしているヨハン・セバスティアンのことである。

　同じ年の約1カ月前に生まれた大作曲家ヘンデルと並び称せられ，〈音楽の父〉などとも呼ばれている。一生をドイツの教会とともに歩みながら，宗教曲を中心に，オルガン曲，クラヴィーア曲，室内楽曲，管弦楽曲，協奏曲など多数の作品を残している。その作風はドイツ的な様式美のにじみ出た風格と気品に満ちあふれたものである。

　〈ポロネーズ（Polonaise）〉　中庸の速度をもつ3拍子の舞曲である。短くてはっきりとした動機を反復することや，フレーズが弱拍で終止する女性終止で書かれることが多いことなどの特徴をもっている。

■ **メヌエット　ト長調　　ベートーヴェン　作曲**

- **楽曲**

　「ピアノのための六つのメヌエット第2部」の中の第2曲目がこの曲であり，本来ピアノ曲であるが，ヴァイオリン独奏用に編曲されたものの方が，むしろ多く演奏されている。

　構成は，A－B－Aの複合三部形式である。

- **作曲者**

　低学年向き「トルコ行進曲」の項を参照。

　〈メヌエット（Minuet）〉　17世紀中頃に，フランスの宮廷から起こった気品のある優雅な舞曲である。拍子は $\frac{3}{4}$，速さは中庸である。形式は初期においてはA－Bの形が多かったが，次第にA－B－Aの形に移行していく。総じて複合三部形式の中間部は「トリオ」と呼ばれるが，これは，その当時この部分が3声体で書かれることが多く，実際に三重奏（Trio）をしたところからきた名称である。

■ **ノルウェー舞曲　第2番　イ長調　　グリーグ　作曲**

- **楽曲**

　グリーグが38歳のときに書き上げた作品である。当初ピアノ二重奏のために作曲されたものであるが，後に管弦楽曲に編曲されてからいっそうよく知られるようになった。現在ではオーケストラで演奏されることが多い。

　全4曲から成っているうち，この第2番が最もよく親しまれており，この楽曲だけが単独で演奏されることもしばしばある。

　対照的な雰囲気のA－B－Aで構成されている複合三部形式の楽曲である。

- **作曲者** グリーグ（Grieg）〈1843〜1907　ノルウェー〉

　ピアニストであった母親から音楽的な影響を強く受けて育ち，1858年，ライプチヒの音楽院に入学した。後年ノルウェー国歌の作曲者であるノルドラークを知り，その影響を受けて民族主義の道を歩むことになる。ノルウェー政府も多額の年金を与えて彼の活躍を支援したので，作曲に没頭することができるようになった。組曲「ペール・ギュント」は，そのような背景の中から生まれた。

■　白　鳥　　　サン・サーンス　作曲
- **楽　曲**

　2台のピアノと管弦楽のための組曲「動物の謝肉祭」（全14曲）の中の，第13曲目に当たる曲である。静かな湖上を滑るように泳ぐ白鳥の優雅な姿を表すチェロの奏する旋律と，水の面をゆらすさざ波の感じを2台のピアノ（ハープの場合もある）の伴奏とが美しく調和しながら進んでいく。28小節から成る小曲である。

- **作曲者**　サン・サーンス（Saint-Saëns）〈1835〜1921　フランス〉

　幼年の頃から音楽の天分に恵まれ，5歳で作曲を始め，10歳のときには初の公開演奏会でモーツァルトのピアノ協奏曲を弾いたほどであった。しかし，すべての分野にわたる多作ぶりは，ときには作品の内容を薄める結果となり，数のわりには後世に影響を与えるような作品は多くない。

　名曲として知られている曲は，才気のほとばしりを感じさせるものが多い。組曲「動物の謝肉祭」の中にもそうした曲が多く，「らば」「かめ」「ぞう」「カンガルー」「化石」「森の奥のかっこう」などは，中学年向きであると言える。

■　ホルン協奏曲　第1番　ニ長調　第1楽章　　　モーツァルト　作曲
- **楽　曲**

モーツァルトはホルン協奏曲を四つ作曲している。この第1番は二つの楽章からなっている。第1楽章の構成は，主題提示部―展開部―再現部―終結部によるソナタ形式である。

〔主題提示部〕

- **作曲者** モーツァルト（Mozart）〈1756〜1791　オーストリア〉

〈音楽の神童〉などと呼ばれ，幼時からの天才ぶりはあまりにも有名である。作品は声楽曲，器楽曲のあらゆる分野にわたっており，比較的短い生涯であったにもかかわらず，主要な作品だけでも600曲以上を数えるほどである。

〈ホルン〉金管楽器，つまりラッパの仲間であるが音色はたいへん柔らかく，木管五重奏に加わって，木管楽器といっしょにアンサンブルをするほどである。奥の深い音で，表現力の豊かなこの楽器は，オーケストラには欠かすことのできない重要な役割を担っている。大きさの割には低い音も美しく響くのは，巻かれている管をまっすぐにのばしてみると，平均3ｍ70cmぐらいにはなるというように，管の長さが見た目よりもずっと長いからである。

■　ふたつの変奏曲による「さくら」　　　澤井　忠夫　作曲

- **楽　曲**

箏独奏曲で1971年に作曲された。古典箏曲の演奏と違い，現代箏曲らしく，左右の手をフルに使い，箏独特の多様な奏法を存分に取り入れた超絶技巧的な「さくらさくら」の変奏曲である。

曲は，5つのバリエーションから成る。短いイントロダクションを伴って，いきなり第一バリエーションに入る。「さくら」の旋律に対旋律をつけたり，箏独特の奏法を使って伴奏をつけたり，オブリガートをつけたりする。中ほどで静かな感じに転調し，日本音楽独特の余韻の変化を味わうしっとりした部分が挿入されている。その後激しい「さくら」の演奏となり，グリッサンドへとなだれ込み，最後は後押しと合せ爪で箏曲らしく終わる。

4年生の歌唱曲「さくら」と関連させて，日本の音楽として鑑賞するのに適している。

〈参　考〉

□中学年向きと思われるその他の曲名（例）

愛のあいさつ（エルガー）　　　　　　　「ファランドール」（ビゼー）
トランペット吹きの子守歌（アンダソン）　組曲「ガイーヌ」から
美しきロスマリン（クライスラー）　　　「剣の舞」「バラの乙女たちの躍り」「レズギンカ」（ハチャトゥリャン）
エリーゼのために（ベートーヴェン）
タイスの瞑想曲（マスネー）　　　　　　歌劇「カバレリアルスチカーナ」間奏曲
組曲「アルルの女」第2から「メヌエット」　（マスカーニ）

ユーモレスク（ドボルザーク）	歌劇「魔笛」（モーツァルト）
チャルダーシュ（モンティ）	組曲「ペールギュント」（グリーグ）
ピーターと狼（プロコフィエフ）	四季より「冬」（ビバルディー）
ミュージカル「サウンド・オブ・ミュージック」から（ロジャーズ）	組曲「くるみ割り人形」（チャイコフスキー）
美中の美（スーザ）	まほうのチャチャチャ（ホリン）
「アンナ・マグダレーナ・バッハの音楽手帳」からメヌエット（バッハ）	聖者の行進（アメリカ民謡）
	交響曲第6番「田園」（ベートーベン）
中国の太鼓（クライスラー）	森の水車（アイレンベルク）
ロンディーノ（クライスラー）	動物の謝肉祭（サン・サーンス）
バレエ音楽「白鳥の湖」（チャイコフスキー）	祭りの音楽（例：岸和田だんじり祭り）

〔高学年向き〕

■ 管弦楽のための木挽歌　　小山　清茂　作曲

● 楽　曲

　　宮崎県北部の地方で木を伐採するときに歌われる「木挽歌」を主題とし，変奏曲風な四つの部分と静かな短いCodaにより構成される。

〔A部〕木を挽くのこぎりの音を表現する弦楽器の不協和音が断続する中で，つぎの木挽の旋律がチェロで奏される。

〔B部〕締太鼓・櫓太鼓をはじめとする打楽器類に導かれて，ピッコロが奏する祭囃子風の旋律が加わる。そのあとオーボエが主旋律を吹きはじめ，盆踊風な調子で音楽が流れていく。

〔C部〕軽快でさわやかに5拍子で流れていく。終始同型のリズムとメロディー（譜例①）に支えられ，フルートが主旋律を奏し始める。（譜例②）

〔D部〕主旋律がTuttiで奏され，力強い感じで全体を頂点に盛り上げていく。

Codaは，バスクラリネットが静かに余韻を漂わせながら終わりに導いていく。

- **作曲者** 小山 清茂（こやま きよしげ）〈1914〜 日本〉

    長野県出身の作曲家。郷土の民謡を素材にしたり，和楽器を巧みに使ったりしながら，芸術味豊かな作品を多く作曲している。特に，オーケストラで表現した新鮮な感覚の日本の音楽に優れたものが多い。

    この楽曲のほかに，「管弦楽のための信濃囃子」，交響組曲「能面」，「箏と和楽器によるうぶすな」などが主要作品としてあげられる。

〈民謡，わらべ歌などを素材にした親しみやすい管弦楽曲〉
○外山雄三：ラプソディ

■ 歌曲「荒城の月」「箱根八里」「花」　　瀧 廉太郎 作曲
- **楽　曲**

    これらの歌曲は，すべて瀧 廉太郎の代表的な作品として広く親しまれている。

    「荒城の月」「箱根八里」は，いずれも明治34年に出た「中学唱歌」の中に入っている曲であり，「花」は明治33年に発表された組曲「四季」の中にある二重唱曲である。

〔荒城の月〕土井 晩翠 作詞

〔箱根八里〕鳥居 忱（まこと）作詞

〔花〕武島 羽衣 作詞

- **作曲者** 瀧 廉太郎（たき れんたろう）〈1879〜1903 日本〉

    1896年に東京音楽学校（現東京芸大）卒業後，1901年にドイツに留学し，ランプチヒ王立音楽院に入学した。修学中に病を得て1902年に帰国し，療養に努めたが，翌年静養先の大分で25歳の若さで死去した。

■ ピアノ五重奏曲「ます」第4楽章　　シューベルト 作曲
- **楽　曲**

    1819年に作曲されたピアノ五重奏曲は，その第4楽章が1817年にシューバルト（Schubart

1739～1791)の詩に作曲した歌曲「ます」を主題にした変奏曲になっているところから「ます」と呼ばれている。主題と五つの変奏及びCodaで構成されている。

〔主題〕

- **作曲者** シューベルト（Schubert）〈1797～1828 オーストリア〉

　〈歌曲の王〉と呼ばれ，600曲以上にのぼる美しい歌曲を作曲している。ピアノ五重奏曲「ます」や弦楽四重奏曲「死と乙女」などのように，自作の歌曲を主題に用いた器楽曲もいくつか作曲している。作品は歌曲を中心にしながらも，声楽，器楽のあらゆる分野に及んでいる。

　〈ピアノ五重奏曲（Piano quintet）〉　ピアノと弦楽四重奏のメンバーで演奏されるのがごく一般的である。

　ピアノ五重奏曲「ます」の場合は若干変則的な編成であり，ピアノ，ヴァイオリン，ヴィオラ，チェロ，コントラバスの5人で演奏するように書かれている。

■　**歌曲「赤とんぼ」「この道」「待ちぼうけ」　　山田　耕筰　作曲**

- **楽　曲**

　三木露風の詩による「赤とんぼ」は昭和2年に作曲された。以来今日まで広く親しみをもって歌われている。

　「この道」「待ちぼうけ」は，ともに北原白秋の詩に曲付けされた歌曲である。「この道」は「赤とんぼ」と同じく昭和2年に作曲されている。詩のもつ自然の流れをそのまま生かすために"ことば"を大切に扱いながら曲付けがされており，時の流れに合わせ，曲の途中で音楽の拍子のほうを何度か変えて作られている。

　「待ちぼうけ」は大正12年に作曲された歌曲であり，純粋な芸術童謡の提供を目指した運動の一環から生まれたものと言える。

〔赤とんぼ〕 三木　露風　作詞

〔この道〕 北原　白秋　作詞

〔待ちぼうけ〕 北原　白秋　作詞

- **作曲者**　山田　耕筰（やまだ　こうさく）〈1886～1965　日本〉

明治41年東京音楽学校声楽科卒業後，渡独して大正2年ベルリン国立音楽院作曲科を卒業，帰国後，日本的な情緒にあふれた美しい歌曲を数多く作曲した。作曲と並行して，交響楽運動を精力的に推進し，日本で最初の交響楽団である東京フィルハーモニー管弦楽団を組織したり，楽劇協会を創立してオペラ活動に取り組んだりして，近代における日本音楽の発展の主導的立場に立って目ざましい活躍をした。

■ 組曲「道化師」　　カバレフスキー　作曲
● 楽曲

　カバレフスキーは子ども向きの音楽を数多く作曲している。ピアノの小品をはじめ，よく知られている「ヴァイオリン協奏曲」なども子どものために作られた楽曲の一つである。
　この楽曲は1938年に作曲された児童劇「発明家と道化師」の付随音楽の中から，作曲者自身が10曲を選んで，翌年，組曲「道化師」という形にまとめられたものである。

〔1　プロローグ〕

〔2　ギャロップ〕

〔3　マーチ〕

〔4　ワルツ〕

〔5　パントマイム〕

〔6　間奏曲〕

〔7　抒情的な小シーン〕

〔8 ガボット〕

〔9 スケルツォ〕

〔10 エピローグ〕

- **作曲者** カバレフスキー（Kabalevsky）〈1904〜1987 ロシア〉

 ロシアを代表する作曲家の一人である。1929年にモスクワ音楽院の作曲科を卒業。卒業作品の第1ピアノ協奏曲は最優秀の評価を得ている。

 在学中から音楽中学校で教鞭をとっており，子どもの音楽に対して強い関心を示している。したがって，子どものための作品も数多く作曲している。

〈よく知られている近代組曲〉
○ビゼー：アルルの女，カルメン
○グリーグ：ペール・ギュント
○チャイコフスキー：白鳥の湖，くるみ割り人形
○ムソルグスキー：展覧会の絵

■ **春の海**　宮城　道雄　作曲
- **楽　曲**

 毎年皇居では新年の歌会が行われるが，昭和5年の「浜辺の巌」の題にちなんで，宮城道雄が作曲したもので，箏と尺八の二重奏で演奏される。

 構成は，A－B－Aの三つの部分とCodaになっており，A部は静かに寄せては返すのどかな春の海の様子を，B部は櫓を漕ぐ感じをリズミカルに表現している。

- **作曲者** 宮城　道雄（みやぎ　みちお）〈1894〜1956　日本〉
　生田流箏曲演奏家並びに作曲家として活躍した。7歳で失明したが，9歳から箏を習い始め，12歳のときに師匠の免許を取得している。大正9年に尺八演奏家吉田晴風，作曲家本居長世らと組んで，「新日本音楽」の運動を起こした。この運動は邦楽と洋楽の双方の手法を取り入れて，新しい感覚で発展をめざそうとしたものである。また，昭和5年以来東京音楽学校，東京芸術大学を通じて子弟の教育にも力を傾注している。昭和31年に大阪での演奏会に赴く途中，不慮の事故で死去した。

　現在ごく普通にいわれている箏とは，江戸時代初頭に現れて近代箏曲の創始者といわれている八橋検校以後の俗箏のことを指している。13本の弦があり，平調子，雲井調子，本雲井調子，半雲井調子など，いくつかに調弦される。最近では，合奏用の箏として低音域の広い十七弦や二十弦のような大型の箏も開発されている。なお，弦を支え，調弦を変えるときに使われる柱をもつ「こと」を箏，柱をもたない「こと」を琴とよんで区別している。

　現在ごく普通にいわれている尺八とは，江戸時代に虚無僧が使いだした普化尺八とよばれるものである。竹の管の長さを1尺8寸（約55cm）に切って使うのを標準としているところから尺八というが，それより短い尺五とか，逆にずっと長いものも最近では使っている。前面に4孔，裏面に1孔があけられている。

■　**世界地図のフーガ**　　エルンスト・トッホ　作曲　（1887〜1964　オーストリア）
- **楽曲**
　1930年に組曲「Gesprochene Musik」（話し声の音楽）の最終楽章として作曲された。弾むリズムを持ち，言葉のアクセントやニュアンスが強調されて唱えられている。曲の構成としては，同じ言葉が様々なパートで重ねられ，フーガのような構成になっている。歌詞は，ほとんど世界の地名だけでできている。トリニダッド，ミシシッピ，ホノルル，チチカカ湖，ポポカテペトゥル，カナダ，メキシコ，マラガ，リミニ，ブリンディシ，長崎，横浜，チベットである。1930年にベルリン現代音楽祭で初演されている。

　身近な言葉という素材で，音楽の要素や仕組みを聴き取ることに適している。

■　**雨の樹〜3人の打楽器奏者のための〜**　　武満　徹　作曲
- **楽曲**
　「雨」シリーズの一曲として1981年に作曲された。
　大江健三郎の小説『頭のいい「雨の木」』の中の一文に触発されて作曲という。
　単なる状況描写曲としてではなく，宇宙を循環する暗喩（メタファー）として作曲された。
　11分程度の少し長い曲であるが，部分的に聞かせることで，ビブラフォンなどの音色により，水滴の神秘的な世界を感じさせることができる作品である。リズムの変化と間を楽しむことができる。

- **作曲者**　武満　徹（1930〜1996）
　東京で生まれる。第二次世界大戦後の青春時代に，独学で作曲を学ぶ。その後清瀬保二に師

事。フランスのヴェーベルン，メシアンなどの影響を受けた作品も多かったが，ミュージック・コンクレート，テープ音楽や不確実性といった前衛的な作品を書くようになった。

　1957年に初演された「絃楽のためのレクイエム」がストラヴィンスキーに絶賛されて，前衛作曲家といわれるようになった。弦楽合奏曲「地平線のドーリア」，琵琶・尺八とオーケストラの「ノベンバー・ステップス」などが代表作である。

　また武満自身が考案した"図形楽譜"によって演奏する曲や，映画音楽も数多く残している。偶然性の問題や日本の伝統音楽にも関心を寄せ，生涯に純音楽作品を340曲も残している。

〈参　考〉
□高学年向きと思われるその他の曲名（例）

組曲「白鳥の湖」（チャイコフスキー）　　　ハンガリー舞曲第5番（ブラームス）
組曲「カルメン」（ビゼー）　　　　　　　　歌劇「カルメン」（ビゼー）
交響詩「はげ山の一夜」（ムソルグスキー）　交響曲第5番「運命」（ベートーベン）
交響詩「フィンランディア」（シベリウス）　花祭り（アンデス地方の民謡）
ハンガリー狂詩曲第2番（リスト）　　　　　アンデスの青い空（アンデス地方の民謡）
管弦楽のためのラプソディ（外山雄三）　　　こげよマイケル（黒人霊歌）
即興幻想曲（ショパン）　　　　　　　　　　森のサウンドスケッチ（酒井聡）
調子のよい鍛冶屋（ヘンデル）　　　　　　　マジックパーカッション（酒井聡）
のみの歌（ムソルグスキー）　　　　　　　　組曲「展覧会の絵」（ムソルグスキー）
合唱のためのコンポジションⅣ「子供の領分」組曲「惑星」より「木星」（ホルスト）
　　　　　　　　　　　　（間宮芳生）　　　パッヘルベルのカノン（パッヘルベル）
「ダフニスとクロエ」組曲第2番から　　　　雅楽「越天楽」
　　　　　　　　「夜明け」（ラベル）　　　日本の民謡，子守歌
アイネクライネナハトムジーク第1楽章　　　シルクロード（喜多郎）
　　　　　　　　　　　　（モーツァルト）

Ⅵ 資　　　　料

1 わが国における小学校音楽教育の変遷

(1) 音楽教育の制度上の確立期

わが国における近代教育の歴史は,明治5年（1872年）に学制を制定したときからはじまると言えよう。この時点から,「唱歌」という教科が小学校の教科の中に設けられたのであるが,当時はこの教科を実際に指導できる教師もいないというのが実情であったために,「当分これを欠く」というただし書きが付されていた。

この学制の中で,特にその第27章に当時の教科が示され,音楽はその14項目に明記されている。

```
第27章  尋常小学校ヲ分テ上下二等トス此ノ二等ハ男女共必ス卒業スヘキモノトス
   1  綴学  読并盤上習字     2  習字  字形ヲ主トス      3  単語読
   4  会話読    5  読本解意    6  修身解意    7  書牘 解意并盤上習字
   8  文法解意   9  算術 九九数位加減乗除但洋法ヲ用フ    10  養生法講義
  11  地学大意  12  理学大意   13  体 術      14  唱 歌  当分之ヲ欠ク
```

と示してあるように,この「唱歌」という教科が,その取り扱いは「当分之ヲ欠ク」とされながらも,小学校に設定された最初である。ちなみに,当時の就学年令については,27章の末尾に次のように示してある。

「下等小学ハ六才ヨリ九才マテ上等小学ハ十才ヨリ十三才マテニ卒業セシムルヲ法則トス,但事情ニヨリ一概ニ行ハレサル時ハ斟酌スルモ妨ケナシトス。

制度上「唱歌」が設けられても,実際に行われなかったという事情を改善するために,明治8年には,伊沢修二（1851～1918）が教員養成制度等の視察のためにアメリカにわたり,ボストン公学音楽監督のメーソン（Luther Whiting Mason 1829～1896）について音楽教育を学んだ。

伊沢は帰国後,明治12年に創設された音楽取調掛の御用掛に任命された。そのころ音楽取調掛が定めた三項の方針は,その後のわが国の音楽教育の方向を定める上で重要な意味をもった。

① 東西二洋の音楽を折衷して新曲を作る。
② 将来,国楽を興すべき人物の養成。
③ 諸学校に音楽を実施して適否を試みる。

このことを根幹として,まず「小学唱歌集」全三冊の編集が音楽取調掛の手によって進められ,音楽教育の目的や方向,具体的な教材が示され,主として,徳育的な効果を強く打ち出した音楽教育の実践が次第に軌道にのせられてきた。

「小学唱歌集」は,明治14年に初編が刊行されて以来,同16年に第二編,同17年に第三編が刊行され,わが国最初の音楽教科書として重用された。

(2) 法的にみた音楽教育の変遷

① 小学校教則綱領　明治14年5月

文部省は,改正教育令第23条にもとづき,明治14年5月4日達第12号をもって「小学校教則綱領」を各府県に通達した。府県知事はこの綱領にもとづき,各地方の実情に従って,各府県の「小学教則」を編成し,文部卿の認可を経て管内に施行する形式をとっている。

わが国における小学校音楽教育の変遷　　249

この綱領の中で，教科に関しては特に第2条に次のように示してある。

> 「小学初等科ハ修身，読書，習字，算術ノ初歩及唱歌，体操トス，但唱歌ハ教授法等ノ整フヲ待テ之ヲ設クヘシ」

という表現がなされ，先の学制の「当分之ヲ欠ク」という表現からはやや進んだ表現とみることができる。

なお，この時期（明治13年3月～同16年3月）の3年間，メーソンがわが国の音楽教育の基盤に貢献した功績は非常に高く評価されている。メーソンの帰国後，ドイツ人エッケルト Franz Eckert（1852～1916）を招傭し（明治18年），音楽取調掛を音楽取調所と改称し，明治20年10月5日付をもって東京音楽学校として公示された。

② **小学校令**　　明治19年
③ **新案小学校令**　　明治23年
　　尋常小学校　　（3・4年）「唱歌　土地の情況によって加設」
　　高等小学校　　（2・3・4年）「唱歌」
④ **改正小学校令**　　明治33年
　　尋常小学校　　（4年）「唱歌　土地の情況によって加設」
　　高等小学校　　（2・3・4年）「唱歌」
⑤ **改正小学校令**　　明治40年
　　尋常小学校　　（6年）「唱歌」
　　高等小学校　　（2・3年）「唱歌」
⑥ **国民学校令**　　昭和16年
　　初等科　　（1～6年）「芸能科音楽」
　　高等科　　（1～2年）「芸能科音楽」
⑦ **学校教育法**　　昭和22年
　　小学校　　（1～6年）「音楽」

上記の概覧でもわかるように，小学校において全学年にわたって唱歌科の教育が実施されるようになったのは，明治40年の改正小学校令からのことである。この時代に文部省編集の「尋常小学校読本唱歌」（明治43年）が刊行され，続いてこの本を前身として1～6年の学年別「尋常小学唱歌」（明治44年～大正3年）が同じく文部省編集の教科書として刊行された。この教科書は大正全時代を経過し，昭和7年にこの教科書の改訂増補版ともみられる「新訂尋常小学唱歌」が刊行されるまで，わが国の音楽教科書として，最も長期にわたって使用された。

(3) 国民学校芸能科「音楽」の時期

この時期は，学制制定以来「唱歌」といわれた教科が，はじめて「音楽」という名称に改められた時期である。昭和16年の国民学校令施行規則の第14条には，次のように「音楽科」の目標が示されている。

> 「芸能科音楽は，歌曲を正しく歌唱し，音楽を鑑賞する能力を養い，国民的情操を醇化するものとす。」

教科の学習内容としては，従来のように唱歌中心のものでなく，鑑賞能力の育成ということも

表明し，広く音楽の学習を行うという姿勢がうかがえる。

また反面，戦時体制の強化に伴う方策に従う国民学校として，従来，徳性の涵養に主眼がおかれていた唱歌教育も，国民的情操の育成におきかえられ，国家目的を達成する教育の一部としての使命が与えられ，音楽科の本来的な使命とは離れていった。

(4) 昭和22年以降の音楽教育

戦後の時代は，昭和22年に学習指導要領が示されてから，数回にわたってその改訂が行われた。その都度，音楽教育の目標や，学習の領域について修正が加えられてきた。以下22年度の指導要領からそのおもな変遷をたどってみることにする。

	目標および構成の特徴	領　域
昭和22年 学習指導要領（試案）	1　音楽美の理解，感得を行ない，これによって高い美的情操と豊かな人間性を養う。 2　音楽に関する知識及び技術を習得させる。 3　音楽における創造力を養う。（旋律や曲を作ること） 4　音楽における表現力を養う。（歌うことと楽器をひくこと） 5　楽譜を読む力及び書く力を養う。 6　音楽における鑑賞力を養う。	1　歌唱教育 2　器楽教育 3　鑑賞教育 4　創作教育
昭和26年 学習指導要領（試案）	〔音楽教育の一般目標〕 「音楽経験を通じて，深い美的情操と豊かな人間性とを養い，円満な人格の発達をはかり，好ましい社会人としての教養を高める。」 **具体的な一般目標** 1　いろいろな音楽経験を積むことによって，いっそう音楽を愛好するように育てる。 2　よい音楽を鑑賞し，音楽の鑑賞力を高める。 3　音楽の表現技術を養い，音楽経験を通しての創造的な自己表現を奨励する。 4　学習経験を豊かにするために必要な，音楽に関する知識を得させる。 5　音楽を理解したり感じとる力を，各個人の能力に応じて高める。 6　音楽経験の喜びや楽しさを，家庭や地域社会の生活にまで広げる。 7　音楽という世界共通語を通して，他の国々に対するいっそうよい理解を深める。	1　歌　唱 2　器　楽 3　鑑　賞 4　創造的表現 5　リズム反応
昭和33年 学習指導要領	1　音楽経験を豊かにし，音楽的感覚の発達を図るとともに，美的情操を養う。 2　すぐれた音楽に数多く親しませ，よい音楽を愛好する心情を育て，音楽の美しさを味わって聞く態度や能力を養う。 3　歌を歌うこと，楽器を演奏すること，簡単な旋律を作ることなどの音楽表現に必要な技能の習熟を図り，音楽による創造的表現の能力を伸ばす。 4　音楽経験を豊かにするために必要な音楽に関する知識を，鑑賞や表現の音楽活動を通して理解させる。 5　音楽経験を通して，日常生活にうるおいや豊かさをもたらす態度や習慣を養う。	A　鑑　賞 B　表　現 　　歌　唱 　　器　楽 　　創　作

昭和43年 学習指導要領	・総括目標 「音楽性をつちかい，情操を高めるとともに，豊かな創造性を養う。」 ・具体目標 1　すぐれた音楽に数多く親しませ，よい音楽を愛好する心情を育て，音楽の美しさを味わって聞く能力と態度を育てる。　　　　　　（鑑賞能力） 2　音楽的感覚の発達を図るとともに，聴取，読譜，記譜の能力を育て，楽譜についての理解を深める。　　　　　　　　　　　　　　　（基礎能力） 3　歌唱，器楽，創作などの音楽表現に必要な技能の習熟を図り，音楽による創造的表現の能力を育てる。　　　　　　　　　　　　　（表現能力） 4　音楽経験を通して，生活を明るくうるおいのあるものにする態度や習慣を育てる。　　　　　　　　　　　　　　　　　　　　　（音楽の生活化）	1　基　　礎 2　鑑　　賞 3　歌　　唱 4　器　　楽 5　創　　作
昭和52年 学習指導要領	**音楽科の目標**　表現及び鑑賞の活動を通して，音楽性を培うとともに，音楽を愛好する心情を育て，豊かな情操を養う。 **学年目標**　各学年とも次の観点に基づいて3項目を設定している。 (1) 音楽の学習についての興味，関心，意欲をもたせること。 (2) 表現及び鑑賞の能力を養うこと。 (3) 生活を明るく潤いのあるものにする態度と習慣を育てること。 　なお，(2)の能力に関する目標では，低，中，高学年ごとに次の重点事項が明示されている。 　・低学年　リズムの聴取と表現 　・中学年　旋律の聴取と表現 　・高学年　和声の美しさの感得	A　表　　現 B　鑑　　賞
平成元年 学習指導要領	**音楽科の目標** 　1　教科の目標 　表現及び鑑賞の活動を通して，音楽性の基礎を培うとともに，音楽を愛好する心情と音楽に対する感性を育て，豊かな情操を養う。 　2　学年の目標 　第1学年及び第2学年，第3学年及び第4学年，第5学年及び第6学年のように2学年をまとめて示した。 　各学年とも次の観点に基づいて3項目を設定している。 ア　音楽の学習についての興味，関心，意欲をもたせること。 イ　表現及び鑑賞の能力を養うこと。 ウ　音楽を生活に生かそうとする態度，習慣を育てること。 　さらに，イの項目に関しては，指導上の重点事項を次のように示している。 　・低学年　リズムの聴取と表現 　・中学年　旋律の聴取と表現 　・高学年　音の重なりや和声の聴取と表現	A　表　　現 B　鑑　　賞
	音楽科の目標 　1　教科の目標 　表現及び鑑賞の活動を通して，音楽を愛好する心情と音楽に対する感性を育てるとともに，音楽活動の基礎的な能力を培い，豊かな情操を養う。 　2　学年の目標 　第1学年及び第2学年，第3学年及び第4学年，第5学年及び第6学年の	

平成10年　学習指導要領	ように2学年をまとめて示した。 　各学年とも次の観点に基づいて3項目を設定している。 ア　楽しい音楽活動を通して，音楽の学習についての興味，関心，意欲を高め，音楽を生活に生かそうとする態度，習慣を育てること。 イ　基礎的な表現の能力を育てること。 ウ　音楽の楽しさ美しさを味わうことのできる鑑賞の能力を育てること。 　さらに，イの項目に関しては，指導上の重点事項を次のように示している。 ・低学年　リズムに重点を置く。 ・中学年　旋律に重点を置く。 ・高学年　音の重なりや和声の響きに重点を置く。	A　表　現 B　鑑　賞
平成20年　学習指導要領	**音楽科の目標** 1．教科の目標（従前通り） 2．学年の目標（従前通り） 　各学年とも，次の指導事項が示されている。 　A　表　現 　　歌　唱……低・中学年は，共通教材4曲を指導する。 　　　　　　　高学年は，共通教材4曲中3曲を指導する。 　B　鑑　賞 　　1．ウ……楽曲を聴いて，想像したこと・感じ取ったことを，言葉で表わす。など 〔共通事項〕 　表現・鑑賞の学習活動において必要とされる能力，即ち音楽を特徴付けている要素・音楽の仕組を聴き取る力・それらの働きによって生み出される面白さや美しさを感じ取る力を育成する。 〔我が国の音楽の重視〕	A　表　現 B　鑑　賞 〔共通事項〕

(5)　音楽教育の今日の課題

　前節まで，わが国における小学校音楽教育の草創期から，その変遷を概観してきたが，今日の時点においては，次に述べるようなさまざまな課題をかかえている。たとえば，まず第一に音楽教育の理念にかかわること，次には学習指導要領とその実施にかかわることなどである。さらに具体的には，教科書教材と，現実に児童・生徒がより深く共感をもっている社会の音楽との関係など，教材という媒体を通して，音楽教育の理念と学習指導要領とのかかわりなどが，いっそう鮮明に描かれていると言えよう。

　最近，いろいろな立場から，マスコミを通して音楽教育に対しての提言や批判が行われているが，それらの内容を概括してみると，つぎのようなことになろう。

　第1には，学習指導要領路線にもとづく音楽教育全般に対する批判であり，第2は，教材の芸術性と現代の子どもの感覚に対する適応性に関する疑問である。つまり，音楽教育でとり上げる教材は，芸術教科の教材である以上，「音楽的に価値ある教材」でなくてはならないという考え方であり，また同時に「子どもの学習意欲をかきたてる興味深い教材」でなくてはならないとする考え方である。

　この二つの考え方は，ときに一致する場合もあろうし，ときには背反する場合もあろう。これ

らのことについて，前述してきた音楽教育の歴史的な変遷という視点から考えてみるとき，明治以来百有余年という経過の中で，急激な近代教育への成長過程に即応して，体質的な順応が不充分であったということが考えられよう。特に音楽教育の場合，実質的には明治40年代以降，全面的に実施の段階に移ったもので，その時点から起算するならば，約100年ほどの歴史とみることができる。

　この間にあって，長い伝統をもつ西洋音楽を，学校音楽の主教材にすえて教育の歩みを進めてきただけに，その悩みも大きかったことが想像される。

　わが国における近代教育の黎明期において，時の指導者たちが考えたことは，教育を通して，まず文化遺産の継承と伝達ということであったであろう。特に当面は西洋文明の伝達ということが中心になったであろうことが想像される。教科によっては，この発想がそのままストレートに受け入れられるものもある。たとえば，国語，算数，歴史や地理の一部など，どちらかといえば，知識や思考が系統的な構成によって学習の成り立つ教科については，この伝達ということの意味が理解できる。

　ところが，この考え方が小学校の各教科のすべてについて貫かれ，音楽のような教科にもそのままあてはめられた感がある。

　教材選択の観点にしても，児童・生徒の興味や欲求は，極端に無視されて，既成の音楽の伝達と継承という点から教材が選ばれてきた。「唱歌」という教科が設定された時代の考え方が，根雪のように，日本の音楽教育の体質となって残存し，もっと弾力的に時代の空気を鋭く反映して体質の改善を進めていかなくてはならない部面にまで，体質細胞の膠着化の傾向がないとは言えない。

　本質的に不変のものと，弾力的に改変していくものとのかね合いの上で，今後の改善が考えられなくてはならない。

　学習指導要領の面でも，その改訂のたびに，教材の選択について一段と深い配慮がなされてきているように思える。日本の伝統音楽が広く共通教材として登場し，また，西洋音楽ことにヨーロッパの音楽中心の考え方を改め，時代的にも18，19世紀の音楽にとらわれないような考え方に変わってきている。同時に現場の実情としては，指導の方法の面でも，教育機器の活用や計画立案の面で，新しい試みが行われてきている。これらの教材の選定や方法の改善のもたらす結果については，それらのことが今後の日本の子どもの成長にどのような役割りを果たしていくか，これからの実践的な研究の成果にまつところが多い。

　平成14年度から，我が国の教育は「学校週5日制」という新しい制度の下で教育が進められることになった。それに伴って必然的に年間の授業時数も縮減されることになる。

　そうした中で，子どもたちが音楽の活動そのものを楽しみながら，しかも生涯学習につながるような基礎的な音楽的能力を身に付けていくためには，指導計画の見直しから教材の研究，指導の方法に至るまでの全ての部分において，効率よく成果を上げるための工夫を重ね，新しい時代に即応し得る音楽教育のあり方を考えるようにすることが求められているのである。

幼稚園教育要領

平成20年3月
文部科学省告示

第1章　総　　則

1　幼稚園教育の基本

　幼児期における教育は，生涯にわたる人格形成の基礎を培う重要なものであり，幼稚園教育は，学校教育法第22条に規定する目的を達成するため，幼児期の特性を踏まえ，環境を通して行うものであることを基本とする。
　このため，教師は幼児との信頼関係を十分に築き，幼児と共によりよい教育環境を創造するように努めるものとする。これらを踏まえ，次に示す事項を重視して教育を行わなければならない。
(1) 幼児は安定した情緒の下で自己を十分に発揮することにより発達に必要な体験を得ていくものであることを考慮して，幼児の主体的な活動を促し，幼児期にふさわしい生活が展開されるようにすること。
(2) 幼児の自発的な活動としての遊びは，心身の調和のとれた発達の基礎を培う重要な学習であることを考慮して，遊びを通しての指導を中心として第2章に示すねらいが総合的に達成されるようにすること。
(3) 幼児の発達は，心身の諸側面が相互に関連し合い，多様な経過をたどって成し遂げられていくものであること，また，幼児の生活経験がそれぞれ異なることなどを考慮して，幼児一人一人の特性に応じ，発達の課題に即した指導を行うようにすること。

　その際，教師は，幼児の主体的な活動が確保されるよう幼児一人一人の行動の理解と予想に基づき，計画的に環境を構成しなければならない。この場合において，教師は，幼児と人やものとのかかわりが重要であることを踏まえ，物的・空間的環境を構成しなければならない。また，教師は，幼児一人一人の活動の場面に応じて，様々な役割を果たし，その活動を豊かにしなければならない。

2　教育課程の編成

　幼稚園は，家庭との連携を図りながら，この章の第1に示す幼稚園教育の基本に基づいて展開される幼稚園生活を通して，生きる力の基礎を育成するよう学校教育法第23条に規定する幼稚園教育の目標の達成に努めなければならない。幼稚園は，このことにより，義務教育及びその後の教育の基礎を培うものとする。
　これらを踏まえ，各幼稚園においては，教育基本法及び学校教育法その他の法令並びにこの幼稚園教育要領の示すところに従い，創意工夫を生かし，幼児の心身の発達と幼稚園及び地域の実態に即応した適切な教育課程を編成するものとする。
(1) 幼稚園生活の全体を通して第2章に示すねらいが総合的に達成されるよう，教育課程に係る教育期間や幼児の生活経験や発達の過程などを考慮して具体的なねらいと内容を組織しなければならないこと。この場合においては，特に，自我が芽生え，他者の存在を意識し，自己を抑制しようとする気持ちが生まれる幼児期の発達の特性を踏まえ，入園から修了に至るまでの長期的な視野をもって充実した生活が展開できるように配慮しなければならないこと。
(2) 幼稚園の毎学年の教育課程に係る教育週数は，特別の事情のある場合を除き，39週を下ってはならないこと。
(3) 幼稚園の1日の教育課程に係る教育時間は，4時間を標準とすること。ただし，幼児の心身の発達の程度や季節などに適切に配慮すること。

3　教育課程に係る教育時間の終了後等に行う教育活動など

　幼稚園は，地域の実態や保護者の要請により教育課程に係る教育時間の終了後等に希望する者を対象に行う教育活動について，学校教育法第22条及び第23条並びにこの章の第1に示す幼稚園教育の基本を踏まえ実施すること。また，幼稚園の目的の達成に資するため，幼児の生活全体が豊かなものとなるよう家庭や地域における幼児期の教育の支援に努めること。

第2章　ねらい及び内容

この章に示すねらいは，幼稚園修了までに育つことが期待される生きる力の基礎となる心情，意欲，態度などであり，内容は，ねらいを達成するために指導する事項である。これらを幼児の発達の側面から，心身の健康に関する領域「健康」，人とのかかわりに関する領域「人間関係」，身近な環境とのかかわりに関する領域「環境」，言葉の獲得に関する領域「言葉」及び感性と表現に関する領域「表現」としてまとめ，示したものである。

各領域に示すねらいは，幼稚園における生活の全体を通じ，幼児が様々な体験を積み重ねる中で相互に関連をもちながら次第に達成に向かうものであること，内容は，幼児が環境にかかわって展開する具体的な活動を通して総合的に指導されるものであることに留意しなければならない。

なお，特に必要な場合には，各領域に示すねらいの趣旨に基づいて適切な，具体的な内容を工夫し，それを加えても差し支えないが，その場合には，それが第1章の第1に示す幼稚園教育の基本を逸脱しないよう慎重に配慮する必要がある。

健　康

〔健康な心と体を育て，自ら健康で安全な生活をつくり出す力を養う。〕

1　ねらい
(1) 明るく伸び伸びと行動し，充実感を味わう。
(2) 自分の体を十分に動かし，進んで運動しようとする。
(3) 健康，安全な生活に必要な習慣や態度を身に付ける。

2　内　容
(1) 先生や友達と触れ合い，安定感をもって行動する。
(2) いろいろな遊びの中で十分に体を動かす。
(3) 進んで戸外で遊ぶ。
(4) 様々な活動に親しみ，楽しんで取り組む。
(5) 先生や友達と食べることを楽しむ。
(6) 健康な生活のリズムを身に付ける。
(7) 身の回りを清潔にし，衣服の着脱，食事，排泄などの生活に必要な活動を自分でする。
(8) 幼稚園における生活の仕方を知り，自分たちで生活の場を整えながら見通しをもって行動する。
(9) 自分の健康に関心をもち，病気の予防などに必要な活動を進んで行う。
(10) 危険な場所，危険な遊び方，災害時などの行動の仕方が分かり，安全に気を付けて行動する。

3　内容の取扱い
上記の取扱いに当たっては，次の事項に留意する必要がある。
(1) 心と体の健康は，相互に密接な関連があるものであることを踏まえ，幼児が教師や他の幼児との温かい触れ合いの中で自己の存在感や充実感を味わうことなどを基盤として，しなやかな心と体の発達を促すこと。特に，十分に体を動かす気持ちよさを体験し，自ら体を動かそうとする意欲が育つようにすること。
(2) 様々な遊びの中で，幼児が興味や関心，能力に応じて全身を使って活動することにより，体を動かす楽しさを味わい，安全についての構えを身に付け，自分の体を大切にしようとする気持ちが育つようにすること。
(3) 自然の中で伸び伸びと体を動かして遊ぶことにより，体の諸機能の発達が促されることに留意し，幼児の興味や関心が戸外にも向くようにすること。その際，幼児の動線に配慮した園庭や遊具の配置などを工夫すること。
(4) 健康な心と体を育てるためには食育を通じた望ましい食習慣の形成が大切であることを踏まえ，幼児の食生活の実情に配慮し，和やかな雰囲気の中で教師や他の幼児と食べる喜びや楽しさを味わったり，様々な食べ物への興味や関心をもったりするなどし，進んで食べようとする気持ちが育つようにすること。
(5) 基本的な生活習慣の形成に当たっては，家庭での生活経験に配慮し，幼児の自立心を育て，幼児が他の幼児とかかわりながら主体的な活動を展開する中で，生活に必要な習慣を身に付けるようにすること。

人間関係

〔他の人々と親しみ，支え合って生活するために，自立心を育て，人とかかわる力を養う。〕

1 ねらい
(1) 幼稚園生活を楽しみ，自分の力で行動することの充実感を味わう。
(2) 身近な人と親しみ，かかわりを深め，愛情や信頼感をもつ。
(3) 社会生活における望ましい習慣や態度を身に付ける。

2 内容
(1) 先生や友達と共に過ごすことの喜びを味わう。
(2) 自分で考え，自分で行動する。
(3) 自分でできることは自分でする。
(4) いろいろな遊びを楽しみながら物事をやり遂げようとする気持ちをもつ。
(5) 友達と積極的にかかわりながら喜びや悲しみを共感し合う。
(6) 自分の思ったことを相手に伝え，相手の思っていることに気付く。
(7) 友達のよさに気付き，一緒に活動する楽しさを味わう。
(8) 友達と楽しく活動する中で，共通の目的を見いだし，工夫したり，協力したりなどする。
(9) よいことや悪いことがあることに気付き，考えながら行動する。
(10) 友達とのかかわりを深め，思いやりをもつ。
(11) 友達と楽しく生活する中できまりの大切さに気付き，守ろうとする。
(12) 共同の遊具や用具を大切にし，みんなで使う。
(13) 高齢者をはじめ地域の人々などの自分の生活に関係の深いいろいろな人に親しみをもつ。

3 内容の取扱い
上記の取扱いに当たっては，次の事項に留意する必要がある。
(1) 教師との信頼関係に支えられて自分自身の生活を確立していくことが人とかかわる基盤となることを考慮し，幼児が自ら周囲に働き掛けることにより多様な感情を体験し，試行錯誤しながら自分の力で行うことの充実感を味わうことができるよう，幼児の行動を見守りながら適切な援助を行うようにすること。
(2) 幼児の主体的な活動は，他の幼児とのかかわりの中で深まり，豊かになるものであり，幼児はその中で互いに必要な存在であることを認識するようになることを踏まえ，一人一人を生かした集団を形成しながら人とかかわる力を育てていくようにすること。特に，集団の生活の中で，幼児が自己を発揮し，教師や他の幼児に認められる体験をし，自信をもって行動できるようにすること。
(3) 幼児が互いにかかわりを深め，協同して遊ぶようになるため，自ら行動する力を育てるようにするとともに，他の幼児と試行錯誤しながら活動を展開する楽しさや共通の目的が実現する喜びを味わうことができるようにすること。
(4) 道徳性の芽生えを培うに当たっては，基本的な生活習慣の形成を図るとともに，幼児が他の幼児とのかかわりの中で他人の存在に気付き，相手を尊重する気持ちをもって行動できるようにし，また，自然や身近な動植物に親しむことなどを通して豊かな心情が育つようにすること。特に，人に対する信頼感や思いやりの気持ちは，葛藤やつまずきをも体験し，それらを乗り越えることにより次第に芽生えてくることに配慮すること。
(5) 集団の生活を通して，幼児が人とのかかわりを深め，規範意識の芽生えが培われることを考慮し，幼児が教師との信頼関係に支えられて自己を発揮する中で，互いに思いを主張し，折り合いを付ける体験をし，きまりの必要性などに気付き，自分の気持ちを調整する力が育つようにすること。
(6) 高齢者をはじめ地域の人々などの自分の生活に関係の深いいろいろな人と触れ合い，自分の感情や意志を表現しながら共に楽しみ，共感し合う体験を通して，これらの人々などに親しみをもち，人とかかわることの楽しさや人の役に立つ喜びを味わうことができるようにすること。また，生活を通して親や祖父母などの家族の愛情に気付き，家族を大切にしようとする気持ちが育つようにすること。

環境

〔周囲の様々な環境に好奇心や探究心をもってかかわり,それらを生活に取り入れていこうとする力を養う。〕

1 ねらい
(1) 身近な環境に親しみ,自然と触れ合う中で様々な事象に興味や関心をもつ。
(2) 身近な環境に自分からかかわり,発見を楽しんだり,考えたりし,それを生活に取り入れようとする。
(3) 身近な事象を見たり,考えたり,扱ったりする中で,物の性質や数量,文字などに対する感覚を豊かにする。

2 内容
(1) 自然に触れて生活し,その大きさ,美しさ,不思議さなどに気付く。
(2) 生活の中で,様々な物に触れ,その性質や仕組みに興味や関心をもつ。
(3) 季節により自然や人間の生活に変化のあることに気付く。
(4) 自然などの身近な事象に関心をもち,取り入れて遊ぶ。
(5) 身近な動植物に親しみをもって接し,生命の尊さに気付き,いたわったり,大切にしたりする。
(6) 身近な物を大切にする。
(7) 身近な物や遊具に興味をもってかかわり,考えたり,試したりして工夫して遊ぶ。
(8) 日常生活の中で数量や図形などに関心をもつ。
(9) 日常生活の中で簡単な標識や文字などに関心をもつ。
(10) 生活に関係の深い情報や施設などに興味や関心をもつ。
(11) 幼稚園内外の行事において国旗に親しむ。

3 内容の取扱い
上記の取扱いに当たっては,次の事項に留意する必要がある。
(1) 幼児が,遊びの中で周囲の環境とかかわり,次第に周囲の世界に好奇心を抱き,その意味や操作の仕方に関心をもち,物事の法則性に気付き,自分なりに考えることができるようになる過程を大切にすること。特に,他の幼児の考えなどに触れ,新しい考えを生み出す喜びや楽しさを味わい,自ら考えようとする気持ちが育つようにすること。
(2) 幼児期において自然のもつ意味は大きく,自然の大きさ,美しさ,不思議さなどに直接触れる体験を通して,幼児の心が安らぎ,豊かな感情,好奇心,思考力,表現力の基礎が培われることを踏まえ,幼児が自然とのかかわりを深めることができるよう工夫すること。
(3) 身近な事象や動植物に対する感動を伝え合い,共感し合うことなどを通して自分からかかわろうとする意欲を育てるとともに,様々なかかわり方を通してそれらに対する親しみや畏敬の念,生命を大切にする気持ち,公共心,探究心などが養われるようにすること。
(4) 数量や文字などに関しては,日常生活の中で幼児自身の必要感に基づく体験を大切にし,数量や文字などに関する興味や関心,感覚が養われるようにすること。

言葉

〔経験したことや考えたことなどを自分なりの言葉で表現し,相手の話す言葉を聞こうとする意欲や態度を育て,言葉に対する感覚や言葉で表現する力を養う。〕

1 ねらい
(1) 自分の気持ちを言葉で表現する楽しさを味わう。
(2) 人の言葉や話などをよく聞き,自分の経験したことや考えたことを話し,伝え合う喜びを味わう。
(3) 日常生活に必要な言葉が分かるようになるとともに,絵本や物語などに親しみ,先生や友達と心を通わせる。

2 内容
(1) 先生や友達の言葉や話に興味や関心をもち,親しみをもって聞いたり,話したりする。
(2) したり,見たり,聞いたり,感じたり,考えたりなどしたことを自分なりに言葉で表現する。
(3) したいこと,してほしいことを言葉で表現し

たり，分からないことを尋ねたりする。
(4) 人の話を注意して聞き，相手に分かるように話す。
(5) 生活の中で必要な言葉が分かり，使う。
(6) 親しみをもって日常のあいさつをする。
(7) 生活の中で言葉の楽しさや美しさに気付く。
(8) いろいろな体験を通じてイメージや言葉を豊かにする。
(9) 絵本や物語などに親しみ，興味をもって聞き，想像をする楽しさを味わう。
(10) 日常生活の中で，文字などで伝える楽しさを味わう。

3 内容の取扱い
上記の取扱いに当たっては，次の事項に留意する必要がある。
(1) 言葉は，身近な人に親しみをもって接し，自分の感情や意志などを伝え，それに相手が応答し，その言葉を聞くことを通して次第に獲得されていくものであることを考慮して，幼児が教師や他の幼児とかかわることにより心を動かすような体験をし，言葉を交わす喜びを味わえるようにすること。
(2) 幼児が自分の思いを言葉で伝えるとともに，教師や他の幼児などの話を興味をもって注意して聞くことを通して次第に話を理解するようになっていき，言葉による伝え合いができるようにすること。
(3) 絵本や物語などで，その内容と自分の経験とを結び付けたり，想像を巡らせたりするなど，楽しみを十分に味わうことによって，次第に豊かなイメージをもち，言葉に対する感覚が養われるようにすること。
(4) 幼児が日常生活の中で，文字などを使いながら思ったことや考えたことを伝える喜びや楽しさを味わい，文字に対する興味や関心をもつようにすること。

表　現

〔感じたことや考えたことを自分なりに表現することを通して，豊かな感性や表現する力を養い，創造性を豊かにする。〕

1 ねらい
(1) いろいろなものの美しさなどに対する豊かな感性をもつ。
(2) 感じたことや考えたことを自分なりに表現して楽しむ。
(3) 生活の中でイメージを豊かにし，様々な表現を楽しむ。

2 内容
(1) 生活の中で様々な音，色，形，手触り，動きなどに気付いたり，感じたりするなどして楽しむ。
(2) 生活の中で美しいものや心を動かす出来事に触れ，イメージを豊かにする。
(3) 様々な出来事の中で，感動したことを伝え合う楽しさを味わう。
(4) 感じたこと，考えたことなどを音や動きなどで表現したり，自由にかいたり，つくったりなどする。
(5) いろいろな素材に親しみ，工夫して遊ぶ。
(6) 音楽に親しみ，歌を歌ったり，簡単なリズム楽器を使ったりなどする楽しさを味わう。
(7) かいたり，つくったりすることを楽しみ，遊びに使ったり，飾ったりなどする。
(8) 自分のイメージを動きや言葉などで表現したり，演じて遊んだりするなどの楽しさを味わう。

3 内容の取扱い
上記の取扱いに当たっては，次の事項に留意する必要がある。
(1) 豊かな感性は，自然などの身近な環境と十分にかかわる中で美しいもの，優れたもの，心を動かす出来事などに出会い，そこから得た感動を他の幼児や教師と共有し，様々に表現することなどを通して養われるようにすること。
(2) 幼児の自己表現は素朴な形で行われることが多いので，教師はそのような表現を受容し，幼児自身の表現しようとする意欲を受け止めて，幼児が生活の中で幼児らしい様々な表現を楽しむことができるようにすること。
(3) 生活経験や発達に応じ，自ら様々な表現を楽しみ，表現する意欲を十分に発揮させることができるように，遊具や用具などを整えたり，他の幼児の表現に触れられるよう配慮したりし，表現する過程を大切にして自己表現を楽しめるように工夫すること。

第3章　指導計画及び教育課程に係る教育時間の終了後等に行う教育活動などの留意事項

第1　指導計画の作成に当たっての留意事項

幼稚園教育は，幼児が自ら意欲をもって環境とかかわることによりつくり出される具体的な活動を通して，その目標の達成を図るものである。

幼稚園においてはこのことを踏まえ，幼児期にふさわしい生活が展開され，適切な指導が行われるよう，次の事項に留意して調和のとれた組織的，発展的な指導計画を作成し，幼児の活動に沿った柔軟な指導を行わなければならない。

1　一般的な留意事項

(1) 指導計画は，幼児の発達に即して一人一人の幼児が幼児期にふさわしい生活を展開し，必要な体験を得られるようにするために，具体的に作成すること。

(2) 指導計画の作成に当たっては，次に示すところにより，具体的なねらい及び内容を明確に設定し，適切な環境を構成することなどにより活動が選択・展開されるようにすること。
　ア　具体的なねらい及び内容は，幼稚園生活における幼児の発達の過程を見通し，幼児の生活の連続性，季節の変化などを考慮して，幼児の興味や関心，発達の実情などに応じて設定すること。
　イ　環境は，具体的なねらいを達成するために適切なものとなるように構成し，幼児が自らその環境にかかわることにより様々な活動を展開しつつ必要な体験を得られるようにすること。その際，幼児の生活する姿や発想を大切にし，常にその環境が適切なものとなるようにすること。
　ウ　幼児の行う具体的な活動は，生活の流れの中で様々に変化するものであることに留意し，幼児が望ましい方向に向かって自ら活動を展開していくことができるよう必要な援助をすること。

その際，幼児の実態及び幼児を取り巻く状況の変化などに即して指導の過程についての反省や評価を適切に行い，常に指導計画の改善を図ること。

(3) 幼児の生活は，入園当初の一人一人の遊びや教師との触れ合いを通して幼稚園生活に親しみ，安定していく時期から，やがて友達同士で目的をもって幼稚園生活を展開し，深めていく時期などに至るまでの過程を様々に経ながら広げられていくものであることを考慮し，活動がそれぞれの時期にふさわしく展開されるようにすること。その際，入園当初，特に，3歳児の入園については，家庭との連携を緊密にし，生活のリズムや安全面に十分配慮すること。また，認定こども園（就学前の子どもに関する教育，保育等の総合的な提供の推進に関する法律（平成18年法律第77号）第6条第2項に規定する認定こども園をいう。）である幼稚園については，幼稚園入園前の当該認定こども園における生活経験に配慮すること。

(4) 幼児が様々な人やものとのかかわりを通して，多様な体験をし，心身の調和のとれた発達を促すようにしていくこと。その際，心が動かされる体験が次の活動を生み出すことを考慮し，一つ一つの体験が相互に結び付き，幼稚園生活が充実するようにすること。

(5) 長期的に発達を見通した年，学期，月などにわたる長期の指導計画やこれとの関連を保ちながらより具体的な幼児の生活に即した週，日などの短期の指導計画を作成し，適切な指導が行われるようにすること。特に，週，日などの短期の指導計画については，幼児の生活のリズムに配慮し，幼児の意識や興味の連続性のある活動が相互に関連して幼稚園生活の自然な流れの中に組み込まれるようにすること。

(6) 幼児の行う活動は，個人，グループ，学級全体などで多様に展開されるものであるが，いずれの場合にも，幼稚園全体の教師による協力体制をつくりながら，一人一人の幼児が興味や欲求を十分に満足させるよう適切な援助を行うようにすること。

(7) 幼児の主体的な活動を促すためには，教師が多様なかかわりをもつことが重要であることを踏まえ，教師は，理解者，共同作業者など様々な役割を果たし，幼児の発達に必要な豊かな体験が得られるよう，活動の場面に応じて，適切な指導を行うようにすること。

(8) 幼児の生活は，家庭を基盤として地域社会を

通じて次第に広がりをもつものであることに留意し，家庭との連携を十分に図るなど，幼稚園における生活が家庭や地域社会と連続性を保ちつつ展開されるようにすること。その際，地域の自然，人材，行事や公共施設などの地域の資源を積極的に活用し，幼児が豊かな生活体験を得られるように工夫すること。また，家庭との連携に当たっては，保護者との情報交換の機会を設けたり，保護者と幼児との活動の機会を設けたりなどすることを通じて，保護者の幼児期の教育に関する理解が深まるよう配慮すること。

(9) 幼稚園においては，幼稚園教育が，小学校以降の生活や学習の基盤の育成につながることに配慮し，幼児期にふさわしい生活を通して，創造的な思考や主体的な生活態度などの基礎を培うようにすること。

2 特に留意する事項

(1) 安全に関する指導に当たっては，情緒の安定を図り，遊びを通して状況に応じて機敏に自分の体を動かすことができるようにするとともに，危険な場所や事物などが分かり，安全についての理解を深めるようにすること。また，交通安全の習慣を身に付けるようにするとともに，災害などの緊急時に適切な行動がとれるようにするための訓練なども行うようにすること。

(2) 障害のある幼児の指導に当たっては，集団の中で生活することを通して全体的な発達を促していくことに配慮し，特別支援学校などの助言又は援助を活用しつつ，例えば指導についての計画又は家庭や医療，福祉などの業務を行う関係機関と連携した支援のための計画を個別に作成することなどにより，個々の幼児の障害の状態などに応じた指導内容や指導方法の工夫を計画的，組織的に行うこと。

(3) 幼児の社会性や豊かな人間性をはぐくむため，地域や幼稚園の実態等により，特別支援学校などの障害のある幼児との活動を共にする機会を積極的に設けるよう配慮すること。

(4) 行事の指導に当たっては，幼稚園生活の自然の流れの中で生活に変化や潤いを与え，幼児が主体的に楽しく活動できるようにすること。なお，それぞれの行事についてはその教育的価値を十分検討し，適切なものを精選し，幼児の負担にならないようにすること。

(5) 幼稚園教育と小学校教育との円滑な接続のため，幼児と児童の交流の機会を設けたり，小学校の教師との意見交換や合同の研究の機会を設けたりするなど，連携を図るようにすること。

第2 教育課程に係る教育時間の終了後等に行う教育活動などの留意事項

1 地域の実態や保護者の要請により，教育課程に係る教育時間の終了後等に希望する者を対象に行う教育活動については，幼児の心身の負担に配慮すること。また，以下の点にも留意すること。

(1) 教育課程に基づく活動を考慮し，幼児期にふさわしい無理のないものとなるようにすること。その際，教育課程に基づく活動を担当する教師と緊密な連携を図るようにすること。

(2) 家庭や地域での幼児の生活も考慮し，教育課程に係る教育時間の終了後等に行う教育活動の計画を作成するようにすること。その際，地域の様々な資源を活用しつつ，多様な体験ができるようにすること。

(3) 家庭との緊密な連携を図るようにすること。その際，情報交換の機会を設けたりするなど，保護者が，幼稚園と共に幼児を育てるという意識が高まるようにすること。

(4) 地域の実態や保護者の事情とともに幼児の生活のリズムを踏まえつつ，例えば実施日数や時間などについて，弾力的な運用に配慮すること。

(5) 適切な指導体制を整備した上で，幼稚園の教師の責任と指導の下に行うようにすること。

2 幼稚園の運営に当たっては，子育ての支援のために保護者や地域の人々に機能や施設を開放して，園内体制の整備や関係機関との連携及び協力に配慮しつつ，幼児期の教育に関する相談に応じたり，情報を提供したり，幼児と保護者との登園を受け入れたり，保護者同士の交流の機会を提供したりするなど，地域における幼児期の教育のセンターとしての役割を果たすよう努めること。

2 中学校学習指導要領

平成20年3月
文部科学省告示

第5節 「音　楽」

第1　目　標
　表現及び鑑賞の幅広い活動を通して，音楽を愛好する心情を育てるとともに，音楽に対する感性を豊かにし，音楽活動の基礎的な能力を伸ばし，音楽文化についての理解を深め，豊かな情操を養う。

第2　各学年の目標及び内容

〔第1学年〕

1　目　標
(1)　音楽活動の楽しさを体験することを通して，音や音楽への興味・関心を養い，音楽によって生活を明るく豊かなものにする態度を育てる。
(2)　多様な音楽表現の豊かさや美しさを感じ取り，基礎的な表現の技能を身に付け，創意工夫して表現する能力を育てる。
(3)　多様な音楽のよさや美しさを味わい，幅広く主体的に鑑賞する能力を育てる。

2　内　容
A　表　現
(1) 歌唱の活動を通して，次の事項を指導する。
　ア　歌詞の内容や曲想を感じ取り，表現を工夫して歌うこと。
　イ　曲種に応じた発声により，言葉の特性を生かして歌うこと。
　ウ　声部の役割や全体の響きを感じ取り，表現を工夫しながら合わせて歌うこと。
(2) 器楽の活動を通して，次の事項を指導する。
　ア　曲想を感じ取り，表現を工夫して演奏すること。
　イ　楽器の特徴をとらえ，基礎的な奏法を身に付けて演奏すること。
　ウ　声部の役割や全体の響きを感じ取り，表現を工夫しながら合わせて演奏すること。
(3) 創作の活動を通して，次の事項を指導する。
　ア　言葉や音階などの特徴を感じ取り，表現を工夫して簡単な旋律をつくること。
　イ　表現したいイメージをもち，音素材の特徴を感じ取り，反復，変化，対照などの構成を工夫しながら音楽をつくること。
(4) 表現教材は，次に示すものを取り扱う。
　ア　我が国及び諸外国の様々な音楽のうち，指導のねらいに適切で，生徒にとって平易で親しみのもてるものであること。
　イ　歌唱教材には，次の観点から取り上げたものを含めること。
　　(ア)　我が国で長く歌われ親しまれている歌曲のうち，我が国の自然や四季の美しさを感じ取れるもの又は我が国の文化や日本語のもつ美しさを味わえるもの
　　(イ)　民謡，長唄（ながうた）などの我が国の伝統的な歌唱のうち，地域や学校，生徒の実態を考慮して，伝統的な声の特徴を感じ取れるもの

B　鑑　賞
(1) 鑑賞の活動を通して，次の事項を指導する。
　ア　音楽を形づくっている要素や構造と曲想とのかかわりを感じ取って聴き，言葉で説明するなどして，音楽のよさや美しさを味わうこと。
　イ　音楽の特徴をその背景となる文化・歴史や他の芸術と関連付けて，鑑賞すること。
　ウ　我が国や郷土の伝統音楽及びアジア地域の諸民族の音楽の特徴から音楽の多様性を感じ取り，鑑賞すること。
(2) 鑑賞教材は，我が国や郷土の伝統音楽を含む我が国及び諸外国の様々な音楽のうち，指導のねらいに適切なものを取り扱う。

〔共通事項〕
(1) 「A表現」及び「B鑑賞」の指導を通して，次の事項を指導する。
　ア　音色，リズム，速度，旋律，テクスチュア，強弱，形式，構成などの音楽を形づくっている要素や要素同士の関連を知覚し，それらの働きが生み出す特質や雰囲気を感受すること。
　イ　音楽を形づくっている要素とそれらの働きを表す用語や記号などについて，音楽活動を通

して理解すること。
〔第2学年及び第3学年〕
1 目標
(1) 音楽活動の楽しさを体験することを通して，音や音楽への興味・関心を高め，音楽によって生活を明るく豊かなものにし，生涯にわたって音楽に親しんでいく態度を育てる。
(2) 多様な音楽表現の豊かさや美しさを感じ取り，表現の技能を伸ばし，創意工夫して表現する能力を高める。
(3) 多様な音楽に対する理解を深め，幅広く主体的に鑑賞する能力を高める。
2 内容
A 表現
(1) 歌唱の活動を通して，次の事項を指導する。
 ア 歌詞の内容や曲想を味わい，曲にふさわしい表現を工夫して歌うこと。
 イ 曲種に応じた発声や言葉の特性を理解して，それらを生かして歌うこと。
 ウ 声部の役割と全体の響きとのかかわりを理解して，表現を工夫しながら合わせて歌うこと。
(2) 器楽の活動を通して，次の事項を指導する。
 ア 曲想を味わい，曲にふさわしい表現を工夫して演奏すること。
 イ 楽器の特徴を理解し，基礎的な奏法を生かして演奏すること。
 ウ 声部の役割と全体の響きとのかかわりを理解して，表現を工夫しながら合わせて演奏すること。
(3) 創作の活動を通して，次の事項を指導する。
 ア 言葉や音階などの特徴を生かし，表現を工夫して旋律をつくること。
 イ 表現したいイメージをもち，音素材の特徴を生かし，反復，変化，対照などの構成や全体のまとまりを工夫しながら音楽をつくること。
(4) 表現教材は，次に示すものを取り扱う。
 ア 我が国及び諸外国の様々な音楽のうち，指導のねらいに適切で，生徒の意欲を高め親しみのもてるものであること。
 イ 歌唱教材には，次の観点から取り上げたものを含めること。
  (ア) 我が国で長く歌われ親しまれている歌曲のうち，我が国の自然や四季の美しさを感じ取れるもの又は我が国の文化や日本語のもつ美しさを味わえるもの
  (イ) 民謡，長唄などの我が国の伝統的な歌唱のうち，地域や学校，生徒の実態を考慮して，伝統的な声の特徴を感じ取れるもの
B 鑑賞
(1) 鑑賞の活動を通して，次の事項を指導する。
 ア 音楽を形づくっている要素や構造と曲想とのかかわりを理解して聴き，根拠をもって批評するなどして，音楽のよさや美しさを味わうこと。
 イ 音楽の特徴をその背景となる文化・歴史や他の芸術と関連付けて理解して，鑑賞すること。
 ウ 我が国や郷土の伝統音楽及び諸外国の様々な音楽の特徴から音楽の多様性を理解して，鑑賞すること。
(2) 鑑賞教材は，我が国や郷土の伝統音楽を含む我が国及び諸外国の様々な音楽のうち，指導のねらいに適切なものを取り扱う。
〔共通事項〕
(1) 「A表現」及び「B鑑賞」の指導を通して，次の事項を指導する。
 ア 音色，リズム，速度，旋律，テクスチュア，強弱，形式，構成などの音楽を形づくっている要素や要素同士の関連を知覚し，それらの働きが生み出す特質や雰囲気を感受すること。
 イ 音楽を形づくっている要素とそれらの働きを表す用語や記号などについて，音楽活動を通して理解すること。
第3 指導計画の作成と内容の取扱い
1 指導計画の作成に当たっては，次の事項に配慮するものとする。
(1) 第2の各学年の内容の〔共通事項〕は表現及び鑑賞に関する能力を育成する上で共通に必要となるものであり，表現及び鑑賞の各活動において十分な指導が行われるよう工夫すること。
(2) 第2の各学年の内容の「A表現」の(1)，(2)，(3)及び「B鑑賞」の(1)の指導については，それぞれ特定の活動のみに偏らないようにすること。

(3) 第2の各学年の内容については，生徒がより個性を生かした音楽活動を展開できるようにするため，表現方法や表現形態を選択できるようにするなど，学校や生徒の実態に応じ，効果的な指導ができるよう工夫すること。
(4) 第1章総則の第1の2及び第3章道徳の第1に示す道徳教育の目標に基づき，道徳の時間などとの関連を考慮しながら，第3章道徳の第2に示す内容について，音楽科の特質に応じて適切な指導をすること。

2 第2の内容の指導については，次の事項に配慮するものとする。
(1) 歌唱の指導については，次のとおり取り扱うこと。
　ア 各学年の「A表現」の(4)のイの(ア)の歌唱教材については，以下の共通教材の中から各学年ごとに1曲以上を含めること。

　　「赤とんぼ」三木露風作詞　山田耕筰作曲　　「荒城の月」土井晩翠作詞　滝廉太郎作曲
　　「早春賦」吉丸一昌作詞　中田　章作曲　　　「夏の思い出」江間章子作詞　中田喜直作曲
　　「花」武島羽衣作詞　滝廉太郎作曲　　　　　「花の街」江間章子作詞　團伊玖磨作曲
　　「浜辺の歌」林　古渓作詞　成田為三作曲

　イ 変声期について気付かせるとともに，変声期の生徒に対しては心理的な面についても配慮し，適切な声域と声量によって歌わせるようにすること。
　ウ 相対的な音程感覚などを育てるために，適宜，移動ド唱法を用いること。
(2) 器楽の指導については，指導上の必要に応じて和楽器，弦楽器，管楽器，打楽器，鍵盤楽器，電子楽器及び世界の諸民族の楽器を適宜用いること。なお，和楽器の指導については，3学年間を通じて1種類以上の楽器の表現活動を通して，生徒が我が国や郷土の伝統音楽のよさを味わうことができるよう工夫すること。
(3) 我が国の伝統的な歌唱や和楽器の指導については，言葉と音楽との関係，姿勢や身体の使い方についても配慮すること。
(4) 読譜の指導については，小学校における学習を踏まえ，♯や♭の調号としての意味を理解させるとともに，3学年間を通じて，1♯，1♭程度をもった調号の楽譜の視唱や視奏に慣れさせるようにすること。
(5) 創作の指導については，即興的に音を出しながら音のつながり方を試すなど，音を音楽へと構成していく体験を重視すること。その際，理論に偏らないようにするとともに，必要に応じて作品を記録する方法を工夫させること。
(6) 各学年の「A表現」の指導に当たっては，指揮などの身体的表現活動も取り上げるようにすること。
(7) 各学年の「A表現」及び「B鑑賞」の指導に当たっては，次のとおり取り扱うこと。
　ア 生徒が自己のイメージや思いを伝え合ったり，他者の意図に共感したりできるようにするなどコミュニケーションを図る指導を工夫すること。
　イ 適宜，自然音や環境音などについても取り扱い，音環境への関心を高めたり，音や音楽が生活に果たす役割を考えさせたりするなど，生徒が音や音楽と生活や社会とのかかわりを実感できるような指導を工夫すること。また，コンピュータや教育機器の活用も工夫すること。
　ウ 音楽に関する知的財産権について，必要に応じて触れるようにすること。
(8) 各学年の〔共通事項〕のイの用語や記号などは，小学校学習指導要領第2章第6節音楽の第3の2の(6)に示すものに加え，生徒の学習状況を考慮して，次に示すものを取り扱うこと。

企画・構成

畠　澤　　郎

執筆分担

大　山　美和子	Ⅰ. 7
小　原　光　一	Ⅵ. 1
梶　井　　　貢	Ⅰ. 6
神　原　陸　男	Ⅱ. 1
小　杉　裕　子	Ⅳ. 3
篠　原　秀　夫	Ⅰ. 5
嶋　　　英　治	Ⅱ. 4
島　崎　篤　子	Ⅱ. 6
鈴　木　春　樹	Ⅱ. 5
中　村　義　朗	Ⅱ. 2　Ⅵ. 1
畠　澤　　　郎	Ⅰ. 1・2・3・4　Ⅱ. 3
尾　藤　弥　生	Ⅱ. 7　Ⅴ. 2
星　　　　　旭	Ⅲ. 2
本　多　佐保美	Ⅲ. 1

小学校教員養成課程用
新・音楽科教育法

2015年1月31日　初版発行

代表編著　畠　澤　　郎
発行者　　原　　雅　久
発行所　　株式会社　朝日出版社
〒101-0065
東京都千代田区西神田3-3-5
電話 (03) 3239-0271
FAX (03) 3239-0479
振替口座　00140-2-46008

日本音楽著作権協会(出)許諾
第0901310-901号

ISBN978-4-255-15573-9　C1073　　　Printed in Japan

乱丁・落丁がありましたらお取替えいたします。　　印刷・製本・赤城印刷

この著作物の全部または一部を権利者に無断で複製(コピー)することは著作権の侵害にあたり，著作権法により罰せられます。